KAMUS PENERAPAN P

インドネシア語ことわ

左藤 正範
Edy Priyono 共著

東京 大学書林 発行

はじめに

ことわざは、「民衆の知恵の共有財産」だといわれます。ことわざは、ある時代に、ある土地に根ざし、そこから時代を超え、地域を超えて、幅広く民衆の間で息づいてきたものです。そこには民衆の「知恵」「教訓」「希望」「自省」「愛憎」「ねたみ」など、さまざまな人間の感情などが凝縮されています。

インドネシアのことわざは、古くから広義のマレー語の世界で使われてきたものに、戦前・戦後を通じて、文学界や教育界で活躍した文化人を多く輩出した、西スマトラのミナンカバウ人の間で生まれたものが数多く加わり、さらにそれらにいろいろな地域に由来したものが混じって、今日の数千にのぼる「インドネシアのことわざ」となっています。

本書で取り上げたインドネシアのことわざは、「会話文」の中の150個を含めて、合計約700個です（一部、慣用句を含む）。

本書は、インドネシアのことわざを実際の会話の中でいかに取り入れていくか、ということを主題にしてまとめたものです。会話文は「中級レベル」にしてあり、基本的なレベルを理解した読者の皆様が、実際に使えるように編集してあります。

本書をまとめるに際しては、Edy が会話の文章を担当し、左藤がその訳文と〈説明〉を担当しました。〈説明〉の中では、インドネシアのことわざの特徴や類似のものなどを取り上げ、日本を中心に世界各地のことわざとの比較なども行っています（一部には慣用表現なども載せています）。

〈ひとやすみ〉には、著者二人に加えて、Edy 夫人の棚橋慶恵さんが執筆したエピソードを載せました（文末にそれぞれのイニシャルを入れてあります。[E]：Edy、[T]：棚橋、[S]：左藤）。また、イラストは、多忙にもかかわらず、ご協力いただいた棚橋さんの労作です。心より感謝致します。

本書の出版に際し、大学書林社長の佐藤政人氏ご夫妻をはじめ、同社の関係者の皆様にお世話になりました。ここに記して心より感謝の意を表したいと思います。

インドネシアのことわざに、**"Tak ada gading yang tak retak."**「疵（きず）のない象牙はない」（この世に欠陥のないものはない）というのがあります。本書にも当然、誤りはあろうかと思います。読者の皆様のご意見、ご叱正を心よりお待ちしています。

21世紀の初頭に

著　者

目　　次

はじめに…… i

1. Berdikit-dikit, lama-lama menjadi bukit.「少しずつでもやがては丘となる」…… 1
2. Harimau mati meninggalkan belang, gajah mati meninggalkan gading.「虎は死んで縞を残し、象は死んで牙を残す」："harimau"（虎）…… 2
〈ひとやすみ〉 Hari Kelahiran Ibu Kartini（カルティニさんの生誕の日）…… 5
3. Jauh di mata dekat di hati.「目には遠いが心では近い」："mata"（目）；"hati"（心）；「目・眼」；「心」…… 7
4. Sedia payung sebelum hujan.「雨の前に傘を用意せよ」："hujan"（雨）…… 9
〈ひとやすみ〉 Dilarang Pakai Payung（傘使用禁止）…… 10
5. Nasi sudah menjadi bubur.「飯はすでにおかゆになった」："nasi"（飯）；"bubur"（おかゆ）；「飯」；「粥」…… 12
6. Lain padang lain belalang.「野原が変わればイナゴも変わる」…… 14
7. Sambil menyelam minum air.「水に潜りながら水を飲む」："air"（水）…… 16
8. Sepandai-pandai tupai melompat, sekali waktu gawal juga.「いかに跳ぶのがうまいツパイだって失敗する時もある」…… 17
9. Kalau tak ada api, masakan ada asap.「火がなければ、煙があるはずがない」："api"（火）…… 19
10. Bagai bumi dengan langit.「天と地のようだ」："bumi"（地球、大地）；"langit"（空）…… 21

〈ひとやすみ〉 Peribahasa yang berhubungan dengan anggota badan（身体に関することわざ） ………………………… 23
11. Seperti ilmu padi, kian berisi kian runduk.「実るほど頭(こうべ)を垂(た)れる稲の教訓のようだ」:“padi”（稲） ……………… 24
12. Seperti katak di bawah tempurung.「ヤシ殻(がら)の下の蛙(かえる)のようだ」:“katak”（蛙）;“kodok”（蛙）;「蛙」 ……… 26
13. Tak usah itik diajar berenang.「アヒルに泳ぎを教える必要なし」:“itik”（アヒル）;「家鴨(あひる)」 ………………… 28
14. Tebal kulit muka.「面(つら)の皮が厚い」:“muka”（顔）;“kulit”（皮）;「顔」;「面(つら)」;「皮・革」 ………………… 29
15. Malu bertanya sesat di jalan.「聞くのを恥じれば道に迷う」 ……………………………………………… 31
〈ひとやすみ〉 “Semangat Coba”（〈Coba(チョバ)の精神〉） ………… 33
16. Sudah jatuh tertimpa tangga.「はしごから落ちて、（はしごが）ぶつかった」 ……………………………………… 34
17. Bagai mendapat durian runtuh.「落ちてきたドリアンを手に入れるようだ」:“durian”（ドリアン） ……………… 35
18. Buka kulit ambil isi.「皮をむいて中身を取り出す」 …… 37
〈ひとやすみ〉 Sepuluh Terbanyak （ベスト 10） …………… 39
19. Seperti anjing dengan kucing.「犬と猫のようだ」:“anjing”（犬）;“kucing”（猫）;「犬」;「猫」 …………… 39
20. Seperti kera diberi kaca.「猿が鏡を与えられたようだ」:“kera”（猿）;“monyet”（猿） ……………………… 41
21. Bagai menentang matahari.「太陽に逆らうようだ」:“matahari”（太陽）;“hari”（日）;「太陽」;「日」 …… 43
〈ひとやすみ〉 Pakai Nota（明細のメモを使う） ……………… 46
22. Seperti harimau menyembunyikan kuku.「虎(とら)が爪(つめ)を隠すようだ」:“kuku”（爪） ………………………………… 47
23. Kapal satu nakhoda dua.「船一隻、船長二人」:“kapal”（船）;「船」;「舟」 ………………………………… 49

24. Ada udang di balik batu.「石の裏にエビがいる」: "udang"（エビ）;「海老」…… 51
25. Ada gula ada semut.「砂糖があれば蟻がいる」: "gula"（砂糖）…… 53
26. Air jernih ikannya jinak.「水澄めば魚大人し」: "ikan"（魚）; "jinak"（大人しい）;「魚」…… 55
27. Air tenang menghanyutkan.「静かな水も押し流す」…… 57
28. Asam di gunung, garam di laut, akhirnya bertemu di belanga.「山のタマリンドと海の塩がついには鍋で出会う」: "asam"（タマリンド）…… 58
〈ひとやすみ〉 Pesta Pernikahan（結婚パーティー）…… 60
29. Berat sama dipikul, ringan sama dijinjing.「重ければ共に担ぎ、軽ければ共に提げる」…… 61
30. Bermain api hangus, bermain air basah.「火遊びすれば火傷し、水遊びすればぬれる」…… 63
31. Cepat kaki, ringan tangan.「足が速く、手が軽い」: "tangan"（手）; "kaki"（足）…… 65
32. Gali lubang, tutup lubang.「穴を掘り、穴を埋める」: "lubang"（穴）…… 67
33. Ikut hati mati, ikut mata buta.「心に従えば死に、目に従えば見えなくなる」…… 69
〈ひとやすみ〉 Misteri "Lemari Dinding"（「押入れ」の謎）…… 70
34. Lidah biawak.「とかげの舌」: "lidah"（舌）; "biawak"（とかげ）;「舌」;「とかげ」…… 72
35. Takkan lari gunung dikejar.「山は追いかけられても逃げはしない」: "gunung"（山）;「山」…… 74
36. Katak hendak jadi lembu.「蛙が牛になりたがる」…… 76
37. Tak ada gading yang tak retak.「疵のない象牙はない」: "gading"（象牙）…… 77

50. Padi sekepuk, hampa.「稲は米倉一杯だが、中は空っぽ」 …… 103
51. Guru kencing berdiri, murid kencing berlari.「教師が立って小便すれば、生徒は走りながら小便する」 …… 104
〈ひとやすみ〉 Guru di Indonesia (インドネシアの教師) …… 106
52. Orang mengantuk disorongkan bantal.「眠たい人に枕が差し出される」: "bantal" (枕); 「枕」 …… 106
53. Banyak habis, sedikit sedang.「多くても尽き、少なくても足りる」 …… 108
54. Bagai rambut dibelah tujuh.「髪の毛を七つに裂くようだ」: "rambut" (髪の毛); 「髪・髪の毛」 …… 110
55. Mulut kamu, harimau kamu.「君の口は君の虎だ」: "mulut" (口); 「口」 …… 111
56. Musang berbulu ayam.「鶏毛の生えたジャコウ猫」: "musang" (ジャコウ猫); "ayam" (鶏); 「鶏」 …… 114
〈ひとやすみ〉 Hati Ayam (鶏のレバー) …… 116
57. Murah di mulut, mahal di timbangan.「口では安く、秤では高い」: "murah" (安い); "mahal" (高価な); "timbangan" (秤); "menimbang" (量る); 「安い」; 「高い」 …… 117
58. Setali tiga uang.「1タリと3銭」: "uang" (お金); 「金」 …… 119
59. Menari di ladang orang.「人の畑で踊る」: "orang" (人); "manusia" (人間); 「人」; 「人間」 …… 121
60. Menepuk air di dulang, tepercik muka sendiri.「盆の水をたたけば、自分の顔にはねかかる」: "dulang" (盆); "tepuk (menepuk)" (たたく); "bertepuk" (拍手する); 「叩く」 …… 123
〈ひとやすみ〉 Tidak Dijual Eceran (ばら売りしません) …… 125
61. Tajam pisau karena diasah.「小刀は磨かれてよく切れる」: "pisau" (小刀、ナイフ); "tajam" (鋭利な); 「小

刀」 …… 127
〈ひとやすみ〉 Kartun Jepang（日本のアニメ） …… 129
62. Zaman beralih, musim bertukar.「時代は移り季節は変わる」: "zaman"（時代）；「時代」 …… 130
63. Dahulu bajak daripada jawi.「牛より鋤が前」: "kerbau"（水牛）；"lembu"（牛）；"sapi"（牛）；"banteng"（野生の牛）；"kuda"（馬）；「牛」；「馬」 …… 132
64. Kalau pandai menggulai, badar jadi tenggiri.「カレー作りが上手ければ、雑魚も鰆になる」: "badar"（雑魚）；"gulai"（カレー）；「雑魚」 …… 134
65. Habis manis, sepah dibuang.「甘味がなくなれば、滓は捨てられる」: "manis"（甘い）；「甘い」 …… 136
〈ひとやすみ〉 Antikutu（虫よけ） …… 137
66. Aur ditanam, betung tumbuh.「小竹を植えたら大竹が生えた」: "buluh"（竹）；"bambu"（竹）；"aur"（竹）；"betung"（竹）；"rebung"（竹の子）；「竹」；「たけのこ（筍）・竹の子」 …… 139
67. Dahulu timah sekarang besi.「以前は錫、今は鉄」: "besi"（鉄）；「鉄」 …… 141
68. Bagai aur dengan tebing.「竹と崖のようだ」: "kawin"（結婚）；"perkawinan"（結婚）；"nikah"（結婚）；「結婚」 …… 142
69. Seperti batu jatuh ke lubuk.「石が淵に落ちたようだ」: "batu"（石）；「石」 …… 144
70. Lempar batu sembunyi tangan.「石を投げて手を隠す」:「手」；「足」 …… 146
〈ひとやすみ〉 Penitipan Jaket dan Tas（手荷物預かり） …… 148
71. Mati semut karena gula.「砂糖のせいで蟻は死ぬ」: "semut"（蟻）；「蟻」 …… 150
72. Telaga di bawah gunung.「山の下の湖」: "telaga"

（湖）；「湖」 …… 151
73. Seperti tikus jatuh di beras.「ネズミが米に落ちたようだ」："tikus"（ネズミ）；「ネズミ」 …… 153
74. Kucing pergi tikus menari.「猫が出かけりゃ、ネズミが踊る」："kucing"（猫）；"tikus"（ネズミ）；"menari"（踊る） …… 155
75. Gajah berjuang sama gajah, pelanduk mati di tengah-tengah.「象が争えば、真中で豆鹿が死ぬ」："gajah"（象）；"pelanduk"（豆鹿）；「象」；「象牙」 …… 157
76. Tak air talang dipancung.「水がなければ、水竹を切れ」："juara"（チャンピオン） …… 160
〈ひとやすみ〉 Minta Air Putih!（湯冷ましちょうだい！） …… 161
77. Masuk sarang harimau.「虎の巣に入る」：「虎」 …… 164
78. Anak kambing takkan jadi anak harimau.「山羊の子は虎の子にはならない」："kambing"（山羊）；「羊」 …… 166
79. Kepala sama berbulu, pendapat berlain-lain.「頭には同じ毛が生えていても、意見はそれぞれ異なる」 …… 169
80. Bunga yang harum itu ada juga durinya.「香りのよい花にも刺がある」："bunga"（花）；"duri"（刺）；「花」 …… 171
81. Seperti telur di ujung tanduk.「角先の卵のようだ」："telur"（卵）；"tanduk"（角）；「卵」；「角」 …… 173
〈ひとやすみ〉 Kios Dorong（手押し屋台） …… 175
82. Sudah panas berbaju pula.「すでに暑いのに、さらに上着を着る」："panas"（暑い、熱い）；"dingin"（寒い、冷たい）；「暑い」；「暑さ」；「寒い」；「寒さ」 …… 177
83. Lepas dari mulut harimau jatuh ke mulut buaya.「虎の口から逃れてワニの口に落ちる」："buaya"（ワニ）；「ワニ」 …… 179

84. Selama hujan akan panas juga.「雨の合間に暑い日もあろう」…… 181
85. Kacang lupa akan kulitnya.「豆が皮を忘れる」：“kacang”（豆）；「豆」…… 183
〈ひとやすみ〉 Lampu Mati (di dalam kereta api)（［列車の中での］停電）…… 185
86. Seperti katak ditimpa kemarau.「蛙が乾燥に見舞われたようだ」：“uir-uir”（蟬）；“kemarau”（乾燥した）；「蟬(せみ)」…… 187
87. Bagai menyurat di atas air.「水の上に手紙を書くようだ」…… 188
88. Adat teluk timbunan kapal.「港は船が鈴なりが慣わし」…… 190
89. Adat tua menanggung ragam.「年寄りは試練に耐える慣わし」：「年寄り」…… 192
90. Air beriak tanda tak dalam.「さらさら音のする水は深くない印だ」…… 195
〈ひとやすみ〉 Harus Selalu Manis（甘くなくてはならない）…… 196
91. Air besar batu bersibak.「大水で石が分かれる」：“air besar”（大水）；「大水」…… 197
92. Air cucuran atap jatuhnya ke pelimbahan juga.「雨樋(あまどい)の水は汚水溜に落ちる」…… 199
93. Air susu dibalas dengan air tuba.「乳が毒汁で返される」：“tuba”（トバ）…… 201
94. Belum beranak sudah ditimang.「生まれてもいない子を抱きあやす」：“anak”（子供）：「子」；「子供」…… 203
95. Berakit-rakit ke hulu, berenang-renang ke tepian.「上流へ筏(いかだ)をこぎ、浅い岸へ泳ぎに泳ぐ」：“hulu”（上流、川上）；“hilir”（下流、川下）；「苦楽」…… 206
〈ひとやすみ〉 Kondisi Pengobatan di Indonesia（インドネ

シアの医療事情） …… 208
96. Besar pasak daripada tiang.「柱より木釘が大きい」：“tiang”（柱）；「柱」 …… 209
97. Biduk lalu kiambang bertaut.「小舟が通り過ぎると浮草はくっつく」：“biduk”（小舟） …… 211
98. Buruk muka cermin dibelah.「顔が不細工なのに鏡を割る」：“buruk”（悪い、醜い）；“baik”（良い）；“cermin”（鏡） …… 213
99. Cacing hendak menjadi naga.「ミミズが竜になりたがる」：“cacing”（ミミズ）；「ミミズ」 …… 215
100. Daripada hidup bercermin bangkai, lebih baik mati berkalang tanah.「死体を鏡にして生きるより地面を枕に死ぬ方がよい」：“malu”（恥かしい）；「恥」 …… 217
〈ひとやすみ〉 Hari Pahlawan（英雄の日） …… 219
101. Diam ubi berisi, diam penggali berkarat.「イモは黙っていても実が入るが、鍬は使わにゃさびがくる」：“ubi”（イモ）；“diam”（黙る）；「イモ」 …… 220
102. Di luar bagai madu, di dalam bagai empedu.「外は蜜のよう、内は胆汁のよう」：“luar”（外）；“dalam”（中） …… 222
103. Gajah di pelupuk mata tak tampak, kuman di seberang lautan tampak.「まぶたの象は見えぬが、大洋の向こう岸の細菌は見える」 …… 224
104. Ikan belum dapat airnya sudah keruh.「魚を捕まえてもいないのに、水はもう濁ってしまった」：“air”（水）；“ikan”（魚） …… 226
105. Menggunting dalam lipatan.「折返しに鋏を入れる」：“menggunting”（鋏で切る）；“kawan”（友人）；“sahabat”（友人）；“teman”（友人）；「友・朋」 …… 227
106. Nafsu nafsi, raja di mata, sultan di hati.「利己の欲望、目の王、心のサルタン」：“raja”（王）；「王」 …… 229

107. Sedepa jalan ke muka, setelempap jalan ke belakang. 「一尋前進、一尺後退」: “jalan” (道) ; 「道」 231
108. Pagar makan tanaman. 「垣根が作物を食う」: “makan” (食べる) ; 「食べる」; 「食う」 232
109. Karena nila setitik, rusak susu sebelanga. 「藍一滴で、一鍋の乳が腐る」: “nila” (藍) ; “susu” (乳) ; 「藍」; 「乳」 234
〈ひとやすみ〉 Korupsi (汚職) 236
110. Jika pandai meniti buih, selamat badan sampai ke seberang. 「泡の小橋をうまく渡れば、身体は無事に対岸に着く」: “badan” (身体) ; 「体」 236
111. Sekali lancung ke ujian, seumur hidup orang tak percaya. 「試験で一度不正をすれば、一生涯、人は信じない」: “percaya” (信用する) ; 「信用」 238
112. Ketemu batunya. 「石に出会う」: “hidung” (鼻) ; 「鼻」 240
113. Bumi tidak selebar daun kelor. 「地球はわさびの葉ほど狭くない」: “daun” (葉) ; 「葉」 242
114. Mengukur baju orang di badan sendiri. 「自分の身体で人の上着の寸法を測る」: “baju” (上着) ; 「上着」 243
115. Setinggi-tinggi bangau terbang, surutnya ke kubangan. 「鷺はどんなに高く飛んでも、降りるのは沼田場」: “bangau” (鷺) ; “rantau” (出稼ぎ) ; “merantau” (出稼ぎに行く) ; 「鷺」 245
116. Takut di hantu, terpeluk ke bangkai. 「お化けを恐れて死体に抱かれる」: “takut” (怖い) ; 「お化け」; 「怖い・恐い」 248
117. Umpan habis ikan tak kena. 「えさはなくなれど、魚はかからず」: “umpan” (えさ) 249
118. Ada sampan hendak berenang. 「小舟があるのに泳ごうとする」: “sampan” (小舟) 251

119. Mumbang jatuh kelapa jatuh.「ヤシの蕾も落ち、実も落ちる」: "mumbang"（ヤシの蕾）; "kelapa"（ヤシ） …… 252
120. Indah kabar dari rupa.「見目より噂が美しい」: "rupa"（外観、姿） …… 254
121. Kalah membeli menang memakai.「買い負け、使い勝つ」: "menang"（勝つ）; "kalah(＝alah)"（負ける）;「勝つ」;「勝ち」;「負ける」;「負け」 …… 255
122. Habis kapak berganti beliung.「斧が尽きて、手斧に代える」: "kapak"（斧）; "beliung"（手斧）;「斧」 …… 257
123. Jatuh di atas tilam.「ふとんの上に落ちる」: "kasur"（ふとん）; "jatuh"（落ちる）;「ふとん」;「落ちる」 …… 258
124. Bagai itik pulang petang.「アヒルが夕方帰るようだ」 …… 260
125. Bagai air di daun talas.「里芋の葉の水のようだ」: "daun talas"（里芋の葉）;「里芋」 …… 262
〈ひとやすみ〉 Semangka Masuk Sumur（スイカを井戸に入れる） …… 263
126. Masuk ke telinga kanan, keluar ke telinga kiri.「右の耳に入り、左の耳へ出る」: "telinga"（耳）;「耳」 …… 266
127. Telunjuk lurus kelingking berkait.「人差し指は真っ直ぐ、小指は曲がっている」: "jari"「指」; "telunjuk"（人差し指）;「指」 …… 268
128. Hidung dicium pipi digigit.「鼻にキスし、頬に嚙み付く」: "pipi"（頬）;「頬」 …… 270
129. Bibirnya bukan diretak panas.「唇は暑さで裂けるわけじゃない」: "bibir"（唇）;「唇」 …… 272
130. Seperti menghela rambut dalam tepung, rambut jangan putus tepung jangan terserak.「髪の毛を切らず、

粉を撒き散らさずに、粉の中の髪の毛を引っ張るようだ」：“tepung”（粉）；「粉」 ………… 274
〈ひとやすみ〉 Paling Suka Rasa Coklat（チョコレート味狂い） ………… 276
131. Biar dahi berluluk asal tanduk mengena.「角(つの)が当たりさえすれば額(ひたい)は泥だらけになっても構わない」：“dahi”（額）；「額(ひたい)」 ………… 278
132. Bak gadis jolong bersubang.「初めてイヤリングをした乙女のようだ」：“gadis”（少女）；「娘」 ………… 280
133. Cium tapak tangan berbaukah atau tidak.「臭うか、臭わないか、手の平の匂いをかぎなさい」：“tapak”（手の平、足の裏）；「手の平、掌」；「足の裏」 ………… 282
134. Tepuk perut tanya selera.「腹をたたいて食欲を聞け」：“perut”（腹）；“selera”（食欲）；「腹」；「食欲」 ………… 284
135. Tepuk dada tanya selera.「胸をたたいて好みを聞け」：“dada”（胸）；「胸」 ………… 286
136. Memikul di bahu, menjunjung di kepala.「肩に担ぎ、頭に載せる」：“bahu”（肩）；“kepala”（頭）；「肩」；「頭」 ………… 288
137. Datang tampak muka, pergi tampak punggung.「来るときは顔を見せ、去るときは背中を見せる」：“punggung”（背中）；「背」 ………… 290
138. Sakit kepala panjang rambut, patah selera banyak makan.「頭痛がするのに髪を伸ばし、食欲がないのにたくさん食べる」：“sakit”（病気、痛い）；「病(やまい)」 ………… 292
139. Diberi bahu, hendak kepala.「肩を貰って、頭を望む」 ………… 294
140. Kaki naik kepala turun.「足が上がり、頭が下がる」：“naik”（上がる、登る）；“turun”（下がる、降りる）；「上がる」；「上がり」；「下がる」；「下がり」 ………… 296

141. Berjalan peliharakan kaki, berkata peliharakan lidah.「歩くときには足に気をつけ、しゃべるときには舌に気をつけよ」:“berjalan”（歩く）;“kata”（ことば）;「歩く」 …… 298
142. Dapat dibilang dengan jari.「指で数えられる」 …… 301
143. Berat kaki berat tangan.「足が重く、手が重い」 …… 302
144. Berkotakan betis.「脛（すね）であちこちへ行く」:“betis”（脛）;「脛（すね）」 …… 304
145. Diraih siku ngilu, direngkuh lutut sakit.「肘（ひじ）を引っ張ればうずき、膝を引き寄せれば痛い」:“siku”（肘）;“lutut”（膝）;「肘（ひじ）」;「膝」 …… 306
146. Tinggal gigi dengan lidah saja.「残るは歯と舌だけ」:“gigi”（歯）;「歯」 …… 308
147. Darah baru setampuk pinang.「血はやっと1個のびんろうじ」:“darah”（血）;“pinang”（びんろうじ）;「血」 …… 311
148. Rezeki elang tak akan dapat dimakan oleh musang.「トビのエサはジャコウ猫には食われないだろう」:“elang”（トビ）;“rezeki”（生計、収入） …… 313
149. Emas berpeti, kerbau berkandang.「金（きん）は箱に、水牛は牛小屋に」:“emas”（金（きん））;「金（きん）」 …… 316
150. Hati gajah sama dilapah, hati tungau sama dicecah.「象の肝は同じ大きさにぶつ切りにし、しらみの肝は同じ細かさに刻む」:“tungau”（しらみ）;「しらみ」 …… 319

参考文献 …… 322
インドネシア語のことわざ索引 …… 324

1) Berdikit-dikit, lama-lama menjadi bukit.

少しずつでもやがては丘となる

§キーワード：**berdikit-dikit**（少しずつ）；**bukit**（丘）

Yuko : Pak, bagaimana caranya supaya pandai berbahasa Indonesia ?

Guru : Mm, tentu saja harus rajin belajar dan ingat banyak kata.

Yuko : Tapi ada terlalu banyak kata, bukan ?

Guru : Memang, tapi *berdikit-dikit, lama-lama menjadi bukit.* Kalau setiap hari mau menghafal beberapa kata baru, dalam satu tahun kau bisa ingat banyak kata.

Yuko : Apakah tidak ada jalan pintas, Pak ?

Guru : Tidak ada !

ゆう子：先生、インドネシア語が上手くなるにはどういう方法がありますか。

教師：うむ、もちろん、真面目に勉強してたくさんの単語を覚えることだね。

ゆう子：でも、単語が多すぎますよねえ。

教師：当然だよね、でも、少しずつでもやがては丘となるからね。もし毎日、いくつかの新しい単語を暗記すれば、一年間では多くの単語を覚えられるよ。

ゆう子：近道はありませんか、先生。

教師：ないね。

〖語句〗 **tentu saja**：もちろん、きっと。**jalan pintas**：近道。

【説明】 このことわざの意味は、「少しずつでも真面目に身につけた学問はついにはたくさんになるだろう」です（「節約すれば、ついには財産も増える」という意味もあります）。同意のことわざに、**"Sehari selembar benang, lama-lama jadi sehelai kain."**「一日一本の糸でも、やがては一枚の布となる」などがあります。

同類のことわざとして、「塵（ちり）も積もれば山となる」、「百里の道も一足（ひとあし）から」、「千里の道も一歩から」（以上、日本）、「塵を集めて泰山（てさん）」（韓国）、「水の一滴一滴が集まると、大海になる」（フィリピン）、「絶えざる日照りが砂漠をつくる」（アラブ）、「のろくても着実な方が競争に勝つ」、「一滴一滴から桶も一杯になる」（以上、イギリス）などがあります。

エジプト王の昔から、「学問に王道なし」（学問には近道はない）と言われますし、「生きている限り勉強だ」（スペイン、イタリアなど）とも言います。外国語をマスターするには、「意志のあるところに道がある」（イギリス、ドイツ）と思って、地道な努力をする以外に方法はありません。そうすれば、「智恵の根は胆汁より苦く、その実は蜂蜜より甘い」（学ぶのに苦労しても、学んで得たものは喜びである）［フィリピン］となるでしょう。

2) Harimau mati meninggalkan belang, gajah mati meninggalkan gading.

虎（とら）は死んで縞（しま）を残し、象は死んで牙を残す

§キーワード：**harimau**（虎）；**gajah**（象）

Mikiko : Mengapa hari ini banyak pelajar putri memakai kain dan kebaya ?

Murni : Ah, hari ini kami memperingati hari kelahiran Ibu Kartini.

Mikiko : Siapa Ibu Kartini ?

Murni : Dia pahlawan bagi wanita Indonesia. *Harimau mati meninggalkan belang, gajah mati meninggalkan gading.* Berkat jasanya, wanita Indonesia bisa maju.

みき子：どうして今日は、たくさんの女子生徒がカインとクバヤを着ているの。

ムルニ：ああ、今日はね、カルティニさんの生誕の日を記念するのよ。

みき子：カルティニさんて誰のこと。

ムルニ：彼女はね、インドネシア女性にとっては英雄なの。虎は死んで縞を残し、象は死んで牙を残すよ。彼女の功績のお陰で、インドネシア女性は進歩できたのよ。

〖語句〗 **kain**：①布。②（伝統的な女性用の）カイン（•パンジャン）。**kebaya**：（女性の着用する伝統的な上着である）クバヤ。**hari kelahiran**：生誕の日。**Kartini**：（インドネシアの女性運動の先駆者）カルティニ（〈ひとやすみ〉「カルティニさんの生誕の日」を参照）。

【説明】 このことわざの意味は、「功績のある人は、死んでも、その功績がいつまでもしのばれる」です。同意のことわざに、**"Manusia mati meninggalkan nama."**「人は死んで名を残す」がありますが(No. 59 を参照)、これは表題のことわざの後に続けて用いられることもあります。

同類のことわざとして、「虎は死して皮を残す」、「虎は死して皮を残し（＝留め）、人は死して名を残す」（以上、日本)、「虎は死んでも爪は不滅、狐は死んでも毛皮は不滅」（チベット）、「バラは枯れても香りは残る」、「名を残したものは死なない」（以上、アラブ）などがあります。
　インドネシアのスマトラやジャワには、現在では絶滅寸前（スマトラ島）とか、絶滅したと言われながら（特にジャワでは、第二次世界大戦後に見かけたという報告はないそうです)、昔から虎が生息しており、時には人を襲うことから、虎にまつわる伝説や迷信が多いと言われます。
　“harimau”（虎）を使ったことわざは20数個あります。たとえ

ば、**“Bagai harimau beranak muda.”**「幼子を抱えた虎のようだ」(非常に残酷な人のこと)、**“Kecil-kecil anak harimau.”**「小さくたって虎の子だ」(貴族の子供は幼くても人に畏敬される)、**“Harimau ditakuti sebab giginya.”**「虎は歯があるために恐れられる」(地位のある人はその権力ゆえに恐れられる)などがあります。

日本のことわざと発想がよく似たものもあります。たとえば、**“Masuk sarang harimau.”**「虎の巣に入る」(大きな危険にはまり込む)[No. 77 を参照] と「虎の尾を踏む」。**“Seperti harimau menyembunyikan kuku.”**「虎が爪を隠すようだ」(知識ある人がその知識を隠す)[No. 22 を参照] と「能ある鷹は爪を隠す」。**“Sudah masuk ke dalam mulut harimau.”**「虎の口に入ってしまった」(破滅間違いなし)と「飛んで火に入る夏の虫」。**“Lepas dari mulut harimau jatuh ke mulut buaya.”** (= **“Terlepas dari mulut buaya, masuk ke mulut harimau.”**)「虎口を逃れてワニの口に落ちる」(=「ワニの口を逃れて虎口に入る」)(一難を逃れてもっと大きな災難に遭う)[No. 83 を参照] と「虎口を逃れて竜穴に入る」などがあります (No. 55 を参照)。

“gajah” (象) については、No. 75、No. 150 を参照してください。

ひとやすみ

◇◆ Hari Kelahiran Ibu Kartini (カルティニさんの生誕の日) ◇◆

1879年に中部ジャワの貴族の娘として生まれたカルティニ (Raden Ajeng Kartini) は、ヨーロッパ人小学校に通い、オランダ語の書物などを通じて西洋の知識を学びました。各地のオランダ人との文通によって、民族意識、特にジャワ人女性の意識改革の重要性に目覚め、私塾を開いてその啓蒙運動を実践していきます。しかし、1904年に長男を出産した直後に、25歳という若さでこの世を去ってしまいました。

オランダ人の友人などにオランダ語で書かれた彼女の書簡は、その死後、『闇を越えて光へ』と題する書簡集として出版され、インドネシア語、英語などに訳されています。その優れた先見性ゆえに（当時のジャワ人女性のおかれた状況を知る貴重な資料としても）、現在にいたるまで、広く愛読されているのです（日本語訳も２種類出版されているのですが、残念ながら、現在入手することは非常に困難です）。

民族主義運動と婦人運動の先駆者として、彼女の誕生日である４月21日は「カルティニの日」とされ、毎年、インドネシア全国の学校を中心に、祝賀行事が開催されています。　[S]

3) Jauh di mata dekat di hati.

目には遠いが心では近い

§キーワード：**mata**（目）；**hati**（心）

Hartono : Bulan depan aku harus mulai bertugas di Arab Saudi.

Hartini : Berapa lama di sana, Mas?

Hartono : Kurang-lebih tiga tahun, Dik.

Hartini : Cukup lama, ya. Rasanya hatiku sepi tanpamu di sisiku, Mas.

Hartono : Jangan sedih, Dik. *Jauh di mata dekat di hati.* Percayalah aku tak akan melupakanmu. Setiap minggu aku akan menulis surat kepadamu.

ハルトノ：来月、僕はサウジアラビアに赴任しなきゃならないんだ。

ハルティニ：あちらにはどのくらいいるの。

ハルトノ：約3年だよ。

ハルティニ：結構長いのね。そばにあなたがいないと寂しい気がするわ。

ハルトノ：悲しむことはないよ。目には遠いが心では近いだよ。君を忘れはしないから、信じてくれ。毎週、君に手紙を書くからね。

〖語句〗 **mas**：（ジャワで）①兄。②（妻から夫への呼びかけ）あなた。**dik**：← adik ①弟。②妹。③（夫から妻へのよびかけ）おまえ、君。**tanpamu**：

← tanpa kamu あなたなしで。

【説明】 このことわざの意味は、「互いに遠い所に住んではいても、心は常に近い」です。同類のことわざに、**“Hilang di mata di hati jangan.”**「目（の前）から消えても、心からは消えないで」（遠く離れても忘れないで）があります。

何千里離れても、愛する二人の心が近いのはいずこも同じはず（？）ですね。それなのに、その逆の意味のことわざは、「去る者は日日に疎（うと）し」、「目から遠ければ心から遠い」（以上、日本）、「目が離れれば心も離れる」（タイ）、「目から失せれば心からも失せる」（イギリス、フランス、イタリアなど）など、あちこちにあります。これも人情でしょうか。

インドネシア語の“mata”（目）を用いたことわざは約80個あります（No. 33 を参照）。たとえば、**“Tentang mata dengan mata.”**「目には目で」（差し向かいで）、**“Telah terbuka matanya.”**「目は開かれた」（自覚し、愚かではなくなった）などがあります。

“hati”（心）を用いたことわざは10個以上あります。たとえば、**“Lain di mulut lain di hati.”**「口と心が異なる」（誠実でない）というのは、日本のことわざ、「口は口心は心」、「口と腹とは違う」などと同じ発想です（No. 55 を参照）。**“Mencuri hati orang.”**「人の心を盗む」（こっそりと、さりげなく人が自分を愛してくれるように仕向ける）などがあります。

ちなみに、尚学図書『故事・俗信ことわざ大辞典』によれば、日本のことわざで、「目・眼」を用いたものは、約500個、「心（こころ）」を用いたものが（「心（しん）」の約10個を含めて）約400個あります（一部、故事・俗信を含む）。

4) Sedia payung sebelum hujan.

雨の前に傘を用意せよ

§キーワード：**payung**（傘）；**hujan**（雨）

Nenek : Tolong bawakan belanjaanku ini.

Kirana : Mengapa hari ini memborong, Nek ?

Nenek : Dua minggu lagi Lebaran. Nanti semua mahal sekali. Sekarang mumpung masih murah, beli dulu sebanyak-banyaknya. Jadi, *sedia payung sebelum hujan.*

Kirana : Oh, begitu. Tapi ini terlalu berat, Nek. Aku nggak bisa bawa !

祖母：この買った物を持ってちょうだい。

キラナ：どうして、今日はこんなにたくさん買ったの、おばあちゃん。

祖母：あと2週間でルバランだからね。間もなくみんなとても高くなるのよ。まだ安い今のうちに、できるだけたくさん買っておくのよ。雨の前に傘を用意せよってことね。

キラナ：あら、そう。でも、これは重過ぎるわよ、おばあちゃん。私は持てないよう。

〘語句〙 **Lebaran**：ルバラン（イスラム教の断食(だんじき)明けの大祭）。**mumpung**：～のうちに。**sebanyak-banyaknya**：できる限り多く。

【説明】 このことわざの意味は、「良くないことが起こる前に備えよ」です。同意のことわざに、**"Sebelum jatuh, sediakan**

pupur.”「転ぶ前に薬を用意せよ」(pupur：白粉、ぬり薬)、**“Ingat sebelum kena, hemat sebelum habis.”**「当たる前に注意し、なくなる前に倹約せよ」などがあります。

同類のことわざとして、「転ばぬ先の杖」(日本)、「治療の前に予防措置」(タイ)、「喉の渇く前に井戸を掘れ」(フィリピン)、「大地に食べられた男の霊魂を取り戻す」(パプア・ニューギニア)、「跳ぶ前に見よ」、「二番目の考えが最善である」(以上、イギリス)、「予防は治療にまさる」(フランス、チリなど)などがあります。

どこにでもあわてものはいるものです。あとで後悔しないように、これらのことわざを今一度、肝に銘じてから事にあたりたいですね。

“hujan” (雨) を使ったことわざは20個近くあります。たとえば、**“Hujan emas di negeri orang, hujan batu di negeri sendiri, baik juga di negeri sendiri.”**「異郷で金(きん)の雨に降られ、故郷で石の雨に降られても、やはり故郷がいい」(異郷がどんなに良くても、やはり故郷の方が良い)、**“Setelah hujan akan panas jua.”**「雨季の後には乾季もくるだろう」(苦労のあとには楽な時期もあるだろう) などがあります (日本の「雨」を使ったことわざは、No. 42 を参照)。

ひとやすみ

◇◆ Dilarang Pakai Payung (傘使用禁止) ◇◆

雨季になると毎日バケツをひっくり返したような土砂降りの雨が降ります。肌寒いほどに感じられるこの季節がしのぎやすい、と考えているインドネシア人もいるようです。土砂降りの雨はいくばくも続かず、すぐに小降りになります。雨が降っても傘を持たず、雨宿りをする人も多くいます。わが家の門にはいささか大きめの屋根がついていて、雨期ともなれば毎日雨宿りの人達がひしめきます。傘を持ち歩かない人が多いので、町では傘を貸して小銭を稼ぐ傘小僧（“ojek payung”といいます）もいます。

一方、カンカン照りでひどく暑い乾季になると、やおら傘をさす人もいます。雨傘を日傘がわりにさすのです。私はそういう人を見ると心底、日本の雨晴れ兼用傘のことを教えてあげたくなります。

さて、日本から私の結婚式に出席するためにやってきた友人の一人は日傘の愛好者で、例によって何処へ出かけるにも日傘をさして行きます。ところがある日、彼女は日傘をさしたままジョクジャカルタの王宮に入ってしまったのです。“abdi dalem”（王宮に仕える人）が仰天してすっとんできました。インドネシア語を一言も解さない友人は何を言われているのかわからず、あせる“abdi dalem”は冷や汗をだらだらと流したそう

です。

日傘は権力の象徴なのです。王宮内で民衆が日傘をさすことは反逆を意味します。よって、王宮内では日傘使用が禁じられているのです！ [T]

5) Nasi sudah menjadi bubur.

飯はすでにおかゆになった

§**キーワード**：**nasi**（飯）；**bubur**（おかゆ）

Ayah : He, Tom, kenapa mobilnya ringsek ?
Tomo : Maaf, Pak. Tadi malam aku nabrak pohon di jalan.
Ayah : Kamu bilang maaf, maaf saja. Kamu pasti ngebut lagi, ya. Anak brengsek !
Ibu : Sudah, sudah. *Nasi sudah menjadi bubur*. Tidak usah marah-marah, Pak. Yang penting anak kita selamat.
Ayah : Kau selalu memanjakan anak saja. Pokoknya dari sekarang si Tomo tidak boleh nyetir mobil.
父親：おい、トム、どうして車がぺちゃんこなんだい。
トモ：ごめん、父さん。昨夜、道端の木にぶつかったんだ。
父親：おまえは、ごめん、ごめんばかり言って。きっと、またぶっとばしたんだろう。どうしようもないやつだ。
母親：もう、いいでしょう。飯はすでにおかゆになったんですから。そんなに怒ることはないでしょう、お父さん。大事なのは、この子が無事だったことなんです。
父親：おまえはいつも子供をあまやかすんだから。いいかい、要するに、これからトモは車を運転してはならん、ということだ。

〖語句〗 **nabrak**：← menabrak（=meN+tabrak）ぶつかる。**ngebut**：← mengebut（=meN+kebut）（車などを）ぶっとばす。**bréngsék**：=beréngsék ①混乱した、めちゃくちゃな。②反抗的な、やっかいな。**marah-marah**：①何度も怒る。②怒りのことばを発する。**nyetir**：← menyetir（=meN+setir）運転する。

【説明】 このことわざの意味は、「過ぎてしまったり改めることが困難な行為は後悔する必要はない」です。同意のことわざに、**"Belukar menjadi rimba."**「薮が密林になった」などがあります。

世界各地に同類のことわざとして、「覆水盆に返らず」、「後悔(こうかい)先に立たず」、「落花(らっか)枝にかえらず」（以上、日本）、「こぼした水」（韓国）、「してしまった過ちは象でも引けない」（スリランカ）、「唾は口の中には戻れない」（アラブ）、「こぼれた油は寄せ集められない」、「流れ出た水は川には戻らない」（以上、イラン）、「こぼしたミルクを嘆いてもしかたがない」、「無くなったものは無くなったのである」（以上、イギリス）、「できてしまったことに薬はない」（フランス）、「荷車から落ちたものは失せた物」（ロシア）、「こぼれた水を集められる者はいない」（ケニア）などがあります。

失敗は、人間にはつきものです。要は事後の対処をいかにするかが大事でしょう。

"nasi"（飯）を使ったことわざは20個近くあります。**"Menantikan nasi di mulut."**「飯を口で待つ」（天の恵みを待つだけの怠け者）、**"Makan nasi kawah."**「大鍋の飯を食べる」

（常に親に養われる）などがあります（なお、“bubur”「おかゆ」を使ったことわざは2～3個しかありません）。

日本のことわざでは、「飯(めし)」が約150個、「ご飯」が約30個、「飯(まま)」が10個足らず、また、「粥(かゆ)」が約20個あります（一部、故事・俗信を含む）。

6) Lain padang lain belalang.

野原が変わればイナゴも変わる

§**キーワード**：**lain**（異なる）；**belalang**（イナゴ）

Tomoko : Gedung apa itu? Banyak sekali mobil di depannya?

Rahayu : Oh, itu gedung untuk upacara pernikahan. Sekarang kelihatannya ada pesta.

Tomoko : Oh, begitu. Tamunya kira-kira berapa orang, ya?

Rahayu : Hem, cukup banyak. Kalau yang menikah kaya, sering lebih dari seribu orang.

Tomoko : Eh! Sungguh? Di Jepang waktu ada pesta pernikahan, tamunya tidak mungkin sebanyak itu.

Rahayu : Di Indonesia ini biasa, *lain padang lain belalang*. Saya pernah datang ke pesta pernikahan yang tamunya kurang-lebih lima ribu orang.

Tomoko : Wah, kalau begitu, orang kaya di Indonesia lebih kaya dari orang kaya di Jepang.

とも子：あれは何の建物。その前にとってもたくさん車があるわね。

ラハユ：ええ、あれは結婚会館なのよ。今、パーティーをやっているみたいね。

とも子：ああ、そう。お客さんは大体何人くらいなの。

ラハユ：うん、結構多いわよ。もし結婚する人がお金持ちなら、千人を越えることもしばしばよ。

とも子：えっ。本当？　日本では、結婚パーティーの時に、お客さんがそんなに多いことなんてありえないわ。

ラハユ：インドネシアではこれは普通よ。野原が変わればイナゴも変わるからね。私はお客さんが約５千人の結婚パーティーに行ったこともあるわよ。

とも子：えっ、それじゃ、インドネシアのお金持ちは日本のお金持ちより裕福なんだわ。

〖語句〗 **sebanyak itu**：それと同じくらい多い、そんなに多い。

【説明】 このことわざの意味は、「それぞれの国には独自の慣習がある」です。**"Lain ladang lain belalang."**（＝**"Asing ladang asing belalang."**）「畑が変わればイナゴも変わる」と言うこともあります。また、その後に、**"Lain lubuk lain ikannya."**「淵が違えば魚も異なる」が続くこともありますが、意味はいずれも同じです。

同類のことわざとして、「所変われば品(しな)変わる」（日本）、「町には決まり、村には慣習」（ジャワ）、「家には印、村には決まり」（スンダ）、「国の数だけ風習がある」（ドイツ、フランスなど）、「麦粒にはそれぞれ籾殻(もみがら)がある」（イギリス）などがあります。

上のことわざと意味合いはかなり異なりますが、**"Lain dulu, lain sekarang."**「昔は異なり、今は違う」（それぞれの時代にはそれぞれの慣習があり、昔のことは今とは異なる）というのがあり、日本にも、「昔は昔今は今」があります。

7) Sambil menyelam minum air.

水に潜(もぐ)りながら水を飲む

§キーワード：**sambil**（～しながら）；**air**（水）

Taiki : Mau ke mana, Pak Wayan?
Wayan : Ke Bali untuk nengok keluarga.
Taiki : Wah, tasnya besar-besar sekali. Isinya apa saja, ya?
Wayan : Oleh-oleh dan barang-barang untuk dijual di sana. Jadi, *sambil menyelam minum air.* Sambil nengok keluarga, bisa berdagang.
Taiki : Oh, begitu. Pasti untungnya besar, ya?
Wayan : Ya, lumayan untuk tambah belanja dapur.
大樹：ワヤンさん、どちらへお出かけですか。
ワヤン：家族の顔を見にバリ島へ。
大樹：わあ、バッグがどれもとっても大きいですねえ。中身は何ですか。
ワヤン：お土産とあちらで売るための品物だよ。だから、水に潜りながら水を飲むってところだな。家族の顔を見がてら商売もできるってわけだ。
大樹：ああ、そうですか。きっと儲(もう)けも大きいんでしょうね。
ワヤン：まあまあで、家計の足し程度だよ。

〖語句〗 **néngok** : ← menengok (＝meN＋tengok) ①見舞う。②見る、観察する。

【説明】 このことわざの意味は、「ある事をしながら、別の事をする」です。同意のことわざに、**“Ke sungai sambil mandi.”**「水浴しながら川へ行く」**“Sambil berdiang nasi masak.”**「火に当たりながら飯を炊く」、**“Berkayuh sambil ke hilir.”**「川を下りながら漕ぐ」などがあります。

同類のことわざとして、「一石二鳥」、「一挙両得（いっきょりょうとく）」（以上、日本）、「飯を蒸して、炊く」（ジャワ）などがあります。

“air”（水）を使ったことわざは、水が人間生活と密接に関係しているために非常に多く、約70個あります。本書でも、そのうち十数個を取り上げています（No. 26、No. 27、No. 38、No. 104 などを参照）。それら以外にも、たとえば、**“Mencencang air.”**「水を刻む」（無駄なことをする）、**“Air pun ada pasang surut.”**「潮にも干満がある」（幸・不幸は定まっていない）などがあります。

8) Sepandai-pandai tupai melompat, sekali waktu gawal juga.

いかに跳ぶのがうまいツパイだって失敗する時もある

§キーワード：**sepandai-pandai**（どんなに上手でも）；
tupai（ツパイ）

Nenek : Kirana, tolong hitung berapa jumlah belanjaanku hari ini.

Kirana : Ya, Nek. Semuanya seratus empat belas ribu enam ratus tiga puluh ... Eh, salah. Seratus enam belas ribu empat ratus lima puluh ... Eh, salah lagi.

Nenek : Kirana, katanya kamu jago matematika. Tapi menghitung jumlah belanjaanku hari ini selalu salah.

Kirana : Maaf, Nek, tapi belanjaan Nenek kali ini banyak sekali. Lagipula, *sepandai-pandai tupai melompat, sekali waktu gawal juga*, 'kan?

Nenek : Aah, kau selalu pakai alasan ini dan itu. Ayo, coba hitung lagi. Jangan salah, ya.

祖母：キラナ、今日の買物の合計がいくらか計算しておくれ。

キラナ：はい、おばあちゃん。みんなで、11万4,630……。あっ、間違った。11万6,450……。あっ、また間違った。

祖母：キラナ、おまえは数学のチャンピオンだってね。でも、今日は、買物の合計の計算を間違ってばかりだよ。

キラナ：ごめん、おばあちゃん、でも今回の買物はとっても多くて。ましてや、いかに跳ぶのがうまいツパイだって失敗する時もあるっていうでしょう。

祖母：ああ、おまえはいつだって、あれこれと言い訳ばかりだね。さあ、もう一度計算してみて。もう間違えないでよ。

〘語句〙 **sepandai-pandai**：いかに上手でも、どんなに利口でも。**tupai**：ツパイ（リス型の小動物）。**sekali**：①一度、一回。②ある時。③非常に。

【説明】 このことわざは、**"Sepandai-pandai tupai melompat, sekali terjatuh juga."**「いかに跳ぶのがうまいツパイだって落ちることもある」と言うこともあります。いずれの意味も、「どんなに賢い人だって、過ちを犯すこともある」です。同意のことわざに、**"Bagai belut kena ranjau."**「鰻（うなぎ）がわなにはまるようだ」、**"Tidak ada pendekar yang tidak bulus,**

tak ada juara yang tak kalah."「剣が（体に）触れない剣士はいないし、負けない王者はいない」などがあります。

世界の各地には、同類のことわざとして、「猿も木から落ちる」、「弘法（こうぼう）にも筆の誤り」、「河童（かっぱ）の川流れ」（以上、日本）、「猿がどんなに賢くても、ときにはだまされる」、「水牛は四本足なのに足を踏みはずすことがある、まして人間は」（以上、フィリピン）、「猿も木から落ちる」、「四つ足も、こけて転んで、けがをする」（以上、タイ）、「間違わない弁護士、死なない医者」（ビルマ）、「ホーマーも時にはこっくりをする」、「決してつまずかないのは良い馬である」（以上、イギリス）、「どんな名馬でもつまずかぬものはない」（フランス）、「馬は四つ足でも躓つまずく」（フランス、ロシアなど）、「馬は四つ足でも転ぶことがある」（ナイジェリア）、「最良の料理女も煮豆を焦がす」（メキシコ）などがあります。

結局、人間に失敗はつきものなんですね。一度位のミスで悩むことはありません。「前向きに」一歩ずつ生きていきましょう。

9) Kalau tak ada api, masakan ada asap.

火がなければ、煙があるはずがない

§キーワード：**api**（火）；**asap**（煙）

Istri direktur : Aku dengar belakangan ini kau sering nonton film bersama karyawatimu yang cantik.

Direktur : Ah, itu cuma kabar burung.

Istri direktur : Tapi aku percaya. *Kalau tak ada api, masakan ada asap*.

Direktur : Tapi, kalau asap itu masuk ke matamu, kau tidak bisa melihat jelas, 'kan? Jangan percaya omongan orang, dong.

Istri direktur : Tidak usah bercanda. Pokoknya, jangan beralasan macam-macam dan mungkir.

社長夫人：最近、あなた、きれいな女子社員と一緒にしばしば映画を見ているそうね。

社長：ああ、そりゃ、噂にすぎないよ。

社長夫人：でも、私は信じるわ。火がなければ、煙があるはずがないでしょう。

社長：だが、その煙がおまえの目に入れば、はっきりとは見えないだろう。人の話を信じなさんな。

社長夫人：冗談じゃないわよ。要するに、あれこれ理由をつけて否定しないで。

〖語句〗 **masakan**：まさか。**diréktur**：①社長。②校長。③理事長。**belakangan ini**：最近、近頃。**nonton**：← menonton (＝meN＋tonton) (映画などを)見る、観劇する。**kabar burung**：＝kabar angin 噂。**dong**：(感動詞) 〜だよ、〜よ。

【説明】 このことわざは、**"Tak ada api tanpa asap."**「煙なくして火なし」とも言われますが、いずれの意味も、「噂の立つところには必ず何らかの根拠がある」です。同意のことわざとして、**"Kalau tiada angin bertiup, takkan pokok bergoyang."**「風が吹かねば、樹はゆれはしない」があります。

世界の各地に、同類のことわざとして、「火の無いところに煙は立たぬ」、「煙があれば火あり」、「物が無ければ影ささず」(以上、日本)、「火がなければ、湯気はない」(ジャワ)、「炊かない煙突に煙出ようか」(韓国)、「火のないところに煙は立たず」(タイ)、「屑の跡がなければ犬も糞をしない」(ラオス)、「風が吹かねば葉はゆれない」(トルコ)、「火のない所に煙は立たない」、「蜜蜂のいる所には蜜がある」(以上、イギリス)、「火のあるところに煙あり」(フランス)、「風が吹かねば雑木林の音はしない」(ハンガリー)、「火がなければ、煙は出ない」(シベリア) などがあります。

こうしてみると、世界各地で、発想が似通っていますね。

“api” (火) を使ったことわざは30個近くあり、本書でもいくつか取り上げています(No. 45、No. 46 などを参照)。それ以外にも、**“Seperti api dengan asap.”**「火と煙のようだ」([愛し合う夫婦のように] 切り離せない)、**“Seperti api makan sekam.”**「火がもみがらを食うようだ」(隠された悪事) などがあります(「火」を使った日本のことわざに関しては No. 45 を参照してください)。

10) Bagai bumi dengan langit.

天と地のようだ

§**キーワード** : **bumi** (大地) ; **langit** (空)

Pak Sunardi : Agus, keponakan kita, kemarin lulus dari Institut Teknologi Bandung.

Ibu Sunardi : Ya, dia memang anak pandai. Lain sekali dengan adiknya, Toto. Kabarnya sekarang dia tidak mau sekolah.

Pak Sunardi : Aku kira keduanya sungguh berbeda *bagai*

bumi dengan langit. Agus rajin sekali, sedangkan Toto bukan main malasnya.

スナルディ氏：甥（おい）のアグスは昨日、バンドゥン工業大学を卒業したよ。

スナルディ夫人：ええ、あの子はもちろん利口だから。弟のトトとはまったくちがうわね。今、あの子は不登校だそうよ。

スナルディ氏：あの二人は、天と地のように、まったく違っているなあ。アグスはとても真面目なのに、トトの怠惰ぶりはどうしようもないからなあ。

〖語句〗 **keponakan**：①甥（おい）。②姪（めい）。**Institut Téknologi Bandung**：(西部ジャワのバンドゥンにある、インドネシア有数の理工系国立大学)バンドゥン工業大学。**sedangkan**：①〜にもかかわらず。②一方〜。**bukan main**：ものすごく、とてつもなく。

【説明】 このことわざの意味は、「二つの状態がはるかに異なっている」です。同意のことわざとして、日本にも、「月と鼈（すっぽん）」、「提灯（ちょうちん）に釣（つ）り鐘（がね）」などがあります。

"bumi" (地球、大地) を使ったことわざは、**"Sebesar-besar bumi ditampar tak kena."**「地球ほど大きくても、平手打ちしても当たらない」(簡単に見えることも、実行は困難である)、**"Laut mana tak berombak, bumi mana tak ditimpa hujan."**「波のない海はないし、雨の当たらない大地はない」(あらゆることに困難は付き物) など、15〜16個あります (No. 113 を参照)。

"langit" (空) を使ったことわざは、**"Merasa di langit yang ketujuh."**「第七の空にいる感じだ」(非常に幸福だ)、**"Langit menelungkup."**「空がうつぶせになる」(起こることが避けられない）など、20個近くあります（No. 48を参照）。

ところが、一つのことわざの中で、どちらも使われているものが、**“Langit runtuh bumi cair.”**「空が崩れ、大地が溶ける」（①生計の拠り所を失う。②希望を失う）、**“Jadi bumi langit.”**「天と地になる」（期待を寄せられ、頼られる人になる）など、9個あり、この二つの単語の「相性のよさ」がわかります。

ひとやすみ

◇◆ Peribahasa yang berhubungan dengan anggota badan（身体に関することわざ）◇◆

石川真帆さんの研究によれば、インドネシアと日本のことわざ辞典に載っている「身体語彙」の使用回数の多いことわざは次の通りです［石川　1999：6-10］。

Sarwonoの*Kamus Peribahasa*（ことわざ辞典）に載っている、インドネシアの「身体語彙」を使ったことわざ（5,268個中、697個で13.2％）のベスト10は次の通りです。

①tangan（手）85回、②mata（目）80回、③mulut（口）51回、④kaki（足）46回、⑤muka（顔）42回、⑥lidah（舌）41回、⑦kepala（頭）39回、⑧badan（身体）34回、⑨tulang（骨）31回、⑩perut（腹）29回。

臼田甚五郎の『ことわざ辞典』（日東書院、1995年）に載っている、日本の「身体語彙」を使ったことわざ（5,212個中、704個で13.5％）のベスト10は次の通りです。

①目・眼84回、②口77回、③手76回、④身・体・身体69回、⑤腹47回、⑥顔・面39回、⑦足・脚31回、⑧頭28回、⑨鼻24回、⑩耳と尻、ともに23回。

上位3語は、順位と回数に若干の相違はありますが、共通しています。インドネシア語で第6位の“lidah”（舌）は、日本のことわざでは第12位(13回)です。また、第9位の"tulang"(骨)は、日本のことわざでは第16位（9回）です。

一方、日本のことわざで第9位の「鼻」は、インドネシアのことわざでは第12位（21回）です。第10位の「耳」は、インドネシアのことわざでは第11位（26回)、「尻」は、インドネシアのことわざでは第26位（8回）です。

こうしてみると、「身体語彙」が使用されている状況は、インドネシアと日本のことわざでかなりよく似ていることがわかります。 [S]

11) Seperti ilmu padi, kian berisi kian runduk.

実るほど頭(こうべ)を垂(た)れる稲の教訓のようだ

§キーワード: **padi**（稲）; **runduk**（垂(た)れ下がる）

Dosen 1: Senat universitas minggu yang lalu memilih lagi Pak Umar sebagai rektor.

Dosen 2: Ya, aku kira semua orang senang dia tetap menjadi rektor karena sifatnya benar-benar *seperti ilmu padi, kian berisi kian runduk*.

Dosen 1: Betul. Pak Umar orangnya bijaksana dan rendah hati. Berkat pimpinannya universitas kita maju.

大学講師1：大学理事会は、先週、ウマル氏を学長に再選したね。

大学講師2：うん、氏の性格がまさに実るほど頭を垂れる稲の教訓のようだから、みんな氏が学長を続けるとうれしいんだと思うよ。
大学講師1：その通りだ。ウマル氏という人は、賢明で謙虚だ。
氏のリーダーシップのお陰で、うちの大学は伸びたからね。

〖語句〗 **kian ～ kian …**：～すればするほど…。**rendah hati**：謙遜した、謙虚な。

【説明】 このことわざの意味は、「賢明な人は、地位が高くなればなるほど謙虚になる」です。同意のことわざに、**"Seperti buah padi, makin berisi makin rendah."**「実るほど低くなる稲の実のようだ」、**"Jangan seperti lalang, makin lama makin tinggi."**「次第に高くなる茅（ちがや）のようであってはならない」など、いくつかあります。

同類のことわざとして、「実るほど頭（あたま）の下がる稲穂（いなほ）かな」、「実る稲田は頭垂る」（以上、日本）、「稲は熟すと穂を垂れる」（フィリピン）、「稲は実って頭を垂れ、ヒエは実って頭を立てる」（ネパール）、「上を向いているのは実が入っていない、下を向いているのは実が入っている」（カンボジア）などがあります。稲作民族の発想は当然、似てくるのですね。

稲作民族ではありませんが、同類のことわざとして、「木は、その実が多くなればなるほど、頭を低く垂れる」（イラン）というのがあります。

これらとはまったく逆の意味のことわざとして、たとえば、**"Seperti padi hampa, makin lama makin mencongak."**「次第に頭をもたげる実のない稲のようだ」、**"Seperti padi hampa, kepalanya mencoang ke langit."**「頭が空に向かって突き出る実のない稲のようだ」などがあります。

インドネシアでは"padi"（稲）という言葉が使われていること

わざが20個以上あり、本書でもいくつか取り上げています(No. 50を参照)。"beras"(米)を使ったことわざは約10個(No. 73を参照)、"nasi"(飯)約20個(No. 5を参照)、"sekam"(もみがら)5個(No. 46を参照)、"sawah"(水田)5個、"dedak"(糠(ぬか))5個など、「稲作」に関することわざがかなりあります。やはり身近に接しているから、ことわざにも多く使われるのでしょうね。

12) Seperti katak di bawah tempurung.

ヤシ殻(がら)の下の蛙(かえる)のようだ

§キーワード: **katak**(蛙); **tempurung**(ヤシ殻)

Ibu Karto: Halim, sesudah lulus SMU, kau harus bantu usaha penggilingan padi keluarga.

Halim: Tapi aku mau melanjutkan pendidikan ke kota Jakarta, Bu. Aku tidak mau menjadi *seperti katak di bawah tempurung*. Kalau tinggal di desa ini terus, aku tidak bisa maju.

Pak Karto: Kau benar, Halim. Kau harus belajar di universitas dan menjadi sarjana.

カルト夫人: ハリム、高校を卒業したら、家業の精米業を手伝わなきゃね。

ハリム: でも、母さん、僕はジャカルタへ上京して勉学を続けたいんだ。ヤシ殻の下の蛙のようにはなりたくないよ。もしこの村にずっと住んでたら、進歩できないよ。

カルト氏: おまえの言う通りだ、ハリム。おまえは大学で勉強し、学士様にならなけりゃな。

〖語句〗 **tempurung**: (二つに割った) ヤシ殻(がら)。**SMU**: ← Sekolah Menengah Umum 普通科高校。**penggilingan padi**: 精米。

【説明】 このことわざの意味は「狭い地域にばかりいて知識の広くない人」です。このことわざは、サンスクリット語のことわざ、「大地の探求も調査もしない者は井の蛙である」に由来し、それをインドネシア的(マレー的)に使ったものです[Sarwono]。同意のことわざに、**"Berpikir dusunnya itu alam ini, belalang disangkakannya elang."**「自分の田舎が世界だと思う者はイナゴをトビと思い込む」があります。

同類のことわざとして、「井の中の蛙(かわず)大海(たいかい)を知らず」(『荘子』に由来)、「貝殻で海を測る」(以上、日本)、「ヤシ殻の鳥かご」(スンダ)、「井戸の中の蛙」(韓国)、「井戸の蛙は海の大きいことを知らず、海の蛙は井戸の小さいことを知らず」(モンゴル)、「ヤシ殻の中の蛙」(タイ) などがあります。

インドネシア語では「蛙(かえる)」を"katak"または"kodok"といいます。"katak"の使われていることわざは、**"Katak hendak jadi lembu."**「蛙が牛になりたがる」(金持ちや偉い人の真似をしたがるが、結局、自分自身が苦しみ、不幸になる)[No. 36 を参照]、**"Seperti katak ditimpa kemarau."**「蛙が乾燥に見舞われたようだ」(非常にため息をつく)[No. 86 を参照]など、10個以上あります。また、"kodok"の使われているものは、**"Laksana kodok dapat bunga sekuntum."**「蛙が一輪の花を得たようなものだ」(素晴らしいものの価値がわからない)、**"Seperti kodok kena air tahi."**「糞尿に当たった蛙のようだ」(偉そうに振る舞う小人) など、5〜6個あります。

日本には、「蛙(かえる)」を用いたことわざは、「蛙の面に水」など、50数個あります。一方、「蛙(かわず)」は、「蛙の行列」など、10数個です（一部、重複）。

13) Tak usah itik diajar berenang.

アヒルに泳ぎを教える必要なし

§**キーワード**：**itik**（アヒル）；**berenang**（泳ぐ）

Hideo : Kapan-kapan saya mau ke rumah Pak Ahmad.
Ahmad : Silakan. Dari sini naik bus sampai terminal, lalu ganti naik kereta bawah tanah dan kereta listrik ...
Sutopo : Pak Ahmad, *tak usah itik diajar berenang*. Jangan kuatir. Dia orang Jepang, pasti tak akan salah jalan.
英雄：いつかアフマッド先生のお宅へ伺いたいのですが。
アフマッド：どうぞ。ここからターミナルまでバスに乗り、それから地下鉄と電車に乗り換えて……。
ストポ：アフマッド先生、アヒルに泳ぎを教える必要なしですよ。心配なさらないで下さい。彼は日本人ですから、きっと道を間違えることはないでしょう。

〘語句〙 **kapan-kapan**：いつか、いつでも。**ganti naik**：乗り換える。**keréta bawah tanah**：地下鉄。**salah jalan**：道を間違える。

【説明】 このことわざの意味は、「すでに知っている人に何かを教える必要はない」です。同類のことわざに、**"Jangan orang tua diajar makan kerak."**「年寄におこげの食べ方を教えるな」、**"Orang tua diajar makan pisang."**「年寄にバナナの食べ方を教える」、**"Ajar buaya berenang."**「ワニに泳ぎを教える」、**"Tak usah diajar anak buaya berenang, ia sudah pandai juga."**「ワニの子はすでに上手いから、泳ぎを教える必要なし」などがあります。

世界各地に、同類のことわざとして、「釈迦（しゃか）に説法（せっぽう）」（日本）、「卵が鶏に教える」（スンダ）、「大僧正にパーリ語を教える」、「ワニを相手に泳ぎの手ほどき」（以上、タイ）、「僧侶に字を教え、ワニの王に水を教える」（ビルマ）、「梟（ふくろう）がオウムに教える」（インド）、「ロクマーンに哲学を教えるは正しからず」（イラン）、「お祖母さんに卵の吸い方を教える」（イギリス）、「魚に泳ぎを教えるな」（イギリス、ロシア）、「鷲に飛び方を教える」（ドイツ）などがあります。

"itik"（アヒル）に関することわざは、たとえば、**"Seperti ayam beranak itik."**「鶏がアヒルの子を持つようだ」（両親は、翔（と）んでる子供の振舞いにはついていけない）、**"Seperti itik mendengar guntur."**「アヒルが雷鳴を聞くようだ」（やってくるかどうかはっきりしない幸運を期待する）など、10個ほどあります（No. 124 を参照）。

日本のことわざで、「家鴨（あひる）」を使ったものには、「家鴨も鴨の気位」、「家鴨の行列」など、約20個あります。

14) Tebal kulit muka.

面（つら）の皮が厚い

§**キーワード：tebal**（厚い）；**muka**（顔）

Yati : Tadi pagi aku marah-marah kepada Widiyanto.

Yani : Kenapa ? Ada masalah apa ?

Yati : Tiap minggu merayuku dan ngajak nonton lenong. Selalu kutolak, tapi dia nekat saja dan memaksa. Tak tahu malu.

Yani : Oh, dia memang *tebal kulit muka*, kok. Aku juga sering dirayunya untuk nonton dangdut. Tentu saja, aku juga tidak mau.

ヤティ：今朝、私はウィディヤントに怒ったのよ。

ヤニ：どうして。何か問題があったの。

ヤティ：毎週、私を口説くし、レノンを見に行こうと誘うのよ。いつも断っているんだけど、まったくしつこいし、強引なのよ。恥知らずだわ。

ヤニ：ええ、まったく面の皮が厚いのよ。私もしばしばダンドゥットを見に行こうって誘われるの。もちろん、私も行きたくなんかないわ。

〖語句〗 **merayuku**：私にこびる、口説く、機嫌をとる。**ngajak**：← mengajak（＝meN＋ajak）誘う。**nonton**：← menonton（＝meN＋tonton）（映画などを）見る、観劇する。**lénong**：（ジャカルタの大衆劇の1種）レノン。**kutolak**：← aku＋tolak 私は断る。**dangdut**：（ジャワの都市部を中心に普及した大衆音楽）ダンドゥット。

【説明】 このことわざの意味は、「恥知らずの人」です。同意のことわざに、**"Muka bagai ditampal dengan kulit babi."**「豚の皮で継ぎを当てられたような顔」、**"Bermuka papan."**（＝**"Bermuka kayu."**）「板の顔を持つ（＝木の顔を持つ）」などがあります。

同類のことわざとして、日本には、「面(つら)の皮が厚い」、「鉄面皮」、「厚顔無恥(こうがんむち)」、韓国には、「イタチにも面がある」、「面の皮が地面のように厚い」、「牛の皮を引っかぶる」などがあります。

“muka”（顔）を使ったことわざは、**“Bermuka dua.”**「二つの顔をもつ」（口と心が裏腹）や**“Membuang muka.”**「顔をそむける」（相手を見たくなくて、顔をそむける）、**“Mengambil muka.”**「顔を取る」(相手の顔色をうかがって、おべっかを使う)など、40個以上あります（No. 98 を参照）。

日本のことわざで、「顔」を使ったものは約170個、「面(つら)」を使ったものが約70個あります（一部、故事・俗信を含む）。

“kulit”(皮)を使ったことわざは、上の例以外に、**“Buka kulit ambil isi.”**「皮をむいて、中身を取り出す」(交渉などで、率直に協議する)［No. 18 を参照］、**“Tinggal tulang dengan kulit.”**「骨と皮のみ」（やせおとろえた）などがあります。

日本のことわざで、「皮・革」を使ったものは、約150個あります（一部、故事・俗信を含む）。

15) Malu bertanya sesat di jalan.

聞くのを恥じれば道に迷う

§キーワード：**bertanya**（尋ねる）；**sesat**（道に迷う）

Surono : Sudah lihat pengumuman UMPTN ?

Dahono : Sudah. Aku tidak diterima di universitas negeri. Sedih sekali.

Surono : Jangan patah semangat, dong. Tahun depan coba sekali lagi.

Dahono : Tapi rasanya malu.

Surono : Mengapa malu? *Malu bertanya sesat di jalan.* Kalau dari sekarang kau belajar lagi sungguh-sungguh, pasti tahun depan diterima.

スロノ：国立入試の発表を見たかい。

ダホノ：うん。僕は国立大には受からなかったんだ。とても悲しいよ。

スロノ：絶望しちゃ駄目だよ。来年、再挑戦してごらんよ。

ダホノ：でも恥ずかしい気がするよ。

スロノ：どうして恥ずかしいの。聞くのを恥じれば道に迷うだよ。今から、また懸命に勉強すれば、きっと来年は受かるさ。

〖語句〗 **UMPTN** : ← Ujian Masuk Perguruan Tinggi Negeri (1989年からインドネシア全国の国立大学で実施されてきた共通入試制度である）国立大学入学試験。**patah semangat** : ①絶望する。②意欲を失う。

【説明】 このことわざには、**"Malu bertanya sesat di jalan, malu berdayung perahu hanyut."**「聞くのを恥じれば道に迷い、漕ぐのを恥じれば舟は流される」のように、後半の部分が付け加えられることもあります。いずれにしても、その意味は、「努力をしなければ、進歩は得られない」です。同意のことわざに、**"Malu makan perut lapar, malu berkayuh perahu tak laju."**「食べるのを恥じれば腹が減り、漕ぐのを恥じれば舟は進まぬ」など、いくつかあります。

同類のことわざとして、日本には、「聞くは一時（いっとき）の恥、聞かぬは末代（まつだい）の恥」というのがあり、オランダには、「一度道に迷ってしまうより、二度でも聞いた方がよい」などがあります。

なお、“malu”（恥ずかしい）を使ったことわざについては、No. 100 を、また “jalan”（道）については、No. 107 を参照してください。

ひとやすみ

◇◆“Semangat Coba”（〈Coba の精神〉）◇◆

私は、毎年、新入生のインドネシア語の講義の最初に、〈Coba の精神〉を持つように言っています（卒業前の最後の講義でも、かならず同じことを言います）。

“Coba”とは、「やってみる、チャレンジしてみる」という意味です。若いときには、「何事にもチャレンジしてみよう」という精神が大事だと思います。「プリンの味は食べて初めてわかる」（イギリス、オランダ）ということわざもあります。

最近、自ら食べたことや見たことのないことに、食べてみよう、とか、見てやろうという、〈Coba の精神〉を持つ若者の割合が減っているように感じます。この精神がなくなれば、「若年寄」です。

年賀状に、「今も〈Coba の精神〉でがんばっています」と書いてくる卒業生が何人かいます。こういう便りは、教師には、何より嬉しいものです。

外国語を学ぶには、いわば、「未知へのチャレンジ精神」で臨む必要があると私は思うのですが、皆さんはどう思われますか。

［S］

16) Sudah jatuh tertimpa tangga.

はしごから落ちて、(はしごが) ぶつかった

§**キーワード**: **jatuh**（落ちる）; **tangga**（はしご）

Surani : Tuti sudah dua minggu tidak masuk kuliah. Ada apa, ya?

Nuraini : Kabarnya ibunya dirawat di rumah sakit dan minggu yang lalu rumahnya kebanjiran.

Surani : Kasihan sekali, ya. *Sudah jatuh tertimpa tangga.* Bagaimana kalau kita mengunjunginya hari ini?

Nuraini : Setuju. Mungkin kita bisa membantunya.

スラニ：トゥティちゃんはもう二週間、大学に来てないわね。何があったのかしら。

ヌライニ：お母さんが病院に入院しているし、お家も先週、洪水に見舞われたんですって。

スラニ：とってもかわいそうね。はしごから落ちて、(はしごが) ぶつかったのね。今日、一緒にお見舞いに行かない。

ヌライニ：賛成。私たちがお手伝いできることもあるかもね。

〘**語句**〙 **kuliah**：①大学の講義。②講義を受ける。**masuk kuliah**：①大学へ来る。②講義を受ける。**kebanjiran**：洪水に見舞われる。**bagaimana kalau** ～：（相手の意向を問う際に）～するのはどうか。

【**説明**】 このことわざは、**"Jatuh diimpit tangga."**「落ちて、はしごに挟まれた」とも言いますが、いずれの意味も、「続いて

困難な目に遭う」です。同意のものに、**“Sudah basah kehujanan.”**「濡れているのに雨に降られる」、**“Antan patah, lesung hilang.”**「杵が折れ、臼は消えた」などがあります。

世界各地に、同類のことわざとして、「弱り目に祟り目」、「泣き面に蜂」、「弱い所に風当たる」（以上、日本）、「沈んでいるのに水をかけられる」（スンダ）、「鋏が刺さって二ヵ所傷つく」（ジャワ）、「目病みに唐辛子」、「妻をなぐった日に姑が来る」（以上、韓国）、「木から落ちて牛に突かれる」（スリランカ）、「凍え面に吹雪」（ロシア）などがあります。

17) Bagai mendapat durian runtuh.

落ちてきたドリアンを手に入れるようだ

§**キーワード**: **mendapat**（入手する）; **durian**（ドリアン）

Rahayu: Mbah Karto tahun ini akan naik haji, lo.

Maryono: Eh, bagaimana dia bisa membayar ongkosnya? Sekarang mahal sekali, bukan?

Rahayu: Itu bukan masalah. Dia sekarang kaya sekali karena tanahnya yang luas dibeli dengan harga mahal sekali oleh pemerintah.

Maryono: Hei, tanah itu 'kan gersang. Untuk apa?

Rahayu: Perluasan bandar udara.

Maryono: Oh, begitu. Wah, jadi, dia *bagai mendapat durian runtuh*, ya. Pantas, dia bisa membayar ongkos naik haji.

ラハユ：カルトおじいさんは、今年、メッカへ巡礼に行くのよ。

マルヨノ：えっ、その費用はどうやって払うんだい。今、とっても高いだろう。

ラハユ：そりゃ問題ないわ。広大な土地が政府に非常な高値で買い上げられて今や大金持ちなのよ。

マルヨノ：ええっ、あの土地は不毛じゃないか。何にするんだい。

ラハユ：空港の拡張よ。

マルヨノ：ああ、そう。ええと、それじゃあ、落ちてきたドリアンを手に入れるようだな。道理で、メッカ巡礼の費用を払えるわけだ。

〖語句〗 **mbah**：①おじいさん。②おばあさん。**haji**：（イスラム教の聖地であるメッカへ巡礼した人の称号）ハジ。**naik haji**：メッカへ巡礼に行く。

【説明】 このことわざの意味は、「思いがけない大きな幸運を手にする」です。同意のことわざに、**"Mendapat pisang terkubak."**「皮のむけたバナナを手に入れる」、**"Dapat tebu rebah."**「倒れたサトウキビを手に入れる」など、数個あります。

同類のことわざとして、「棚(たな)から牡丹餅(ぼたもち)」、「開いた口へ牡丹餅」、「牡丹餅で頬をたたかれるよう」（以上、日本）、「黄飯を貰ったようだ」（スンダ。「黄飯」：お祝い用に円錐形に盛った黄色い飯。No.134 のイラスト"tumpeng nasi kuning"を参照）、「安息香の山が積み重なる」（ジャワ）、「転がってきたカボチャ」（韓国）、「飛んできた鳳」、「肥えた豚が門を押し開けて入ってきた」（以上、中国）、「計らずも王になる」（ビルマ）などがあります。

「果物の王様」といわれる"durian"（ドリアン）を使ったことわざ

はいくつかあります。バリ島由来のことわざに、**“Masak durian, masak manggis.”**「ドリアンが熟(う)れ、マンゴスティンが熟れる」(熟れたドリアンは臭いを発散するが、熟れてもマンゴスティンは臭いを発散しないことから、「男性は秘密を守れないが、女性は秘密を守れる」という意味)というのもあります。さて、男女のどちらが果たして秘密を守れるのでしょうね。

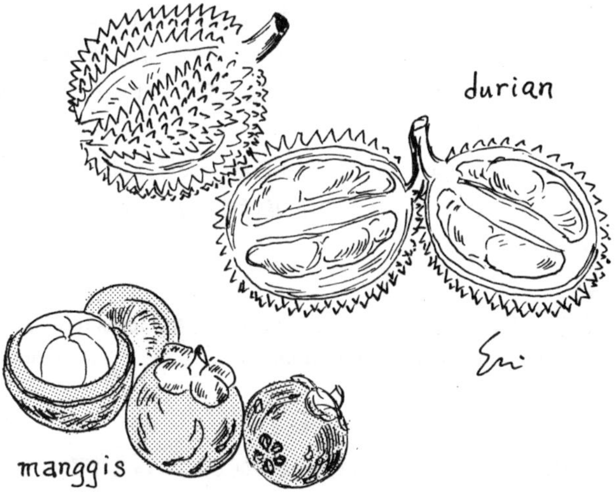

18) Buka kulit ambil isi.

皮をむいて中身を取り出す

§キーワード：**kulit**（皮）；**isi**（中身）

Manajer 1: Bagaimana pembicaraanmu dengan direktur

PT Asli kemarin ?

Manajer 2 : Lancar sekali. Orangnya benar-benar *buka kulit ambil isi.* Bicaranya terus terang sekali tanpa tedeng aling-aling.

Manajer 1 : Bagus. Kalau begitu, bulan depan kita bisa mulai patungan melaksanakan proyek di Sumatra dengan PT Asli, ya.

マネージャー1：昨日のアスリ社の社長との話はどうだった。

マネージャー2：非常にうまくいったよ。人柄はまさに皮をむいて中身を取り出すようだった。ざっくばらんで、非常に率直だった。

マネージャー1：よかった。それじゃ、来月にはアスリ社とのスマトラでのプロジェクト実行の合弁事業を開始できるな。

〖語句〗 **PT**：← Perséroan Terbatas 株式会社。**terus terang**：率直に、隠さずに。**tanpa tédéng aling-aling**：率直に、オープンに。**patungan**：合弁。

【説明】 このことわざの意味は、「何かについて率直に協議する」です。同意のことわざに、**"Singkap daun ambil isi."**「葉をのけて、中身を取る」、**"Buka daun tarik isi."**「葉を開けて、中身を引き出す」などがあります。

同意のことわざとして、日本にも、「胸襟(きょうきん)を開く」、「胸臆(きょうおく)を開く」というのがあります。

国や民族、宗教的な対立が世界の各地で発生しています。こうした対立を解消するのはなかなか大変ですが、「胸襟を開いて話し合う」ことが大事ですね。

なお、"kulit"（皮、皮膚）については、No. 14 を参照してください。

ひとやすみ

◇◆ **Sepuluh Terbanyak（ベスト10）** ◇◆

Sarwono の *Kamus Peribahasa*（ことわざ辞典）に載っている、見出し語別のインドネシアのことわざ「ベスト10」は次の通りです。

①air（水）68個、②ayam（鶏）49個、③anjing（犬）38個、④gajah（象）; kucing（猫）32個、⑥anak（子供）; kerbau（水牛）; ular（へび）30個、⑨ikan（魚）27個、⑩api（火）; kain（布）24個。

これらに次ぐものとしては、"harimau"（虎）23個、"mulut"（口）、"padi"（稲）、"hilang"（消える）＝以上22個＝、"tangan"（手）、"kambing"（山羊）、"bunga"（花）＝以上20個＝などがあります。

動物の多さが目立つことと、「水」、「火」、「布」など、生活に密着したものが多いのが特徴ですね。変わったところでは、"hilang"（消える）が22個もあることです。 [S]

19) Seperti anjing dengan kucing.

犬と猫のようだ

§キーワード：**anjing**（犬）；**kucing**（猫）

Pak Suryo：Setelah Agus tamat SMU, lebih baik dia disekolahkan di luar negeri, Bu.

Ibu Suryo : Eh, mengapa ? Biayanya 'kan mahal ?

Pak Suryo : Tidak apa-apa. Yang penting, dia berpisah dengan adiknya, si Bambang. Karena mereka *seperti anjing dengan kucing*. Tiap hari bertengkar melulu. Aku malu.

Ibu Suryo : Baiklah. Tapi, kalau bisa, di negara tetangga saja. Jangan terlalu jauh, ya, Pak.

スルヨ氏：アグスは、高校を卒業したら、外国に留学させる方がいいだろう、母さん。

スルヨ夫人：えっ、どうしてですか。費用も高いでしょう。

スルヨ氏：構わないよ。重要なことは、弟のバンバンと離すことだよ。あの子らは、犬と猫のようだからね。毎日、口げんかばかりだ。恥ずかしいよ。

スルヨ夫人：いいでしょう。でも、できれば、近隣の国にして。遠すぎちゃだめですよ、お父さん。

〚語句〛 **SMU** : ← Sekolah Menengah Umum 普通科高校。**tidak apa-apa** : 何でもない。

【説明】 このことわざの意味は、「仲が悪い」です。同意のことわざとして、日本には、「犬と猿」、「犬猿(けんえん)の仲」というのがあります。

"anjing"（犬）は、インドネシア人にとってももっとも身近な動物の一つであるため、これを使ったことわざが約40個あります。「犬」は、イスラム教（インドネシア人の約9割がイスラム教徒）で不浄の動物とみなされているためか、ことわざの中では、「欲張り」「傲慢」「弱いもの」などを象徴するものとして使われているものがかなりあります。たとえば、**“Seperti anjing berebut tulang.”**「骨を奪い合う犬のようだ」(財産を奪い合う欲張りな人)、**“Bagai anjing menyalak di ekor gajah.”**「犬が象の尾に吠えるようだ」(弱い者が強い者に立ち向かう)などがあります。また、**“Anjing menyalak tak akan menggigit.”**「吠える犬は嚙み付かない」は、日本のことわざ、「吠える犬は嚙み付かぬ」とまったく同じ発想です。

日本語の「犬」を使ったことわざは、たとえば、「犬に論語」、「尾を振る犬は打たれず」など、約280個あります(尚学図書。一部、故事・俗信を含む)。

“kucing”(猫)も身近な動物であるため、それを使ったことわざも30個以上あります。その中で、「猫」は、「不可能」「無駄」「無策」などを表すことはあっても、「犬」ほど「さげすまれる」ことはないようです。たとえば、**“Menantikan kucing bertanduk.”**「猫に角が生えるのを待つ」(不可能なことを待つ)、**“Bagai kucing kehilangan anak.”**「猫が子を失ったようだ」(途方にくれる)などがあります。

日本語の「猫」を使ったことわざは、たとえば、「猫に小判」、「猫の額」など、200個以上(一部、故事・俗信を含む)あります(No. 74 を参照)。

20) Seperti kera diberi kaca.

猿が鏡を与えられたようだ

§キーワード: **kera**(猿); **kaca**(鏡)

Witono: Kemarin aku mendapat oleh-oleh dari pamanku

yang baru pulang dari Jepang.

Joko : Apa oleh-olehnya ?

Witono : Kamus elektronik multibahasa. Ini, lihat. Bagus, 'kan ?

Joko : Sudah kau coba ?

Witono : Belum. Mm, aku tidak tahu caranya.

Joko : Wah, Witono, dasar bodoh. Engkau *seperti kera diberi kaca*. Coba pinjam sebentar. Kuberitahu cara mempergunakannya.

ウィトノ：昨日、日本から帰国したばかりのおじさんからお土産をもらってね。

ジョコ：何の土産だい。

ウィトノ：多言語電子辞書だ。ほら、見てよ。素晴らしいだろう。

ジョコ：もう試してみたのかい。

ウィトノ：まだだ。うーんと、僕はやり方がわからないんだよ。

ジョコ：えっ、ウィトノ、ほんとに馬鹿だなあ。君は、猿が鏡を与えられたようだな。ちょっと、借りるよ。僕が使い方を教えてあげるよ。

〖語句〗 **kera** : 猿、特に尾長猿。**élèktronik** : 電子の、電子工学の。**multibahasa** : 多言語。

【説明】 このことわざの意味は、「立派なものを手に入れてもそれを使えない人」です。同意のことわざに、**"Seperti kera dapat bunga."**（＝**"Seperti kera diberi bunga."**）「猿が花を得たようだ」（＝「猿が花を与えられたようだ」）、**"Laksana kodok dapat bunga sekuntum."**「蛙（かえる）が一輪の花を得たようだ」などがあります。

世界各地に同類のことわざとして、「猫に小判」、「犬に小判」、「鶏に小判」、「犬に論語」、「馬の耳に念仏」（以上、日本）、「猿がヤシを開ける」(スンダ)、「猿に珠玉」、「向かい風に耳向ける」（以上、タイ）、「牛の耳に経を読む」、「犬の足に馬蹄（ばてい）」（以上、韓国)、「言葉を知らない人に言った言葉と灰に捨てた真珠は同じ」（モンゴル)、「猿はショウガの味がわからない」（インド)、「酔っ払いに説教」、「豚の口元に金をつけるな」（以上、スリランカ)、「ロバにコーランを読む」（イラン)、「豚にバラの花をかけるのは馬鹿げている」（フランス)、『新約聖書　マタイ伝』に由来する、「豚に真珠」などがあります。

「猿」に関することわざとしては、“kera”を使ったものが12〜13個、“monyet”を使ったものが3個、“beruk”（ヤシの実取りを教えられる大猿）を使ったものが4個ほどあります。**“Seperti kera bercukur.”**「猿がひげをそるようだ」（愚か者が難しい器具を使って、結局、失敗する)、**“Monyet mendapat bunga, adakah ia tahu akan faedah.”**「猿が花を得ても、その効用を知っているのか」（良いものの価値がわからない）など、「愚か者」を意味する場合がいくつかあります。

21) Bagai menentang matahari.

太陽に逆らうようだ

§キーワード：**menentang**（逆らう）；**matahari**（太陽）

Purwanti : Kemarin aku menonton film “Titanic.” Kamu sudah menonton ?

Purwanto : Sudah. Minggu yang lalu. Bagus, ya. Apalagi film itu dibuat berdasarkan kisah nyata.

Purwanti : Ya. Dalam peristiwa itu kapal pesiar yang digembar-gemborkan sangat kuat dan tidak bisa tenggelam itu akhirnya karam setelah menabrak gunung es.

Purwanto : Ya, itulah akibatnya kalau manusia terlalu sombong. *Bagai menentang matahari.* Pasti dirinya akan hancur.

Purwanti : Betul. Tapi kasihan, waktu itu banyak orang mati sia-sia di laut.

プルワンティ：昨日、映画《タイタニック》を見たわよ。もうご覧になった？

プルワント：うん。先週にね。素晴らしかったな。ましてや、その映画は実話に基づいているからね。

プルワンティ：ええ。その事件で、とても丈夫で不沈と喧伝（けんでん）されていた遊覧船が、氷山に衝突して、結局は沈没しちゃったのよね。

プルワント：うん、人間が傲慢すぎると、そういう結果になるんだよ。太陽に逆らうようだね。かならず、自滅するんだよ。

プルワンティ：その通りね。でも、その時、たくさんの人が海で無駄死にしてしまって、かわいそうだったわね。

〖**語句**〗 **film** : ①フィルム。②映画。**Titanic** : （1912年に沈没した英国の豪華客船をテーマにした映画のタイトル）タイタニック（号）。**apalagi** : ましてや。**kapal pesiar** : 遊覧船。**digembar-gemborkan** : 喧伝（けんでん）される、大々的に宣伝される。

【説明】 このことわざの意味は、「より強い権力や勢力に立ち向かえば、かならず滅亡するだろう」です。同類のことわざに、**"Menengadah matahari."**「太陽を見上げる」、**"Meludah ke langit."**「天に唾(つば)する」などがあります。

世界各地に同類のことわざとして、「天に唾する」、「蟷螂(とうろう)の斧(おの)」(以上、日本。「蟷螂」: カマキリ)、「仰臥して唾を吐く」(韓国)、「上に投げた石は自分の頭上に」(モンゴル)、「天に向かって唾をする」、「コブラののどに手を突っ込む」(以上、タイ)、「水中に住みながらワニを敵とする」(インド)、「天に唾すれば己の顔にかかる」(イギリス、スペインなど)、「井戸に唾すれば自分がその水を飲む」(フィンランド) などがあります。

これらとまったく逆の意味で、日本には、「長いものには巻かれよ」、タイには、「激流に乗る舟を止めようとするな」があり、権力者などには逆らうな、と戒めたものもあります。これも、「庶民の智恵」のあらわれでしょうか。

"matahari" (太陽) を使ったことわざは数個ありますが、過半数は、上の例のように、「太陽」が「権力者」などを象徴しています。

一方、"hari" (日) を使ったことわざは約10個あります。たとえば、**"Ada hari ada nasi."**「日があれば飯がある」(生きていれば、飯の種はついてまわる) ということわざは、日本のことわざ、「米の飯と天道様(てんとさま)はどこへ行ってもついて回る」と同意です。その他に、**"Hari guruh takkan hujan."**「雷の日は雨は降らない」(激怒する人は普通は手を出さないものだ)などがあります。

日本のことわざで、「太陽」を使ったものは、「太陽の照る所月は見えず」など、10個足らずですが、「日」を使ったものは、「日暮れて道遠し」、「日暮れて道を急ぐ」など、約300個あります(尚学図書。一部、故事・俗信を含む)。

ひとやすみ

◇◆ Pakai Nota(明細のメモを使う)◇◆

インドネシアで私が初めて行った本屋さんは小さくて、全ての本がガラスケースの中か奥の棚にあり、店員にいちいち頼んで、取り出して見せてもらわなければなりませんでした。そこで町で一番大きい本屋さんに行きました。「こっちは普通の本屋さんのようだナ」自分で本棚からあれも、これも、と取り出しながら、「本屋さんはこうでなくっちゃぁ」と思っていますと、店員のお姉さんがすーっと近づいてきて、私の抱えている本をとっていこうとしたのです。幸い私は無抵抗のまま本を渡したのですが、しばらくして事態がやっとのみこめました。店員のお姉さんは、私が渡した本のタイトルと価格を記入した紙切れ——nota(明細のメモ)——を持ってきたのです。この紙切れを持って支払いをし、「支払済」という大きなハンコをバーンと押してもらい、しかる後に現物と引き替えるので

す。

インドネシアでは書籍類がおしなべて高価です。英語の辞書だって、一家族が1、2週間は生活できるほどの値段がします。当然、持っていない生徒が多いのです。だから、英語の教科書には新出単語の意味が書いてあります（でも喜ぶなかれ。以前に習った単語の意味はもちろん書かれていませんから、思い出せなければ悲劇です）。雑誌も、1冊で外食が数回できるほどの値段ですから、先月や先々月の雑誌も堂々と一緒に並べて売られています。

“nota”を使うのは本屋だけではありません。バティック(更紗（さらさ）)屋さんや百貨店でも、売り場によってはこのシステムを使っています。 [T]

22) Seperti harimau menyembunyikan kuku.

虎（とら）が爪（つめ）を隠すようだ

§キーワード：**harimau**（虎）；**kuku**（爪）

Karyawan bank 1 : Kepala satpam yang baru pendiam, ya.

Karyawan bank 2 : Ya, tapi kabarnya dia berilmu tinggi, lho.

Karyawan bank 1 : Apa maksudmu ?

Karyawan bank 2 : Dia pernah belajar silat di berbagai perguruan silat. Jadi, dia pasti jago silat.

Karyawan bank 1 : Wah, kalau begitu, ia *seperti harimau menyembunyikan kuku*, ya.

Karyawan bank 2 : Ya, mudah-mudahan bank kita selalu aman.
銀行員１：新任の警備課長は無口だねえ。
銀行員２：うん、でも学問はかなりあるそうだよ。
銀行員１：どういう意味だい。
銀行員２：いろいろなシラットの学校でシラットを学んだことがあるんだよ。だから、きっとシラットの名人だよ。
銀行員１：えっ、それじゃあ、虎が爪を隠すようだね。
銀行員２：うん、うちの銀行が常に安全であってほしいよね。

〖語句〗 **satpam** : ← satuan pengamanan 警備部。**silat** : （空手のような護身術）シラット。

【説明】 このことわざの意味は、「能力を隠す人」です。同意のことわざに、**"Seperti buku gaharu."**「沈香の節のようだ」（[沈香は焼いて初めて芳香が出てくることから］平素は能力を隠し、いざという場合にのみ人に知られる人）などがあります。

世界各地に、同類のことわざとして、「能ある鷹は爪を隠す」、「能ある猫は爪を隠す」（以上、日本）、「猫が爪を隠す」（韓国）、「ネズミを取る猫は鳴かない」（中国）、「毛皮の下に丈夫あり、もつれ毛の下に駿馬あり」（モンゴル）、「本当の英雄は、自分がそうであるとは言わない」（フィリピン）、「爪を隠した虎」（タイ）、「一杯になった壺はこぼれない」（スリランカ）などがあります。

これらとは逆の意味のことわざに、**"Harimau memperlihatkan kukunya."**「虎が爪を見せる」（人が権力をひけらかすこと）があります。

"kuku"（爪）を使ったことわざは10個近くありますが、半数近くが、上の例のように、「権力」を象徴しています。

23) Kapal satu nakhoda dua.

船一隻、船長二人

§キーワード：**kapal**（船）；**nakhoda**（船長）

Lestari : Kamu kelihatannya sedih. Ada apa?
Arini : Ibu suamiku datang dari kampung.
Lestari : Lo, seharusnya kau senang, 'kan?
Arini : Tapi ia sudah satu bulan tinggal bersama kami. Dan susahnya ia selalu ikut mengatur dan mencampuri urusan rumah tanggaku.
Lestari : Hm, kalau begitu, susah juga, karena *kapal satu nakhoda dua.* Tapi kukira ia tak akan tinggal selamanya denganmu.
Arini : Mudah-mudahan begitu.
ルスタリ：あなた、悲しそうだわね。何があったの。
アリニ：主人の母が田舎から出てきたの。
ルスタリ：でも、うれしいはずでしょう。
アリニ：だけど、もう１ヵ月も私たちと一緒に住んでいるのよ。それで、困ったことに、いつもうちの家事に手を出したり、口出ししたりするのね。
ルスタリ：ふうん、それじゃ、困るわねえ。船一隻、船長二人だもんね。だけど、いつまでも一緒に住むってことはないでしょう。
アリニ：そうあって欲しいわ。

〖語句〗 **seharusnya**：～のはずだ、～すべきだ。**selamanya**：いつも。

【説明】 このことわざの意味は「一つの仕事を二人が統率し、結局、仕事が完成できない」という意味になります。このことわざには、**“Gajah seekor gembala dua.”**「象一頭、象使い二人」など、同意のものが4個ほどあります（ただし、いずれも、「一人の女性が二人の夫を持つ」の意味でも使われる場合があります）。

世界各地に、同類のことわざとして、「船頭多くして船山（ふなやま）に登る」、「船頭多ければ岩に乗る」（以上、日本）、「大工の多い家が傾く」（韓国）、「大工が多すぎるとゆがんだ家が建つ」（中国）、「料理人が多いと汁がまずくなる」（フィリピン）、「医者多くして子死す」（ビルマ）、「僧多くして寺廃（すた）れる」（インド）、「家に主婦が二人いると、埃が膝までたまる」（イラン）、「水先案内人が多すぎると船が沈む」（ギリシャ）、「料理人が多すぎてはスープもだいなし」（イギリス、フランス）、「船に船長は二人いない」（オランダ）、「料理人が十人いると粥に塩を入れすぎる」、「七人の乳母では子供に目が届かぬ」（以上、ロシア）などがあります。

“kapal”（船）を使ったことわざは、上の例の他に、**“Besar kapal besar gelombang.”**「船が大きければ、波も大きい」（「①人の地位が上がれば上がるほど、風当りも強くなる。②商売が大きくなればなるほど、危険度は増す」の二つの意味あり）など約10個、“perahu”（小舟）は6個、“sampan”（小舟）が4個（No. 118 を参照）、“nakhoda”（船長）が3個あります。また、“biduk”（小舟）を使ったことわざは、20個近くあります（No. 97 を参照）。

日本では、「船」と「舟」を使ったことわざは、「船が座る」、

「小舟に荷が勝つ」など、約120個あります（尚学図書。一部、故事・俗信を含む)。

24) Ada udang di balik batu.

石の裏にエビがいる

§**キーワード：udang**（エビ）；**batu**（石）

Dewi : Belakangan ini kepala bagian kita baik hati, lo.

Tini : Ah, masak? Aku kira biasa saja.

Dewi : Sungguh. Setiap kali pulang dari perjalanan dinas, dia membawa oleh-oleh untukku.

Tini : Wah, pasti *ada udang di balik batu*, nih. Biasanya dia pelit sekali. Mungkin dia mau kamu jadi pacarnya. Hati-hati, ya.

Dewi : Idih, kau suka mengada-ada saja. Anaknya 'kan sudah tiga. Dan yang paling besar sudah mahasiswi, 'kan?

デウィ：最近、うちの課長ったら、親切なのよね。

ティニ：えっ、まさか。普通だと思うけどね。

デウィ：本当よ。彼ったら、出張から帰る度に私にお土産をくれるのよ。

ティニ：えっ、きっと石の裏にエビがいるのよ。普通はとってもけちなんだから。彼、あなたに恋人になって欲しいのかもね。気をつけるのよ。

デウィ：まあ、あなたっていつもおかしなことばっかり言って。彼の子供さんは３人もいるのよ。それに、一番上は、もう女子大生なのよ。

〖語句〗 **masak**：＝masakan まさか。**perjalanan dinas**：出張。**nih**：← ini ①(相手に何かを手渡したり、強調する際に)はい、これ。②今。**idih**：(特に女性が、驚いたり、嫌がったりした際に)あれっ、きゃっ。**mengada-ada**：①でっちあげる。②冗談ばっかり言う、おかしなことを言う。

【説明】 このことわざは、**"Berudang di balik batu."**「石の裏にエビがいる」ということもあります。いずれにしても、その意味は、「隠された意図がある」です。同意のことわざに、**"Bernasi di balik kerak."**「おこげの裏に飯がある」、**"Berlurah di balik pendakian."**「坂の向こうに谷がある」などがあります。

親しくもない人に急に親切にされたら、きっと「隠された意図」があるんじゃないかと、疑ってかかる方がいいかもしれませんね。

"udang"(エビ)を使ったことわざは約10個あります。たとえば、**"Udang hendak mengatai ikan."**「エビが魚に文句をいう」(他人の間違いは見えるが、自分の間違いには気づかない)、**"Banyak udang banyak garamnya, banyak orang banyak ragamnya."**「多くのエビには多くの塩、多くの人には多くの性格」(人の好みはさまざま)などがあります。

日本の「海老」を使ったことわざは、「海老で鯛を釣る」、「海老食うたる報い」など、20個近くあります。

25) Ada gula ada semut.

砂糖があれば蟻(あり)がいる

§キーワード : **gula**（砂糖）; **semut**（蟻(あり)）

Yutaka : Mengapa tiba-tiba ada banyak penjual makanan dan minuman di sekitar lapangan sepak bola kampung ini ?

Sutopo : Oh, karena hari ini ada pertandingan final sepak bola dalam rangka tujuhbelasan. Nanti sore pasti banyak orang datang untuk menonton. Biasanya sambil menonton, mereka makan dan minum. Jadi, *ada gula ada semut.*

Yutaka : Wah, saya juga mau menonton.

Sutopo : Kalau begitu, nanti berangkat bersama-sama, ya.

豊 : どうしてこの村のサッカー場の周囲に急にたくさんの飲食屋があらわれたんですか。

ストポ : うん、今日は独立記念サッカー大会の決勝戦があるからだよ。午後にはきっと大勢の人が見物にやってくるよ。たいてい彼らは見物しながら飲み食いするからね。だから、砂糖があれば蟻がいるんだよ。

豊 : わっ、僕も観戦したいな。

ストポ : それじゃ、あとで一緒に出かけようか。

〖語句〗 **pertandingan final** : 決勝戦。**rangka** : ①骨格、枠組み。②企画。**dalam rangka tujuhbelasan** : （1945年）8月17日の「独立記念日」

を記念して全国の市町村で行われるサッカー大会の一環として。

【説明】 このことわざの意味は、「もうけ口のある所には多くの人が集まる」です。同意のことわざに、**“Di mana buah masak, di situ burung banyak tampil.”**「熟れた実のあるところに鳥がたくさん現れる」があります。同類のことわざに、**“Di mana bunga yang kembang, di situ kumbang yang banyak.”**「咲いた花があるところには蜂が多い」(美人のいる所には多くの青年が集まる）があります。

同類のことわざとして、日本にも、「蟻の甘きにつくが如(ごと)し」、「甘いものに蟻がつく」というのがあります。政治家という人種は（別に政治家に限りませんが）「利権」という「甘い蜜」に群がりますよね。これはどこにでもあるのですね（No. 88 を参照）。

ただ、カンボジアでは、「蟻に砂糖を預けるな」は、「人に大切なものを預けると返ってこない」となり、タイでは、「蟻の間近にある砂糖」で、「猫に鰹節を預けるのと同じように、(男女間で）過ちが起こりやすい状態」の意味となります。さらに、ラオスでは、「砂糖は蟻の近くに」で、「相性の合うものは案外近くにあるものだ」という意味になり、同じ「砂糖」と「蟻」でも意味合いがかなり違っています。

“gula”(砂糖)を使ったことわざは5～6個あります。たとえば、**“Seperti gula di dalam mulut.”**「口の中の砂糖のようだ」(非常に簡単な仕事)、**“Hitam-hitam gula jawa.”**「黒くたってジャワ糖」（色は黒いが可愛い女性）などがあります。

なお、“semut”(蟻)については、No. 71 を参照してください。

26) Air jernih ikannya jinak.

水澄めば魚大人(おとな)し

§キーワード：**air**（水）；**ikan**（魚）

Tante : Saya dengar Astuti baru saja pulang dari Jepang.
Astuti : Ya, saya kembali dari sana minggu yang lalu.
Tante : Berapa lama belajar di sana?
Astuti : Kurang-lebih empat tahun, Tante.
Tante : Bagaimana kehidupan di sana, ya?
Astuti : Ya, semuanya sudah maju. Tapi yang lebih penting tidak ada kerusuhan, Tante. Jadi saya selalu bisa belajar dengan tenang.
Tante : Ya, begitulah. *Air jernih ikannya jinak*. Mudah-mudahan negara kita juga bisa demikian secepatnya.
おばさん：アストゥティは日本から帰国したばかりだってね。
アストゥティ：ええ、先週、あちらから戻ったの。
おばさん：あちらではどれくらい勉強していたの。
アストゥティ：約4年よ、おばさん。
おばさん：あちらでの生活はどうだったの。
アストゥティ：ええ、全てが進んでるわ。でももっと大事なことは騒乱がないことなの。だから、私は常に落ち着いて勉強ができたのよ。
おばさん：ああ、そうなの。水澄めば魚大人しね。この国も一刻も早くそうなってほしいわね。

〖語句〗 **baru saja**：～したばかり。**secepatnya**：できるだけ早く。

【説明】 このことわざの意味は、「繁栄する国では国民は平穏に暮らせる」です。また、「善政が行われている国では国民が礼儀正しい」し、「住民、特に女性たちの品行がよい」という意味もあります。

四方を海に囲まれているインドネシアのことわざで、“ikan”(魚)を使ったものは約30個あります(No. 104 を参照)。たとえば、**“Ikan pulang ke lubuk.”**「魚は淵に帰る」(人はいずれ故郷に帰る)、**“Ada air adalah ikan.”**「水あれば魚がいる」(①国があれば国民がいる。②どこにいても飯は食える) などがあります。また、**“Seperti ikan dalam air.”**「水中の魚のようだ」(非常に嬉しい) というのがあり、これは日本のことわざ、「水を得た魚(うお)のよう」に合い通じるところがあります。

日本語では、「魚(さかな)」を使ったことわざは、40数個ですが、「魚(うお)」を使ったことわざは、約130個あります[尚学図書]。たとえば、「水清ければ魚(うお)棲(す)まず」、「魚(うお)の目に水見えず」などがあります。また、「鯛(たい)」「鰹(かつお)」「鯉(こい)」など、個々の魚を使ったことわざもたくさんあります。

“jinak”(大人しい)を使ったことわざはいくつかありますが、よく知られているのは、**“Jinak-jinak merpati.”**「大人しくても鳩」(近づけば遠ざかり、落ちやすく見えるが、なかなか落ちない女性) があります。

27) Air tenang menghanyutkan.

静かな水も押し流す

§**キーワード**: **air**（水）; **menghanyutkan**（押し流す）

Yani : Kepala kantor kita yang baru tampaknya tidak suka banyak bicara, ya.

Sari : Ya, minggu yang lalu pidato perkenalannya singkat sekali.

Yani : Tapi kabarnya dia punya banyak pengalaman bekerja di luar negeri. Siapa tahu, *air tenang menghanyutkan*, lo. Lagi pula, dia masih muda, ganteng dan bujangan. Pasti banyak karyawati yang jatuh cinta kepadanya.

ヤニ：うちの新しい所長さんはおしゃべりが好きでないみたいね。

サリ：ええ、先週の就任の挨拶もとても短かったわ。

ヤニ：でも、外国勤務の経験は豊富という噂よ。静かな水も押し流すタイプかも知れないわ。ましてやまだ若いし、ハンサムだし、おまけに独身ですもの。きっと多くの女子社員が好きになっちゃうんじゃないかしら。

〖**語句**〗 **kepala kantor**：所長。**siapa tahu**：誰もわからない、〜かもしれない。**lagi pula**：ましてや。**ganteng**：ハンサムな、かっこいい。

【**説明**】 このことわざの意味は、「寡黙な人は知識が豊かだ」です。同類のことわざに、**"Air tenang jangan disangka tiada**

buaya."(=**"Air yang tenang jangan disangka tidak berbuaya."**)「静かな水にワニがいないと考えてはならない」(寡黙な人が愚かだと思ってはならない) などがあります。

世界各地に､同類のことわざとして､「深い川は静かに流れる」(日本)､「静水深き所で流れる」(タイ)､「音をたてずに流れる川は深い」(イギリス)､「静かな淵は深い」(イギリス、ドイツなど)､「川の深いところは音がしない」(スペイン)､「静かな水は底が深い」(ロシア) などがあります。

これらと意味合いは異なりますが、フィリピンには､「流れがしゃべらぬときは、深いから安心するな」(吠える犬は嚙まないが、無口の人は何を考えているか分からず危険である) というのがあります。

これらと反対の意味のことわざに、**"Air beriak tanda tak dalam."**「さらさら音のする水は深くない印だ」(No. 90 を参照)､「騒がしい川は誰もおぼれさせない」(ジャマイカ)などがあります。

28) Asam di gunung, garam di laut, akhirnya bertemu di belanga.

山のタマリンドと海の塩がついには鍋で出会う

§**キーワード**: **asam** (タマリンド) ; **garam** (塩)

Masaki : Kabarnya, teman kita, Sri Rahayu, akan menikah bulan ini.

Maryono : Ya, betul. Kalau tidak salah, pestanya tanggal tiga puluh satu.

Masaki : Oh, begitu. Calon suaminya dari mana, ya?

Maryono : Dari Perancis. Dia tampan sekali, lo.

Masaki : Sungguh ? Aku heran. Di mana mereka pertama kali bertemu, ya ?

Maryono : Wah, tidak tahu. Tapi *asam di gunung, garam di laut, akhirnya bertemu di belanga.* Kamu tidak perlu heran.

Masaki : Wah, kalau begitu, meskipun tidak diundang, aku mau datang.

正樹 : われわれの友達のスリ・ラハユが今月結婚するらしいよ。

マルヨノ : うん、そうだ。パーティーは31日じゃなかったかな。

正樹 : ああ、そう。旦那になる人はどこの人だい。

マルヨノ : フランス人だよ。すごくハンサムなんだ。

正樹 : 本当かい。びっくりしたなあ。どこで彼らは初めて出会ったんだい。

マルヨノ : 知らないよ。でも、山のタマリンドと海の塩がついには鍋で出会うだね。驚くことはないよ。

正樹 : うん、それじゃ、招待されなくたって、おしかけるよ。

〖語句〗 **asam** : ①（豆科の常緑高木）タマリンドの木。②酸っぱい。 **dari mana** : ①どこから。②（出身は）どこか。

【説明】 このことわざの意味は、「もし（赤い糸で結ばれた）本当の伴侶なら、どこでだって必ずや出会うはず」です。同意のことわざに、**"Ikan di laut, asam di gunung, bertemu dalam belanga."**「海の魚と山のタマリンドが鍋の中で出会う」などがあります。

地球も「狭くなって」、今や国際結婚はごく普通になっています。「縁は異なもの味なもの」（日本）と言いますし、中国には、

「結婚する男女の仲は、どんなに離れていても一本の糸で結ばれている」ということわざがあります。「赤い糸で結ばれている」（インドネシア語では“jodoh”といい、「相性」とか「縁」の意味です）なら、国境も民族も越えていつかは結ばれるでしょう。

“asam”（タマリンド）は、豆科の常緑高木で、その豆果は多肉で甘い酸味があります。インドネシア人の食生活には欠かせず、「酸っぱい」という味覚を表すことばがこれに由来しているほどです。これを使ったことわざは約10個ありますが、その半数以上が“garam”（塩）と一緒に使われています。よほど相性がいいのでしょう。たとえば、**“Sebagai garam dengan asam.”**「塩とタマリンドのようだ」（ぴったりお似合い）というのがあります。これは、日本のことわざ、「似たもの夫婦」に通じるものがあります。その他に、**“Sudah banyak makan asam garam.”**「塩とタマリンドをたくさん食べた」（経験が豊富）などがあります。また、上の例のように、“ikan”（魚）とも一緒に使われていることわざもいくつかあります。いずれも庶民の日常生活に根ざしているからでしょう。

ひとやすみ

◇◆ Pesta Pernikahan（結婚パーティー）◇◆

インドネシアではイスラム教やキリスト教などにのっとって結婚式が行われます。その結婚パーティーは都市ではとても盛大に行われます。ホテルなどの大きな会場には何百人、時には千人以上の人がお祝いを持って詰め掛けます。招待されていなくても、いっこうに構いません。新郎新婦にお祝いの言葉を述べ、握手すればいいのです。

私も以前に知人の結婚パーティーに招待されて参加しまし

た。参加者も多く、海の幸・山の幸が盛りだくさんに並べられ、自由に取って食べられました。ところが、アルコール類はまったくなし。イスラム教徒が約9割を占め、若い人の一部は例外として、ビールなどを飲む習慣が一般的でないからです。
「酒飲み」の私には、これは本当に「つらかった」なあ。 [S]

29) Berat sama dipikul, ringan sama dijinjing.

重ければ共に担(かつ)ぎ、軽ければ共に提(さ)げる

§キーワード: **sama**（一緒に）; **dipikul**（担(かつ)ぐ）

Joko: Dik Wulan, maukah kau menjadi teman hidupku selamanya?

Wulan: Ya, asal Mas Joko mau bersumpah saat ini.

Joko: Tentu saja. Aku harus bersumpah apa, Dik?

Wulan: Sumpahnya *berat sama dipikul, ringan sama dijin-*

jing. Bagaimana?

Joko: Jangan kuatir, Dik. Aku bersumpah dengan setulus hati akan selalu bersamamu dalam keadaan apa pun. Lihatlah bulan dan bintang di langit. Mereka menjadi saksinya.

ジョコ：ウランちゃん、ずっと僕の人生のパートナーにならないかい。

ウラン：いいわ、ジョコさんがここで誓ってくれるなら。

ジョコ：もちろんだよ。で、何を誓うんだい。

ウラン：その誓いとはね、重ければ共に担ぎ、軽ければ共に提げるよ。どう？

ジョコ：心配いらないよ。どんな状況でもいつも君と一緒だと心から誓うよ。空の月と星を見てごらん。彼らが証人になってくれるよ。

〖語句〗 **dik**：← adik ①弟。②妹。③(夫が妻を呼ぶ際に)君、おまえ。**teman hidup**：人生の伴侶。**asal**：〜しさえすれば、〜ならば。**mas**：＝kak ①お兄さん。②(特にジャワで妻が夫を呼ぶ際に)あなた。**dengan setulus hati**：誠意をもって。

【説明】 このことわざは、**"Ringan sama dijinjing, berat sama dipikul."**と、前後を逆にして言うこともありますが、いずれの意味も、「苦楽を共にしよう」です。これはどんな苦楽でも共にしようという、夫婦、家族、友人などの連帯感を表わしています。

同意のことわざに、**"Ke bukit sama mendaki, ke lurah sama menurun."**「丘へは共に登り、谷へは共に降りる」、**"Terapung sama hanyut, terendam sama basah."**「浮けば共に流

され、沈めば共に濡れる」など、20個以上あります。スンダのことわざにも、「苦楽は共に」というのがあります。“gotong-royong”（相互扶助）の精神が行き渡ったインドネシアだからこそ、これだけ多いのでしょう。

日本にも、「苦楽を共にする」というのがあります。また、タイには、「夫婦むつまじく担ぐ」というのがあります。これは、いわば、「夫婦限定」版でしょう。

30) Bermain api hangus, bermain air basah.

火遊びすれば火傷（やけど）し、水遊びすればぬれる

§キーワード：**bermain api**（火遊び）；**bermain air**（水遊び）

Agus：Sesudah lulus dari universitas, aku tidak mau menjadi pegawai negeri.

Takashi：Mengapa? Kalau menjadi pegawai negeri, ada pensiun, 'kan?

Agus：Ya, tapi rasanya selalu terikat dengan pekerjaan. Jadi aku mau berwiraswasta karena lebih bebas. Lagi pula, aku sudah punya modal.

Takashi：Oh, begitu. Tapi ingat *bermain api hangus, bermain air basah.* Yang penting kamu harus berusaha sungguh-sungguh. Karena, meskipun uangmu banyak, kalau tidak berhasil, aku kuatir modalmu akan cepat habis.

アグス：僕は大学を卒業後、公務員にはなりたくないな。

たかし：どうして。公務員なら、年金だってあるんじゃないの。

アグス：うん、でもいつも仕事にしばられる感じだからね。それで、僕はもっと自由に事業をやりたいんだ。すでに資金はあるから、なおさらね。

たかし：ああ、そう。でも、火遊びすれば火傷(やけど)し、水遊びすればぬれるってことを覚えておくことだね。大事なことは、君は一生懸命に努力すべきだってことだよ。だって、君のお金は多くても、もし成功しなければ、資金なんてすぐになくなってしまうから、僕はそれが心配なんだ。

〖語句〗 **bermain api**：①火遊びする。②危険なことをする。③不倫をする。**bermain air**：水遊びする。**pegawai negeri**：公務員（現在まで、インドネシアには国家公務員と地方公務員の区別はない)。**terikat dengan** ～：～に拘束・束縛される。

【説明】 このことわざは、**"Bermain api letup(＝latur)."**「火遊びすれば火傷(やけど)する」ということもありますが、いずれにしても、その意味は、「全ての仕事・活動に危険は付き物だ」です。同意のことわざに、**"Bermain pisau luka."**「ナイフで遊べば怪我(けが)をする」などがあります。

意味合いはかなり異なりますが、各地に、「虎穴に入らずんば虎児を得ず」、「枝先に行かねば熟柿(じゅくし)は食えぬ」、「金はあぶない所にある」(以上、日本)、「冒険をしなければ何も得られない」、「何も賭けなければ何も取れない」(以上、イギリス) などのことわざがあります。

31) Cepat kaki, ringan tangan.

足が速く、手が軽い

§キーワード：**kaki**（足）；**tangan**（手）

Maryono : Bagaimana cara mengisi formulir pajak sepeda motor ini, ya? Kamu bisa membantuku?

Astuti : Eh, aku juga nggak bisa, kok. Lihat saja sudah pusing.

Maryono : Wah, minta tolong kepada siapa, ya?

Astuti : Coba hubungi Mas Purwo. Dia *cepat kaki, ringan tangan.* Kalau ada masalah, aku juga kadang-kadang minta tolong kepadanya.

マルヨノ：このオートバイの税金申告書にはどういう風に記入するのかな。手伝ってくれるかい。

アストゥティ：えっ、私だってできないわよ。見るだけでも頭が痛くなるのに。

マルヨノ：じゃ、誰に頼めばいいんだい。

アストゥティ：プルオさんに連絡したら。彼は、足が速く、手が軽いわよ。何か問題があれば、私も時々、彼に助けてもらっているのよ。

〖語句〗 **formulir**：申請書、様式。**kok**：（驚いたときの感動詞）えっ、まあ。

【説明】 このことわざは、**"Ringan tangan."**「手が軽い」だけでも用いられます。いずれも、「気軽に人助けをする」の意味です。同意のことわざに、**“Tangan terbuka.”**「手を広げて」などがあり、スンダにも、「お尻が軽い」というのがあります。

これらとは逆で、日本の「腰が重い」と同じ意味のことわざに、**“Berat kaki berat tangan.”**「足が重く、手が重い」(No. 143を参照)、**“Singkat tangan.”**「手が短い」、**“Digenggamnya tangannya.”**「(自分の) 手を握る」などがあります。

“tangan” (手) を使ったことわざは、上の例を含めて90個近くあります。たとえば、**“Cepat tangan.”**「手が早い」と**“Panjang tangan.”**「手が長い」があり、いずれも「手癖が悪い」(物を盗む癖がある) という意味です。また、**“Tangan kanan jangan percaya tangan kiri.”**「右手は左手を信じてはならない」(親友は、しばしば災難をもたらすので、信じすぎてはならない) があり、これと同意で、**“Luka tangan kanan oleh tangan kiri.”**「右手は左手によって傷つく」などがあります。

“kaki” (足) を使ったことわざは、上の例を含めて50個近くあります。たとえば、**“Berkaki seribu.”**「千本の足をもつ」(怖がって素早く逃げる) などがあります。

“tangan”と“kaki”を一緒に使ったことわざが、上の例を含めて、数個あります。たとえば、**“Terikat kaki tangan.”**「手足が縛られた」(自由ではない)、**“Jadi kaki tangan.”**「手足となる」(いつも援助をしてくれるような、信頼できる人)などです。

なお、“tangan”と「手」、“kaki”と「足」については、No. 70、No. 133、No. 143 などを参照してください。

32) Gali lubang, tutup lubang.

穴を掘り、穴を埋める

§**キーワード**: **gali**（掘る）; **lubang**（穴）

Pak Rahmat: Setelah kutagih berkali-kali, kemarin akhirnya Pak Durno mengembalikan utangnya kepadaku.

Pak Setyo: Eh? Tapi kemarin dulu dia pinjam uang kepadaku. Katanya untuk membeli obat anaknya yang sedang sakit.

Pak Rahmat: Astaga! Rupanya dia menerapkan manajemen *gali lubang, tutup lubang*. Jadi, dia pakai uangmu untuk membayar utangku.

Pak Setyo: Wah, kapan dia akan mengembalikan uangku, ya?

Pak Rahmat: Ya, nanti, kapan-kapan kalau dia bisa pinjam uang dari orang lain.

ラフマット氏：何度も催促したあげく、昨日になって、ドゥルノ氏はようやく借金を返してくれたよ。

スティヨ氏：えっ。でも、一昨日、彼は僕のところに金を借りに来たんだよ。病気の子供の薬を買うためだって言ってた。

ラフマット氏：何とまあ。彼は、穴を掘り、穴を埋めるという経営を実践しているようだね。だから、君のお金を僕の借金を払うために使ったんだよ。

スティヨ氏：えっ、じゃ、いつになったら僕の金を返してくれるんだろう。

ラフマット氏：うん、いずれ、いつか他の人から借りられたらだね。

〘語句〙 **kutagih**：← aku＋tagih（私が）催促する。**astaga**：← astagfirullah（驚きを表す感動詞）あれっ、おやまあ。**kapan-kapan**：いつか、いつでも。

【説明】 このことわざは、**“Menggali lubang, menimbun lubang.”**「穴を掘って、穴を埋める」ともいいます。いずれの意味も、「借金を払うために借金する」です。同意のことわざとして、スンダにも、「穴を埋め、穴を掘る」というのがあります。

日本には、「自転車操業」（［自転車はこぐのをやめると倒れることから］資金の借り入れと返済を繰り返しながら、かろうじて倒産を免れ、操業を継続している状態）という慣用表現がありますが、中小企業の経営者に限らず、経済不況の今日、リストラ、インフレ、失業などでいずこも大変なんですよ。

“lubang”（穴）を使ったことわざは、上の例以外に、数個あります。たとえば、**“Barang siapa menggali lubang, ia juga terperosok di dalamnya.”**「穴を掘った者は、自らもその中にはまってしまう」（人に悪意を持った者は、自ら災難にあってしまう）というのがあります。同類のことわざとして、「人を呪(のろ)わば穴二つ」（日本）、「他人に穴を掘る者は自らこれに陥る」（ネパール、イギリス、フランスなど）があります。

33) Ikut hati mati, ikut mata buta.

心に従えば死に、目に従えば見えなくなる

§キーワード：**hati**（心）；**mata**（目）

Cucu : Nek, aku minta uang untuk beli bensin dan rokok.
Nenek : Lo, kamu 'kan sudah kerja. Minggu yang lalu kamu terima gaji. Masak, sudah habis.
Cucu : Ya, karena aku kalah judi, Nek.
Nenek : Itulah akibatnya, *ikut hati mati, ikut mata buta.* Jangan kauturuti nafsumu yang tidak baik itu.
孫：ばあちゃん、ガソリンとタバコを買う金がほしいんだけど。
祖母：えっ、おまえはもう働いてるじゃないの。先週、給料を貰ったのに。まさか、もうなくなったなんて。
孫：うん、博打(ばくち)に負けたからなんだ、ばあちゃん。
祖母：ほらごらん、それこそ、心に従えば死に、目に従えば見えなくなるってことだよ。そんなつまらない欲に流されちゃ、駄目だよ。

〖語句〗 **nêk**：← nênêk 祖母、おばあさん。**lo**：（驚きを表す感動詞）えっ、あれっ。**kauturuti**：← engkau＋（meN＋）turuti（おまえが）従う。

【説明】 このことわざは、**"Ikut hati mati, ikut rasa binasa, ikut mata leta."**「心に従えば死に、感情に従えば破滅し、目に従えば卑しくなる」や**"Menurutkan hati mati, menurutkan rasa binasa."**「心に従えば死に、感情に従えば破

滅する」とも言われます。いずれの意味も「もし常に欲に従うと、結局は不幸になる」です。同意のことわざに、**“Karena hati mati, karena mata buta.”**「心のせいで死に、目のせいで見えなくなる」があります。

同類のことわざとして、日本にも、「欲に目が眩(くら)む」、「欲と二人連れ」などがあります。

「欲望」を抑えることは、やはり誰にとっても難しいですよね。食欲、性欲、名誉欲……と、とどまるところを知りません。結局、「欲に頂(いただき)なし」（日本）ということでしょうか。

なお、“hati”（心）と“mata”（目）については、No. 3 を参照してください。

ひとやすみ

◇◆ Misteri “Lemari Dinding”（「押入れ」の謎）◇◆

Di dalam setiap rumah dan apartemen di Jepang pasti ada lemari dinding. Lemari seperti ini biasanya tidak ada di rumah orang Indonesia. Terus terang, lemari dinding sangat praktis karena dapat dipakai untuk menyimpan kasur Jepang (futon) dan barang-barang lain yang tidak sering digunakan. Tetapi, kadang-kadang ada orang Jepang yang cenderung menyimpan terlalu banyak barang di dalamnya.

Isteri saya adalah seorang di antaranya. Di dalam lemari dinding apartemen kami di Osaka, selain kasur tentu saja ada macam-macam barang yang lain. Sebelum kami menikah, bertahun-tahun isteri saya sudah tinggal di apartemen itu. Oleh karena itu, dia sudah menyimpan aneka barang di dalam lemari dindingnya.

Waktu pertama kali saya membuka lemari dinding, saya melihat tumpukan aneka kotak yang ada di bagian dalam lemari. Ketika itu, saya bertanya kepada diri sendiri apa saja isinya. Sampai sekarang pun kadang-kadang masih bertanya-tanya. Suatu kali saya pernah bertanya kepada isteri tentang hal itu. Tetapi dia sendiri lupa barang apa saja yang disimpannya di dalam lemari dinding apartemen kami.

Jadi, saya pikir kalau kami tidak pindah apartemen, mungkin sampai kapan pun saya tidak tahu isi sebenarnya lemari dinding kami. Alamak!

日本ではどの家、どのアパートにも必ず押入れというものがあります。これは、普通インドネシア人の家にはありません。実は、押入れは、布団やあまり頻繁には使わないものをしまっておけるので、極めて実用的です。ただし、その中にあまりに多くの物を入れすぎる日本人もたまにはいます。

私の妻もその一人です。大阪の私たちのアパートの押入れには、もちろん布団以外にも様々な物が入っています。妻は結婚

前から何年もこのアパートで暮らしていました。それで、結婚したときにはすでに押入れの中にありとあらゆる物を詰め込んでいたのです。

私が初めて押入れを開けたとき、奥の方に様々な箱が積み上げられているのが見えました。その時、いったいあの中身は何なんだろう、と私は自問したものです。私は今だに、時として同じ疑問を抱きます。一度、妻に尋ねてみたことがあります。なんと彼女自身、うちの押入れに何が入っているのか忘れてしまっていたのです。

おそらく、アパートを引っ越さない限り、いつまでも押入れの本当の中身はわからないままだろうと思います。まいったなあ！ [E]

最近、二人は引越しました。そのとき、やっと中身がわかったそうです。 [S]

34) Lidah biawak.

とかげの舌

§**キーワード**: **lidah**（舌）; **biawak**（とかげ）

Ayah : Kalau tabungan kita sudah banyak, aku mau beli mobil baru, Bu.

Andi : Setuju, Pak. Kalau bisa, yang lebih besar.

Ibu : Eh, nanti dulu. Aku mau pakai uang itu untuk renovasi rumah kita.

Andi : Wah, itu betul, Bu. Supaya tidak kalah dengan rumah tetangga.

Ayah: He, Andi berpihak kepada siapa? Jangan seperti *lidah biawak*, dong.

父: うちの貯金がたまったら、新車を買いたいね、母さん。

アンディ: 賛成、お父さん。できたら、もっと大きいのをね。

母: えっ、ちょっと待ってよ。私はそのお金を家の改築に使いたいわ。

アンディ: うん、そりゃそうだよ、お母さん。隣の家に負けないようにね。

父: おい、アンディは誰に味方してるんだい。とかげの舌じゃ駄目だよ。

〖語句〗 **nanti dulu**: まず待って。**rénovasi**: (建物などの) 改造、改築、修繕。

【説明】 このことわざの意味は、「敵と味方のどちらに与(くみ)するのか、態度のはっきりしない人」です。日本にも、「二枚舌(にまいじた)」というのがあります。こういう人はいずこにもいるのでしょうね。

"lidah" (舌) に関するインドネシアのことわざには、他に、**"Lidah tak bertulang."**「舌には骨がない」(言うことは簡単だが、実行は難しい)、**"Kebenaran di ujung lidah."**「真理は舌の先にある」(真理は権力者次第である)、**"Tergigit lidah."**「舌を嚙んでしまった」(悪人に言い聞かせても無駄である) など、15個ほどあります (No. 146 を参照)。

「舌」に関する日本のことわざには、「舌が回る」、「舌の根の乾かぬうち」、「舌も引かぬ」など、70数個あります。

"biawak" (とかげ) に関するインドネシアのことわざには、上の例以外に、**"Bila pula biawak duduk."**「とかげはいったいいつ座るのか」(まったくありえないこと)など、5個ほどあります。
「とかげ」に関することわざは、日本では、「とかげのしっぽ切り」など、10個近くあります。

35) Takkan lari gunung dikejar.

山は追いかけられても逃げはしない

§**キーワード**：**lari**（逃げる）；**gunung**（山）

Istri : Awas ! Hati-hati, Bang. Jangan ngebut. Lalu lintas di sini ramai sekali.

Suami : Aku tahu, tapi aku ingin segera sampai di Bandung.

Istri : Buat apa buru-buru ? *Takkan lari gunung dikejar*. Cepat atau lambat kita pasti tiba di sana, 'kan ? Yang lebih penting keselamatan.

Suami : Baiklah, baiklah. Aku kurangi kecepatannya sedikit.

妻：危ない。気をつけて、あなた。ぶっ飛ばさないで。この辺は交通量がとっても多いんですから。

夫：わかってるさ、でも、早くバンドゥンに着きたいんだよ。

妻：何のためにあわてるの。山は追いかけられても逃げはしないわよ。速くても遅くても、必ずそこに着くでしょう。もっと大切なのは、安全よ。

夫：よし、わかった。少しスピードを落とすよ。

〖語句〗 **takkan**：＝tak akan～しないだろう。**bang**：← abang ①兄。②（タクシーの運転手などへ呼びかける際に）兄ちゃん。③（妻が夫に呼びかける際に）あなた。**ngebut**：←（me）ngebut（＝meN＋kebut）（車などを）ぶっ飛ばす。**lalu lintas**：交通。

【説明】 このことわざは、**"Takkan lari gunung dikejar, hilang kabut tampaklah dia."**「山は追いかけられても逃げはしない、霧が晴れれば見えてくる」と、後半の部分が付け加えられることもあります。その意味は、「確定していることをする際にはあせることはない」です。同類のことわざに、**"Biar lambat asal selamat."**「無事であれば遅くても構わない」などがあります。

日本にも、「急（せ）いては事を仕損（しそん）ずる」、「急がば回れ」ということわざがあります。

「山」に関することわざは、日本では、約270個あります（尚学図書。一部、故事・俗信を含む）。日本人は「山」に対して多様なイメージを抱いてきたようですが、ことわざでは、精神生活の面は洗い流されて、もっぱら具体的に目の前にある巨大な土の塊としてとらえているといわれます［丹野　1999：104-105］。

インドネシア語では、"gunung"（山）を使ったことわざは10個ほどありますが、その半分近くが「財産」や「富」を象徴しています。

日本語とインドネシア語で似たような発想のことわざとして、**"Gunung yang tinggi akan runtuh bila setiap hari digali."**「高い山も毎日掘れば崩壊するだろう」（豊富な財産も毎回浪費すれば尽きるだろう）と「錦（にしき）着る山は裸になる下地」があり、また、**"Tak ada gunung tinggi yang tak dapat didaki, tak ada lurah yang dalam yang tak dapat dituruni."**「登れない高い山はなく、降りられない深い谷はない」（意志が堅固であれば、成功しない事はない）と中国由来のことわざ、「愚公（ぐこう）山を移す」(p.237 を参照) があります。

36) Katak hendak jadi lembu.

蛙(かえる)が牛になりたがる

§キーワード：**katak**（蛙）；**lembu**（牛）

Iskak : Hari ini kamu kelihatannya sedih sekali. Ada apa?
Rokim : Mobilku akan diambil agen penjualnya.
Iskak : He, kenapa?
Rokim : Karena sudah tiga bulan aku tidak membayar angsuran bulanannya.
Iskak : Oh, itu salahmu sendiri. *Katak hendak jadi lembu.* Mobil 'kan kendaraannya orang kaya. Kalau tidak mampu beli mobil, tidak usah ambil kredit, dong. Akibatnya kamu sendiri yang susah.

イスカック：今日、とても悲しそうだね。何があったんだい。
ロキム：僕の車が販売代理店に引き取られるんだ。
イスカック：へえ、どうして。
ロキム：もう3ヵ月、月賦を払ってないからなんだ。
イスカック：うん、そりゃ君が悪いよ。蛙が牛になりたがるだな。車は金持ちの乗物だろう。車が買えないんなら、ローンを組む必要はないじゃないか。結局、君自身が苦しむんだよ。

〖語句〗 **agén penjualnya**：(その)販売代理店。**angsuran bulanannya**：(その) 月賦払い。**mampu**：①できる、能力ある。②裕福な、金持

ちの。**krēdit**：①信用。②クレジット、ローン。

【説明】 このことわざの意味は､「金持ちや偉人の真似をしたがり、結局、自分自身が苦しみ、不幸になる」です。同意のことわざに、**"Gajah hendak berak besar, kita pun hendak berak besar jua."**「象が大きな糞(ふん)をし、われわれも大きな糞をしようとする」、**"Seperti pipit menelan jagung."**「雀(すずめ)がトウモロコシを飲み込むようだ」などがあります。

これらと同類のことわざとして､「鵜(う)の真似をする烏水に溺れる」､「身の程知らず」(以上、日本)､「香りのない木が芳香を求める」(スンダ)､「象が糞をするのを見て自分もする」(タイ)､「象が糞をするのを見て、象の真似をするな」(カンボジア)などがあります。象のいる、インドネシア、タイ、カンボジアなどは発想がよく似ていますね。

37) Tak ada gading yang tak retak.

疵(きず)のない象牙はない

§**キーワード**：**gading**（象牙）；**retak**（ひび割れた、疵(きず)）

Purwo : Aku akan mengembalikan televisi ini ke toko penjualnya.

Rini : Kenapa? Ini masih baru, 'kan? Kalau tidak salah, kamu baru saja membelinya.

Purwo : Ya, memang. Tapi suaranya sama sekali tidak bagus padahal mereknya terkenal sekali. Coba dengar, ya.

Rini : Hem, betul juga. Aku pikir, *tak ada gading yang tak retak*. Meskipun mereknya termasyhur, kadang-kadang barangnya ada yang kurang baik. Tapi, masih ada garansinya, 'kan?

Purwo : Ya, tapi ini sangat merepotkan.

プルウォ：このテレビは販売店に返すつもりなんだ。

リニ：どうして。これってまだ新しいんでしょう。買ったばかりじゃなかったかしら。

プルウォ：うん、もちろん。でも、ブランドは非常に有名だけど、音声がまったく良くないんだ。ちょっと聞いてみてよ。

リニ：うん、本当ね。疵(きず)のない象牙はないって思うわ。ブランドは有名でも、時には不良品だってあるわよ。でも、まだ保証はあるんでしょう。

プルウォ：うん、でも、とっても面倒なんだ。

〖語句〗 **padahal** ～：～にもかかわらず。**méreknya**：（その）ブランド、商標、マーク。**merépotkan**：①迷惑をかける。②（形容詞的に使って）面倒な、わずらわしい。

【説明】 このことわざの意味は、「この世に欠陥のないものはない」です。同意のことわざに、**"Bunga yang harum itu ada juga durinya."**「香りの良い花にも刺(とげ)がある」（No. 80 参照）などがあります。

同類のことわざとして、「刺のない薔薇(ばら)はない」、「薔薇に刺あり」（以上、日本）、「玉にも疵(きず)がある」（韓国）、「どんな穀物にももみ殻が混じっている」（オランダ）などがあります。

これらとは逆に、日本には、「間然(かんぜん)する所が無い」（非のうちどころがない）などの表現もあります。

“gading”（象牙）を使ったことわざは約10個あります。その中で、**“Telah mati yang bergading.”**「象牙を持った者が死んだ」（権力者が死んだ）、**“Semahal-mahal gading, kalau patah tiada berharga.”**「象牙がいかに高価でも、折れれば価値はない」（人の地位がいかに高くても、悪事を働けば地に落ちる）などのように、「権力者」や「地位のある人」を象徴しているものがあります。

38) Tambah air tambah sagu.

水を増やせばサゴも増やす

§**キーワード：air**（水）；**sagu**（サゴ）

Wijang : Hai, Jon. Lama tidak bertemu, ya? Bagaimana kabarnya?

Sarjono : Baik-baik saja.

Wijang : Belakangan ini, kamu jarang main tenis, ya.

Sarjono : Ya, karena sejak tiga bulan yang lalu aku diangkat menjadi kepala kantor cabang. Jadi, harus sering lembur.

Wijang : Wah, selamat, ya. Kalau begitu, *tambah air tambah sagu.* Pasti gajimu sekarang besar.

Sarjono : Aah, tidak. Lumayan saja. Ayo, kutraktir kamu di warung sate.

Wijang : Wah, terima kasih.

ウィジャン：ハーイ、ジョン。久し振りだね。元気かい。

サルジョノ：ああ元気だよ。

ウィジャン：最近、めったにテニスをしないんだね。

サルジョノ：うん、3ヵ月前から支店長になったからだよ。だから、しばしば残業しなくちゃならないんだ。

ウィジャン：えっ、そりゃ、おめでとう。それじゃ、水を増やせばサゴも増やすだね。きっと今は給料も多いんだね。

サルジョノ：ああ、そんなことはないよ。まあまあだね。さあ、サテ（串焼肉）の屋台でおごるよ。

ウィジャン：そう、有難う。

〖語句〗 **sagu**：①サゴ椰子。②サゴ（＝サゴヤシの澱粉）。**lama tidak bertemu**：久し振り。**kutraktir**：← aku＋traktir（僕が）おごる、ご馳走する。

【説明】 このことわざの意味は、「仕事が増えれば増えるほど収入も増える」です。インドネシアにはサゴ（サゴヤシの澱粉）を使ったお菓子があります。おいしいお菓子を作る際に水を加えれば、サゴも加えなくてはならないことに由来しています。

"sagu"（サゴ）に関連することわざとしては、**"Jika tidak dipecah ruyung, di mana boleh mendapat sagu."**「樹幹を割らねば、サゴは得られはしない」（苦労なしには理想は達成されない）、**"Awak yang payah membelah ruyung, orang lain yang beroleh sagunya."**「苦労して樹幹を割ったのに、他人がサゴを手に入れた」（自分たちが苦労したのに他人がその利益を得た）などがあります。

39) Tak lekang oleh panas, tak lapuk oleh hujan.

乾燥してもひび割れず、雨にも腐らぬ

§キーワード：**panas**（暑い、乾燥した）；**hujan**（雨）

Manami：Pura di dekat hotel kita hari ini ramai sekali. Ada apa, ya?

Kirana：Oh, kabarnya hari ini ada odalan.

Manami：Odalan? Apa artinya?

Kirana：Artinya festival tahunan pura di Bali. Adat ini *tak lekang oleh panas, tak lapuk oleh hujan.* Sejak dulu selalu diadakan.

Manami：Kelihatannya menarik sekali. Mari kita menonton.

Kirana：Tunggu sebentar. Saya ambil kamera dulu.

まなみ：このホテルの近くにあるプラ（ヒンドゥー教の寺院）はとってもにぎやかね。何があるのかしら。

キラナ：うん、今日はオダランがあるそうよ。

まなみ：オダラン？　どういう意味。

キラナ：バリのプラの年中祭事という意味よ。この慣わしは、<u>乾燥してもひび割れず、雨にも腐らぬ</u>っていうからね。昔からいつも行われているのよ。

まなみ：とっても面白そうね。一緒に見に行きましょうよ。

キラナ：ちょっと待って。まずカメラを取ってくるから。

〖**語句**〗 **odalan**：ヒンドゥー教の寺院創立を記念して開催される年

中祭事。

【説明】 このことわざの意味は、「永遠に不変である」です。

これと、意味合いはかなり異なりますが、日本には、「千代に八千代に」（非常に長い年月にわたって。幾千年も）というのがあります。

これらとは逆の意味のことわざに、**“Panas tidak sampai petang.”**「暑さは夕方までは続かない」（良いことは永遠には続かない）があります。

なお、“panas”（暑い）を使ったことわざについては、No. 42、No. 82、No. 84、No. 129 を参照してください。

40) Berguru kepalang ajar, bagai bunga kembang tak jadi.

半端な学問を学ぶのは花が咲かないようなものだ

§キーワード：berguru（学ぶ）；**kepalang**（中途半端な）

Sigit : Tahun depan aku mau berhenti kuliah.

Ibu : Eh, mengapa? Sekarang kau sudah tingkat tiga, 'kan?

Sigit : Ya, tapi aku bosan belajar.

Ibu : Jangan bicara begitu. Ingat, *berguru kepalang ajar, bagai bunga kembang tak jadi.* Kalau kau tidak lulus universitas, nanti susah untuk mendapat pekerjaan. Coba kau pikirkan sekali lagi.

シギット：来年、僕は大学を止めたいんだけど。

母：えっ、どうして。今、あんたはもう3年生でしょう。

シギット：うん、でも勉強には飽いたんだよ。

母：そんなこと言うもんじゃないわよ。いいかい、半端な学問を学ぶのは花が咲かないようなものだってことを覚えておきなさい。大学を卒業しなければ、就職だって大変だよ。もう一度考え直してごらん。

〖語句〗 **berguru**：①学ぶ、教わる。②教師として振る舞う。**kepalang**：①不十分な。②中途半端な。**tingkat tiga**：①3階。②(大学の)3年生。

【説明】 このことわざの意味は、「中途半端な学問は役立たない」です。同意のことわざに、**"Ke langit tak sampai, ke bumi tak nyata."**「天には達せず、地は見えぬ」などがあります。

同類のことわざとして、「生兵法（なまびょうほう）は大怪我（おおけが）のもと」（日本）、「少しばかりの学問は危険なもの」（イギリス）などがあります。

これらと逆の意味のことわざには、**"Berjalan sampai ke batas, berlayar sampai pulau."**「限界まで歩き、島まで航海する」（仕事などは完成するまでやりとげよ）などがあります。

"berguru"(学ぶ、教わる)を使ったことわざには、**"Berguru dahulu sebelum bergurau."**「ふざける前にまず学べ」（楽しむ前にまず学びなさい）というのがあります。外国語の習得は、「まず学べ」ですね。それからその国の人たちとコミュニケーションをして「楽しむ」ことです。

ひとやすみ

◇◆"Sakit" dan "Shakit"（「サキット」と「シャキット」）◇◆

Dalam bahasa Jepang ada ucapan 'sha,' 'shu,' 'sho.' Bagi saya, waktu baru saja datang ke Jepang, bunyi konsonan 's' dan 'sh' kedengarannya sama. Tentu saja hal ini kadang-kadang bisa menimbulkan salah paham. Contohnya begini.

Pada suatu hari sesudah pulang dari kerja, isteri saya segera mandi. Sehabis mandi, sambil mengeringkan rambutnya, dia berkali-kali berkata, "Aah, *shakit.*" Mendengar itu, saya segera teringat pengalaman saya waktu pertama kali mandi di pemandian sumber air panas. Waktu itu kulit sekujur badan saya betul-betul berasa *sakit* seperti melepuh karena air panas di pemandian itu bagi saya benar-benar terlalu panas.

Dengan cemas saya bertanya kepada isteri saya, "Apanya yang sakit? Apanya yang sakit?"

Dia memandang saya dengan heran. "Eh, kamu tanya apa, sih?" Dia tidak menjawab, tetapi malah bertanya.

"Tadi kamu bilang sakit, sakit berkali-kali, bukan? Apanya yang sakit?"

Isteri saya tertawa terpingkal-pingkal mendengar perkataan saya, lalu dia berkata, "Bukan *sakit*, tapi *shakit*." Lalu dia meneruskan, "Ucapan kata *shakit* lain dengan kata *sakit*. Kata *shakit* artinya 'bugar dan bertenaga lagi,' 'siap bergerak dengan cepat.' Pokoknya bermakna baik. Jadi, artinya lain sekali dengan kata *sakit*."

Saya diam saja tidak mau mengomentari.

日本語には、'sha'「しゃ」、'shu'「しゅ」、'sho'「しょ」という音があります。初めて日本に来た時、's'の子音も'sh'の子音も私には同じに聞こえました。もちろんこれが時として誤解をうむのです。こんなことがありました。

ある日、妻は仕事から帰るとすぐにお風呂にはいりました。

お風呂からあがって髪を乾かしながら、何度も、「ああ、シャキットするわぁ」と言うのです。それを聞いて、私はたちまち初めて温泉に入ったときの経験を思い出しました。あの時は、全身の皮膚がまるで水ぶくれをおこしたかのように本当に「サキット」（痛い）と感じられました。温泉のお湯が私にとっては本当に熱すぎたのです。

私は心配になって妻に尋ねました。「どうしたの。どこが痛いの」

彼女はびっくりして私を見つめます。「えっ？　何て質問してるのぉ」彼女は答えずに、むしろ聞き返すのです。

「さっき、サキット（痛い）、サキット（痛い）って、何度も言ったじゃないか。どこが痛いのかい」

それを聞いて、彼女はおなかをよじって笑いころげたあと、こう言いました。「〈サキット〉じゃなくて〈シャキット〉」それから彼女はこう続けました。「〈シャキット〉というのは〈サキ

ット〉とは違うのよ。〈シャキット〉っていうのはね、『リフレッシュして再び力がみなぎる』とか『機敏に動ける状態にある』という意味なの。要するに良い意味なのよ。だから〈サキット〉とは意味も全然違うんだから」

私はコメントする気もおこらず、黙ったままでした。 [E]

41) Menegakkan benang basah.

濡れ糸を立てる

§キーワード：**menegakkan**（立てる）；**benang**（糸）

Pak Sastro : Kabarnya, teman kita, Aryati, akan bercerai dengan suaminya.

Ibu Sastro : Ya, karena tiap hari mereka selalu bertengkar saja.

Pak Sastro : Apakah keduanya tidak bisa dirukunkan?

Ibu Sastro : Aku kira susah, Pak. Merukunkan mereka seperti *menegakkan benang basah.* Aryati sudah tidak tahan lagi karena suaminya tidak memberi nafkah, sering mabuk dan memukulinya.

Pak Sastro : Kasihan Aryati, ya.

サストロ氏：友人のアルヤティが夫と離婚するそうだね。

サストロ夫人：ええ、毎日、口げんかばかりですからね。

サストロ氏：二人を仲直りさせられないかねえ。

サストロ夫人：難しいと思うわ。二人を仲直りさせるのは、濡れ糸を立てるようなものよ。ご主人が生活費を渡さないし、しょっちゅう酔っ払って彼女をなぐるので、もう耐えられないのよ。
サストロ氏：アルヤティはかわいそうだな。

〖語句〗 **menegakkan**：①立てる。②まっすぐにする。③維持する。**keduanya**：（その）二人（とも）。

【説明】 このことわざは、**“Mendirikan benang basah.”**「濡れ糸を立てる」ということもありますが、いずれも二つの意味があります。

第一の意味は、「無駄なことをする」です。これと同意のことわざに、**“Bagai mencencang air.”**「水を刻むようだ」、**“Bagai menghitung bulu kambing.”**「山羊の毛を数えるようだ」などがあります。

第二の意味は、「実行不可能なことをする」です［*Kamus Besar Bahasa Indonesia*］。これと同意のことわざに、**“Bagai membendarkan air ke bukit.”**「水を丘へ引くようだ」、**“Menegakkan sumpit tak terisi.”**「中身のない米袋を立てる」などがあります。

“benang”（糸）を使ったことわざは、上の例や、**“Melanggar benang hitam.”**「黒糸に触れる」（慣習に反する）などを含めて10個近くあります。

日本語で、「糸」を使ったことわざには、「一寸の糸、三寸の縄」、「幼子は白き糸の如し」など、約40個あります。

42) Panas setahun dihapuskan hujan sehari.

一年の乾きが一日の雨で拭い去られる

§キーワード：**panas**（暑い、乾いた）；**hujan**（雨）

Mulyati : Terlambat lagi, terlambat lagi. Janjinya jam berapa?

Raharjo : Jam setengah tujuh. Tapi, maaf, banku gembos di jalan.

Mulyati : Alasan kuno. Kalau begini, lebih baik hari ini kita putus saja.

Raharjo : Wah, jangan begitu, Yati. Aku 'kan cuma terlambat tiga puluh menit. Selama ini aku selalu berbuat baik dan mengurusimu, 'kan? Masak, *panas setahun dihapuskan hujan sehari.*

Mulyati : Sudah, sudah, kumaafkan kamu. Ayo, segera pergi ke konser.

ムルヤティ：またまた遅刻ね。約束は何時だと思ってるの。

ラハルジョ：6時半。でも、タイヤが道でパンクしちゃったんだよ、ごめん。

ムルヤティ：言い古された言い訳ね。もしこんなんなら、今日、別れちゃった方がましよ。

ラハルジョ：ああ、そりゃだめだよ、ヤティ。たった30分遅れただけじゃないか。これまで、僕は常にいいことをしてきたし、君の面倒もみてきたじゃないか。まさか、一年の乾きが一日の雨で拭い去られるってことにはならないよね。

ムルヤティ：わかったわよ、もう許してあげる。さあ、すぐにコンサートへ行きましょう。

〖語句〗 **panas**：①暑い。②熱い。③熱。④乾燥した。**gembos**：＝ kempis パンクする。**putus**：①切れる、断絶する。②終わる。③別れる。**selama ini**：これまで。

【説明】 このことわざの意味は、「多くの善行も、少しの過ちで帳消しになる」です。同意のことわざに、**"Kemarau setahun rusak oleh hujan sepagi."**「一年の乾きも一朝の雨で終わる」などがあります（No. 86 を参照）。

同類のことわざとして、「一年の乾きも、一日の雨でぬれる」（スンダ）、「十年の修行、南無阿弥陀仏」（韓国）、「船が沈むは、いざ泊まるとき」（タイ）などがあります。日本にも、中国に由来した、「九仞の功を一簣に欠く」というのがあります。
「雨」を使った日本のことわざは、「雨降って地固まる」、「雨晴れて笠を忘る」、「日照りに雨」など、約380個あります（尚学図書。一部、故事・俗信を含む）。

なお、インドネシア語の"hujan"（雨）を使ったことわざについては、No. 4 を参照してください。

43) Bayang-bayang sepanjang badan.

影は等身大

§キーワード：bayang-bayang（影）；**badan**（身体）

Pak Tarno：Bulan depan kita akan punya Kijang, Bu.

Ibu Tarno : Eh, bagaimana Bapak bisa membelinya ?

Pak Tarno : Aku ambil kredit. Angsurannya ringan, bunganya rendah, lo.

Ibu Tarno : Aku tak setuju. Untuk apa punya mobil ? Kita 'kan pegawai rendahan. Ingat, Pak, *bayang-bayang sepanjang badan*. Jangan memaksa diri. Gaji kita pasti tidak cukup.

Pak Tarno : Ya, sudah. Kalau kau tak setuju, aku akan batalkan perjanjiannya.

タルノ氏：来月、うちもキジャンを持つことになったよ、母さん。

タルノ夫人：えっ、どうやって買うの。

タルノ氏：ローンを組むのさ。分割払いの額は小さいし、利率も低いんだよ。

タルノ夫人：あたしは反対よ。何のために車をもつの。うちはしがない下っ端の公務員ですよ。いい、お父さん、影は等身大って、言うでしょう。無理しちゃだめですよ。給料だってきっと足りなくなるわ。

タルノ氏：ああ、わかったよ。あんたが反対なら、契約をキャンセルするよ。

〖語句〗 **sepanjang badan** : ①体中。②体に合った。**kijang** : ①鹿(ホエジカ)。②(トヨタが合弁で製作した四輪駆動車の名前)キジャン。**ambil krédit** : ローンを組む、クレジットを利用する。**angsurannya** : (その)分割払い。**bunganya** : ①花。② (その) 利子、利息。**rendahan** : ①下級の。②下っ端の。

【説明】 このことわざの意味は、「われわれの行為は能力に見合ったものでありたいものだ」です。同意のことわざに、**“Bayang-bayang sepanjang tubuh, selimut sepanjang badan.”**「影は等身大、毛布は身の丈ほど」、**“Berapa panjang lunjur, begitulah selimut.”**「毛布は伸ばした足の長さほど」などがあります。

これらと逆の意味のことわざに、**“Bayang (-bayang) tidak sepanjang badan.”**「影が身体に合わない」(能力を越えたことをする) があります。

やはり日本のことわざのように、「分相応(ぶんそうおう)」の生活が一番ですよね。

“bayang-bayang” (影) を使ったインドネシアのことわざは、**“Dimabuk bayang-bayang.”**「影に酔わされる」(手に入れられないもの、特に女性などに夢中になる)、**“Bayang-bayang disangka tubuh.”**「影を身体と思う」(はっきりしないものを望む) など、10個近くあります。

「影」(「陰・蔭」を含む) を使った日本のことわざには、「影も形もない」、「影を潜(ひそ)める」など、100個以上あります(尚学図書。一部、故事・俗信を含む)。

“badan” (身体) を使ったインドネシアのことわざについては、No. 110 を参照してください。

44) Masuk kandang kambing mengembik, masuk kandang kerbau menguak.

山羊小屋に入ればメーと鳴き、
水牛小屋に入ればモーと鳴け

§キーワード: **kandang kambing** (山羊小屋);
kandang kerbau (水牛小屋)

Ibu Tigor : Mau ke mana, Bang? Mengapa bawa cangkul dan sapu lidi?

Pak Tigor : Pagi ini ada kerja bakti di kampung membersihkan selokan.

Ibu Tigor : Eh, dulu waktu tinggal di Jakarta, kau tidak pernah kerja bakti.

Pak Tigor : Ya, tapi di sini lain. Tiap Minggu pagi ada kerja bakti. Jadi, *masuk kandang kambing mengembik, masuk kandang kerbau menguak*. Kita harus bisa menyesuaikan diri.

Ibu Tigor : Ya, ya. Tapi, kalau sudah selesai, segera pulang dan bantu aku membersihkan rumah kita sendiri.

ティゴル夫人：あなた、どこへ行くの。どうして鍬(くわ)とヤシぼうきを持っていくの。

ティゴル氏：今朝、村で溝掃除の奉仕作業があるんだよ。

ティゴル夫人：えっ、前にジャカルタに住んでいたときには、奉仕作業には行ったことはなかったでしょう。

ティゴル氏：うん、でもここでは別だよ。毎週日曜日の朝に奉仕作業があるんだ。だから、山羊小屋に入ればメーと鳴き、水牛小屋に入ればモーと鳴けってことさ。合わせなくちゃな。

ティゴル夫人：はい、はい。でも、終わったらすぐに帰って、わが家の掃除を手伝ってね。

〖語句〗 **mengembik**：（山羊が）メーと鳴く。**menguak**：（水牛が）モーと鳴く。**bang**：← abang ①兄。②（タクシーの運転手などへ呼びかける際に）兄ちゃん。③（妻から夫への呼びかけに）あなた。**lidi**：（ほうきに使う）ヤシの葉脈。**tiap Minggu**：＝tiap hari Minggu 毎週の日曜日。

【説明】 このことわざの意味は、「どこへ行こうとも、その土地の慣習に合わせるのがよい」です。 同意のことわざに、**“Di mana tanah dipijak, di situ langit dijunjung.”**「足を踏み入れた土地で天をあがめよ」など、いくつかあります。

世界各地に、同類のことわざとして、「郷(ごう)に入っては郷に従え」、「所の法に矢は立たぬ」（以上、日本)、「郷に随(したが)い、郷に入る」(中国)、「その水を飲めば、その習わしに従う」(モンゴル)、「片目の国に入らば片目ですごせ」（タイ)、「ローマにいる時はローマ人のする通りにせよ」、「隣人のする通りにする者は愛される」、「狼と一緒にいれば吠えねばならぬ」（以上、イギリス、フランスなど)、「山のとおりに雪はつもる」(スイス)、「狼と暮らしたら狼のように吠えよ」(ロシア)、「毛布に合わせて足を伸ばせ」（ユダヤ）などがあります。

外国語を勉強すると、その言語が日常に使われる土地に行きたくなりますし、行った以上はその土地の慣習に合わせるのが大事ですね。

なお、“kambing”（山羊）については No. 78、“kerbau”（水牛）については No. 63 を参照してください。

45) Api padam puntung berasap.

火は消えても燃えさしは煙っている

§**キーワード**：**api**（火）；**puntung**（燃えさし）

Guru 1 : Siswa-siswa kita kemarin sore berkelahi lagi dengan siswa-siswa SMU 13, lo.

Guru 2 : Eh, minggu yang lalu kedua pihak sudah sepakat

untuk berdamai waktu ricuh dalam pertandingan voli, bukan?

Guru 1: Betul, tapi kemarin mereka ribut lagi gara-gara saling mengejek waktu bertemu di jalan.

Guru 2: Beginilah emosi anak muda zaman sekarang. Mudah sekali *api padam puntung berasap* karena masalah kecil saja.

教師1：昨日の午後、うちの生徒たちが第13高校の生徒たちとまたけんかをしたんですよ。

教師2：えっ、先週、バレーボールの試合の最中に騒いだときに、双方が仲直りすることに同意しましたよね。

教師1：そうなんですが、昨日、彼らは、道で出会って、からかい合ったせいで、また騒いだんですよ。

教師2：今時の若い子の情緒なんてそんなもんですよ。ほんのささいな問題で、火は消えても燃えさしは煙っているってことになりやすいんですよ

〖語句〗 **SMU**：← Sekolah Menengah Umum 普通科高校。**kedua**：①第二。②二つとも、二人とも。**kedua pihak**：両者、双方。**ricuh**：＝ricu 混乱した、争った、もめた。**gara-gara**：①騒ぎ、騒乱。②～のせいで。

【説明】 このことわざの意味は、「すでに終わった事が再燃する」です。このことわざとはかなり意味合いがずれますが、男女の仲をあらわすものに、「焼けぼっくいに火がつく」（日本。「焼けぼっくい」: 焼けた杭。燃えさしの切り株）、「消し炭」（タイ）、「昔の恋と燃えさしはいつでも火がつく」（イギリス、フランスなど）、「昔の恋と伐った木は機会があれば燃え上がる」（ラテン・アメリカ）などがあります。

「火」を使った日本のことわざは、「火を見たら火事と思え」、「火に油を注ぐ」など、約370個（一部、故事・俗信を含む）あります（“api”「火」を使ったことわざは、No. 9 を参照）。

“puntung”（燃えさし、吸殻）を使ったインドネシアのことわざは、**“Selembab-lembab puntung di dapur, ditiup menyala jua.”**「台所の燃えさしがどんなに湿っていても、吹けばやはり燃え上がる」（いかに困難な仕事でも、懸命にやれば、ついには成功するだろう）、**“Puntung berasap.”**「燃えさしが煙を出す」（不可能なことのたとえ）など、約10個あります。

ひとやすみ

◇◆ Air Hangat ＝ Air Panas (di hotel)
（ぬるま湯＝お湯［ホテルにて］）◇◆

結婚式が終わって、私はインドネシアは初めての友人をバリ島に案内しました。クタのホテルに泊まったとき、私はインドネシアスタイルの部屋に、彼女は西洋スタイルの部屋に泊まりました。部屋でくつろいでいると、電話が鳴りました。友人の部屋からです。お湯が出ないというのです。お風呂が壊れているんじゃないか、と言う友人の声は深刻でした。せっかく料金の高い西洋スタイルの部屋にしたのに、何ということ。肝心のお湯が出なかったら、インドネシアスタイルの部屋と同じではないか。早速フロントに電話をしてスタッフを派遣してもらい、自分も友人の部屋に駆けつけました。小さな浴室の中でみんなが見守る中、ホテルのスタッフが慎重にお湯のコックをひねりました。

「ちゃんとお湯ですよ」

彼は「お湯」に手を濡らしながら言いました。私も「お湯」

に手を入れてみました。
「そうですね、暖かいですね」
友人は猛然と反論しました。
「こんなぬるいの、お湯って言えないわ！」
あぁ、そうだったのか。そのとき初めて私は事態を理解しました。友人にとってお湯と言えないぬるま湯は、インドネシアの基準では十分お湯であり、インドネシア人がお湯だと思うぬるま湯は、友人にとっては水同然なのです。結局、ちゃんと「お湯」が出ているのだから、お風呂は壊れていない、ということで、友人はぬるま湯で我慢することになりました。
彼女が日本で入るお風呂のお湯はものすごく熱いのです。私には熱すぎて入れないほど熱く、「一番風呂をどうぞ」とすすめられて、どうやってこの拷問の様な熱いお湯から逃れようかと思ったほどなのです。その彼女にとって、インドネシアのお風呂はさぞひどいお風呂だったことでしょう。 [T]

46) Bagai api dalam sekam.

もみがらの中の火のようだ

§**キーワード**: **api**（火）; **sekam**（もみがら）

Polisi 1: Bagaimana keadaan di daerah ini setelah ada perkelahian antarkampung?

Polisi 2: Agak tenang setelah didamaikan oleh pendeta dan ulama. Tapi aku kuatir keadaan saat ini sebenarnya *bagai api dalam sekam*.

Polisi 1: Apa maksudmu?

Polisi 2: Setiap saat mungkin ada tawuran lagi karena kedua pihak tampaknya masih ada dendam.

警官1：村同士のけんかがあった後、この地域の情勢はどうだい。

警官2：牧師とウラマによる仲裁後はいくぶん落ち着いているよ。でも、現状が本当はもみがらの中の火のようだとならなけりゃいいんだけどね。

警官1：どういう意味だい。

警官2：双方ともにまだ恨(うら)みがあるように見えるから、いつでもまた乱闘が起こる可能性があるんだ。

〖**語句**〗 **antarkampung**: 村と村の間。**pendéta**: 牧師、司祭、僧侶。**ulama**: ウラマ(イスラム教学者、神学者)。**setiap saat**: 毎瞬、一瞬一瞬。**tawuran**: 乱闘、集団のけんか。

【説明】 このことわざは、**“Seperti api makan sekam.”**「火がもみがらを食うようだ」ということもありますが、いずれにしても、その意味は、「外見では何でもないことが本当は危険だ」です（「秘められた愛情」や「秘められた恨み」の意味で使われることもあります）。同意のことわざに、**“Bagai api dalam dedak.”**「糠の中の火のようだ」などがあります。

“sekam”（もみがら）が使われていることわざは、5 個、“dedak”（糠）も 5 個ほどあります。これらの語彙がことわざの中で使われているのは、インドネシアの各地で稲作が行われているからです。“padi”（稲）や“dedak”（糠）などを使ったことわざとして、**“Pagar makan padi.”**「垣根が稲を食う」（任せられていた物を壊す人）（No. 108 を参照）、**“Minta dedak kepada orang mengubik.”**「（果物の皮などを）爪でむく人に糠を乞う」（持たない人に援助を乞う）などがあります（「稲作」に関することわざについては、No. 11 を参照）。

47) Tiada rotan akar pun berguna.

籐がなければ根も役立つ

§キーワード : **rotan**（籐）; **akar**（根）

Kepala kantor : Tolong ketik surat ini, ya.
Sekretaris : Komputernya hari ini rusak, Pak.
Kepala kantor : Kamu pakai mesin tik yang lama saja. *Tiada rotan akar pun berguna.*
Sekretaris : Wah, tapi mesin ini pitanya sudah lama sekali.
Kepala kantor : Kalau begitu, segera beli yang baru. Kita

harus bekerja cepat.

所長：この書類をタイプして。

秘書：今日はコンピューターが故障しているんですが。

所長：古いタイプライターを使えば。籐(とう)がなければ根も役立つだからね

秘書：えっ、でもこのタイプライターのリボンはもうとっても古くなってますよ。

所長：それじゃ、すぐに新しいのを買いなさい。仕事は迅速でなくちゃ。

〖語句〗 **ketik**：タイプを打つ、タイプする。**mesin tik**：タイプライター。

【説明】 このことわざは、**"Jika tiada rotan, akar pun jadi."**「籐(とう)がなければ、根でもよし」ということもあります。いずれの意味も、「良いものがなければ、あまり良くないもので間に合わせる」です。同意のことわざに、**"Baik berjagung-jagung, sementara padi belum masak."**「稲が実らぬうちは、とうもろこしでもよい」など、数個あります。

世界各地に同類のことわざとして、「鯛(たい)なくば狗母魚(えそ)」（「狗母魚」：イワシの一種）、「松の柱も三年」（以上、日本）、「雉(きじ)の代わりに鶏」（韓国）、「清水のないときは濁り水を飲む」（フィリピン）、「小麦のない家ではえんどう豆を喜ぶ」（インド）、「鶏肉がなければ玉ねぎを食え」（イギリス）、「パンがなければ皮でも食べる」（フランス）などがあります。

インドネシアでは、"rotan"（籐(とう)、ラタン）は日常の家具などに幅広く使われています（最近は、日本でも、インドネシア産や台湾産の籐を使った家具がかなり出回っています）。その

“rotan”を使ったことわざは、数個あります。たとえば、**“Ada rotan ada duri.”**「籐(とう)があれば、刺(とげ)がある」(楽があれば苦がある)は、日本のことわざ、「楽あれば苦あり」、「薔薇(ばら)にとげあり」に通じます。

48) Menggantang asap, mengukir langit.

煙を升(ます)で量(はか)り、空に彫刻する

§キーワード：**asap**（煙）；**langit**（空）

Ibu : Umurmu sudah lebih dari tiga puluh. Kapan kau mau nikah ?

Anak : Nanti, kalau sudah bertemu pasangan yang sesuai dengan harapanku.

Ibu : Kau mau mencari suami yang bagaimana ?

Anak : Aku mau menikah hanya dengan pria bangsawan yang kaya raya, gagah, tampan dan pandai.

Ibu : Astaga ! Kau jangan *menggantang asap, mengukir langit*. Kalau ada pria yang seperti itu, tak mungkin mau menikah denganmu. Karena kau hanya gadis desa biasa.

母：おまえももう30を越えたんだよ。いつ結婚するつもりだい。

子供：まあいずれ、私の希望にぴったりの相手と出会えたらね。

母：どんな旦那様を探すつもりなの。

子供：リッチで、カッコよくて、ハンサムで賢い貴族の男性となら結婚したいわ。

母：なんとまあ！ 煙を升(ます)で量(はか)り、空に彫刻するような真似はし

ないでおくれ。もしそんな男の人がいたら、おまえなんかと結婚するはずがないわよ。おまえはそこら辺の田舎娘でしかないんだからね。

〖語句〗 **menggantang**：（米などを量(はか)る、3,125キロの）升(ます)で量る。**pasangan**：配偶者、ペア、一対。**astaga**：← astagfirullah（驚いたときの感動詞）あれまあ。

【説明】 このことわざの意味は、「達成できないことを望む」です（「無駄な行為」の意味でも使われます）。同意のことわざとして、**"Menjaring angin."**「風を網で捕らえる」があり、日本にも、「雲をつかんで鼻をかむ」があります。

"langit"（空）を使ったことわざは、**"Bagai bumi dengan langit."**「天と地のようだ」（二つの状態がはるかに異なっている）（No. 10 を参照）、**"Langit runtuh, bumi cair."**「空が崩れ、大地が溶ける」（①生計の拠り所を失う。②希望をなくす）など、20個近くあります。

日本では、「空」を使ったことわざは、たとえば「空吹く風と聞き流す」など、約60個あります。ところが、「天」を使ったことわざは、「天の時は地の利に如(し)かず、地の利は人の和に如かず」、「天に口無し人を以(も)って言わしむ」など、約170個あります（一部、故事・俗信を含む）。ただし、そのうちの半数は中国由来のことわざです。これほど中国の影響は大きいのですね。

49) Yang dikejar tiada dapat, yang dikandung berceceran.

追い求めるものは手に入らず、
包んでいたものは散らばった

§キーワード：**yang dikejar**（追い求めるもの）；
yang dikandung（包んでいたもの）

Udin : Bagaimana? Kemarin kau menang taruhan pacuan kuda?

Yanto : Nggak. Sebaliknya, uang sakuku habis semua.

Udin : Salahmu sendiri. Coba-coba berjudi. Akibatnya, *yang dikejar tiada dapat, yang dikandung berceceran.*

Yanto : Kau benar. Sekarang aku menyesal.

ウディン：どうだった。昨日、競馬に勝ったんだろう。

ヤント：いいや。その逆に、ポケットマネーがみんなパーになっちゃった。

ウディン：自業自得だろ。いつも博打(ばくち)ばかりしようとするし。その結果、追い求めるものは手に入らず、包んでいたものは散らばっただよ。

ヤント：君の言う通りだ。今は、後悔しているよ。

〖語句〗 **bercécéran**：少しずつこぼれ落ちて散らばる。**pacuan kuda**：競馬。**nggak**：（口語の否定詞）いいや。**uang sakuku**：僕のポケットマネー。

【説明】 このことわざは、**"Yang dikandung berceceran,**

yang dikejar tiada dapat.”と、前後を逆にして言う場合もありますが、いずれの意味も、「所有していたものはなくなり、求めていた幸運は手に入らない」です。同意のことわざに、**“Putih dikejar, hitam tak dapat.”**「白を追いかけ、黒は手にいらず」、**“Sementara menyuruk ekor habis.”**「隠れている間に尾が消えた」などがあります。

これに類する日本のことわざに、「二兎(にと)を追う者は一兎(いっと)をも得ず」、「虻(あぶ)蜂取らず」などがあります。

50) Padi sekepuk, hampa.

稲は米倉一杯だが、中は空っぽ

§**キーワード**：**padi**（稲）；**hampa**（空(から)の）

Hartono : Rumah tetanggamu besar, ya. Pasti orang kaya.
Maryono : Bukan, sebenarnya sekarang dia miskin.
Hartono : Eh, apa maksudmu?
Maryono : Rumah itu akan disita karena usahanya bangkrut dan utangnya banyak. Oleh karena itu, sebenarnya dia *padi sekepuk, hampa.*
Hartono : Wah, kasihan, ya.
ハルトノ：君の隣の家は大きいな。きっと金持ちなんだね。
マルヨノ：いいや、本当は、今は貧乏なんだよ。
ハルトノ：えっ、どういうことだい。
マルヨノ：事業に失敗して借金が莫大になったため、その家は差し押さえられることになってるんだ。だから、本当は、稲は米倉一杯だが、中は空っぽってことになったんだ。

ハルトノ：えっ、そりゃかわいそうにな。

〖語句〗 **bangkrut**：破産する、倒産する。

【説明】 このことわざの意味は、二つあります。

第一の意味は、「裕福に見えるが、本当は貧乏だ」です。同意のことわざに、**"Padi sekapuk hampa, emas seperti loyang, kerbau sekandang jalang."**「米倉一杯の稲は空っぽ、金(きん)は真鍮(しんちゅう)のようだし、牛舎中の水牛はどれも気が荒い」があります。

第二の意味は、「利口に見えるが、本当は愚かだ」です。

なお、「稲」については、No. 11 と No. 46 を参照してください。

51) Guru kencing berdiri, murid kencing berlari.

教師が立って小便すれば、
生徒は走りながら小便する

§キーワード：**guru**（教師）；**murid**（生徒）

Pegawai 1 : Sudah baca koran hari ini ?
Pegawai 2 : Belum. Ada berita apa ?
Pegawai 1 : Wakil bupati ditahan polisi kemarin.
Pegawai 2 : Eh, kenapa ?
Pegawai 1 : Karena terlibat korupsi.
Pegawai 2 : Sudah kuduga *guru kencing berdiri, murid kencing berlari*. Bupatinya juga sekarang di penjara karena korupsi, 'kan ?

官吏1：今日の新聞、読んだかい。
官吏2：まだだよ。どんなニュースがあったの。
官吏1：昨日、副知事が警察に勾留（こうりゅう）されたって。
官吏2：えっ、どうして。
官吏1：汚職に関与したからだよ。
官吏2：教師が立って小便すれば、生徒は走りながら小便するっていうから、予想してたんだ。知事も現在、汚職で投獄されてるしね。

〖語句〗 **wakil bupati**：副知事。**ditahan**：①押さえられる。②耐えられる。③勾留（こうりゅう）される。**terlibat**：巻き込まれる、関与する。

【説明】 このことわざの意味は、「下の者の振る舞いは、上に立つ人を真似る」です。同意のことわざに、**“Guru makan berdiri, murid makan berlari.”**（＝**“Kalau guru makan berdiri, maka murid makan berlari.”**）「教師が立って食べれば、生徒は走りながら食べる」があります。

ジャワのことわざにも、「前が動けば、後ろはつられて動く」（指導者の行為がよくても悪くても、部下は必ず従う）というのがあります。

日本にも、「頭が動けば尾も動く」があり、また、意味合いは少し異なりますが、同類のことわざとして、「親が親なら子も子」があります。親、教師、上司など、「上に立つ人」は常に「下の人」に注目されていますから、立ち居振舞いには心すべきですね。

“guru”（教師、師）や“berguru”（学ぶ、教わる）を用いたことわざは、No. 40の例を含めて、数個あります。

ひとやすみ

◇◆ **Guru di Indonesia（インドネシアの教師）** ◇◆

インドネシアでは、小学校から高校の先生の社会的地位は日本に比べてかなり低いようです（ただし大学の先生の立場は日本と同じくらいか、それ以上に高いようです)。

その理由はいくつかありますが、まず第一に、大半が公務員であるため、給料などが安くて待遇が悪いことがあげられます。そのため、一部の例外を除いて、重要な職業であるにもかかわらず、希望者が少なく、質の良い教師が多くないのが実情です(もちろん、とても立派な先生を私は個人的には何人も知っています)。地方の小・中学校などでは給料の遅配なども結構あるそうですし、都市では副業をもっている（副業せざるをえない）教師も少なくないようです。

人口が2億人を超えるインドネシア（世界第4位）では、学齢期の児童・生徒が非常に多いのですが、経済状況の悪化で義務教育（中学校まで）を終えないまま家計を支えるために働いている子供もめずらしくはありません。

どこの国でも将来を支える子供たちの教育はとても大事です。経済状態に左右されることなく、優秀な教師が安心して子供の教育に専念できるようになってほしいものです。 [S]

52) Orang mengantuk disorongkan bantal.

眠たい人に枕が差し出される

§キーワード：**mengantuk**（眠たい）；**bantal**（枕）

Budi : Mau dibawa ke mana lemari buku itu?

Taro : Saya mau buang karena saya mau pindah. Kalau mau, silakan ambil.

Budi : Tentu saja. Sekarang saya perlu lemari. Buku saya makin banyak, lo.

Anto : Wah, Mas Budi seperti *orang mengantuk disorongkan bantal*.

Budi : Ya, betul. Lagipula, ini masih bagus, sayang 'kan kalau dibuang.

ブディ：その本棚はどこへ持っていくの。

太郎：引っ越すから、捨てたいんだ。欲しければ、持ってって。

ブディ：もちろんだよ。今、本棚が必要なんだ。本がだんだん多くなってね。

アント：わっ、ブディ兄貴は、まさに眠たい人に枕が差し出されるだな。

ブディ：うん、そうだよ。ましてやこれはまだ立派だから、捨てるのはもったいないじゃないか。

〖語句〗 **mengantuk**：眠い、眠たい。**dibawa**：①持っていかれる。②持ってこられる。③運ばれる。

【説明】 このことわざは、**"Mengantuk sorong bantal, perut lapar panggilan tiba."**「眠たいときに枕が差し出され、空腹のときに（食事の）お声がかかる」ということもあります。いずれの意味も、「非常に必要なものを入手する」です。同意のことわざに、**"Seperti pucuk yang layu disiram hujan."**「しおれた若葉に雨が降りかかるようだ」、**"Orang haus diberi air, orang lapar diberi nasi."**「のどが渇いた人に水が与えられ、空腹の人に飯が与えられる」などがあります。

同類のことわざとして、「渡りに船」（日本)、「顔を向けると心が希求する」（ジャワ）などがあります。

“bantal”（枕）を使ったことわざには、**“Mata tidur bantal terjaga.”**「目は眠り、枕は起きている」(夫がぼんやりしていると、妻が不倫をする)、**“Berbantal lengan.”**(＝**“Memakai bantal lengan.”**)「手枕（てまくら）をする」（恋人と一緒に寝る）など、数個あります。

日本には「枕」を使ったことわざは、「枕を交（か）わす」(男女が一つの布団で寝る)、「枕を高くする」(①安心して寝る。②心配なく暮らす）など、約50個あります。

53) Banyak habis, sedikit sedang.

多くても尽き、少なくても足りる

§キーワード：**banyak**（多い）；**sedikit**（少ない）

Danarto : Bulan depan aku mau cari pekerjaan sampingan.

Trijoko : Eh, mengapa ? Kau sekarang mengajar di SMU, 'kan ?

Danarto : Ya, tapi gaji guru SMU tidak cukup untuk hidup, 'kan ?

Trijoko : Wah, aku pikir *banyak habis, sedikit sedang*. Aku juga guru SMU, tapi gajiku cukup. Gaya hidupmu agak mewah, jadi tentu saja gajimu selalu kurang.

Danarto : Wah, kau pandai berkhotbah.

ダナルト：来月、僕は副業を探すつもりなんだ。

トゥリジョコ：えっ、どうして。君は、現在、高校で教えているんだろう。

ダナルト：うん、でも高校教師の給料は生活するのに足りないよね。

トゥリジョコ：うーん、僕は、多くても尽き、少なくても足りる、だと思うよ。僕も高校の教師だけど、給料は十分だよ。君の生活スタイルがかなりぜいたくなんだ、だから当然、給料もいつも足りないんだよ。

ダナルト：わあ、君はお説教が上手いなあ。

〖語句〗 **sedang**：①（進行形で）〜している、〜中。②中ぐらいの、並みの。③ほどよい。④十分な、足りる。**pekerjaan sampingan**：副業。**SMU**：← Sekolah Menengah Umum 普通科高校。

【説明】 このことわざの意味は、「収入の過不足は、倹約するか浪費するか次第である」です。同類のことわざに、**"Asal ada, kecil pun pada."**「ありさえすれば、少なくても十分だ」（十分な収入が得られなければ、少ないものでも足りる）があります。

同類のことわざとして、日本には、「人と入れ物は有り次第」や、中国の古典、『老子』に由来し、京都の竜安寺の手水場（ちょうずば）（手を洗う所）の石に刻まれている、「吾（われ）ただ足るを知る」というのがあります。また、世界各地に、「満足は幸福だ」（韓国）、「足るを知れば王侯となれる」（ペルシャ）、「満足は富にまさる」（フランス）、「満足は最大の富である」（ドイツ）などがあります。「あればあるほど欲しくなる」（イギリス）というように、物欲などはきりがありませんし、お金もいくらあっても、使い方次第です。結局、「満足」するかどうかは、「心」（＝「生き方」）の問題なんですね。

54) Bagai rambut dibelah tujuh.

髪の毛を七つに裂(さ)くようだ

§キーワード：**rambut**（髪の毛）；**tujuh**（7）

Yuko : Mau ke mana, Bu Ali ?

Ibu Ali : Ke bank. Ambil tabungan untuk persiapan Lebaran. Mau ikut ?

Yuko : Tentu, kalau boleh. Omong-omong, berapa bunga tabungan bank di sini, ya, Bu ?

Ibu Ali : Wah, tidak tetap. Sekarang satu tahun, ya, kira-kira dua puluh persen. Kalau di Jepang, berapa ?

Yuko : Satu tahun kurang-lebih nol koma enam.

Ibu Ali : Eh, sungguh ? Kecil sekali. *Bagai rambut dibelah tujuh*, ya.

ゆう子：どちらへいらっしゃるの、アリおばさん。

アリ夫人：銀行よ。ルバランの準備のために、貯金を下(お)ろしにね。一緒に行く？

ゆう子：もちろん、よければ。ところで、ここの銀行預金の利子はいくらですか。

アリ夫人：そうね、決まっていないけど。現在、1年で約20パーセントね。日本では、どれくらい。

ゆう子：1年では大体0.6（パーセント）。

アリ夫人：えっ、本当？　とっても小さいわねえ。髪の毛を七つに裂(さ)くようだわねえ。

〖語句〗 **Lebaran**：ルバラン（イスラム教の断食明けの大祭）。**omong-omong**：（話題を変えるために）ところで。**bunga tabungan**：預金の金利。

【説明】 このことわざは、**"Sebagai rambut dibelah seribu."**「髪の毛を千に裂くようだ」ということもありますが、どちらにしても、その意味は、「非常に少ない・小さい」です。同意のことわざに、**"Seduit dibelah tujuh."**「銅貨一つを七つに割る」があります（ただし、このことわざには「極貧、赤貧」の意味もあります）。日本のことわざ、「雀の涙」、「兎の毛で突いた程」などと同類です。

"rambut"（髪の毛）を使ったことわざは、他にもいくつかあります（No. 130 を参照）。たとえば、**"Seperti bergantung pada sehelai rambut."**「一本の髪の毛にぶらさがるようだ」（絶えず非常に危険だ）があります。また、**"Rambut sama hitam hati masing-masing（＝berlainan）."**「髪の毛は同じ黒でも心はそれぞれ（＝別）だ」（人はそれぞれ意見・好みが異なる）があり（No. 79 を参照）、日本の「十人十色」と同意です。「髪・髪の毛」を使った日本のことわざには、「女の髪の毛には大象も繋がる」、「髪の長きは七難隠す」など、「髪」が約40個、「髪の毛」が約20個あります。

55) Mulut kamu, harimau kamu.

君の口は君の虎だ

§キーワード：**mulut**（口）；**harimau**（虎）

Yuni : Kabarnya sekretaris camat dimutasikan ke desa.

Yuda : Betul. Aku senang dia tidak bekerja di kantor bersamaku lagi.

Yuni : Kenapa? Pangkatnya 'kan turun dan tercemar namanya?

Yuda : Salahnya sendiri. Karena dia suka sekali menjelek-jelekkan orang dan menyebar fitnah. Dia lupa *mulut kamu, harimau kamu*. Sebenarnya banyak orang yang tidak suka kepadanya.

ユニ：郡長の書記役が村へ左遷させられたそうね。

ユダ：ええ。彼がもう同じ役場で働かなくなってうれしいわ。

ユニ：どうして。降格され、面目も失ったんでしょう？

ユダ：自業自得よ。だって、彼は人をさんざん誹謗(ひぼう)し、悪口を撒き散らすのがとても好きだったからね。彼は、君の口は君の虎だということを忘れてたのよ。本当はたくさんの人が彼を嫌いだったの。

〖語句〗 **sékretaris**：①秘書。②（郡・村役場では郡長・村長に次ぐ役職で日本の助役に相当する）書記役。**dimutasikan**：人事異動させられる、転勤させられる。**tercemar**：①汚れた、汚された。②面目を失った。**menjelék-jelékkan**：（何度も）悪口を言う、誹謗(ひぼう)する。

【説明】 このことわざには、**"Mulut kamu harimau kamu, mengerkah kepala kamu."**「君の口は君の虎だ、君の頭をかみくだく」と、後半の部分が続けて用いられることもあります。いずれにしても、その意味は、「口が悪いと人は評判を落とす」です。同意のことわざに、**"Sebab pulut santan binasa, sebab mulut badan celaka."**「鳥もちでヤシ乳が駄目になり、口のせいで身が滅びる」などがあります。

“mulut”（口）を使ったことわざは20個以上あります（No. 57を参照)。そのうち、**“Karena mulut binasa.”**「口により破滅する」（言葉によって災難を招く）、**“Mulut hang lebih daripada gedembai.”**「汝の口はグドゥムバイ以上なり」（君のことばが自らを破滅させる）[hang：汝。gedembai：グドゥムバイ（赤毛で、火事を引き起こす女お化け)］などのように、「口（＝自分のことば)」を戒めたものがあります。また、**“Lain di mulut lain di hati.”**「口と心は別々だ」（言葉と心中のことが異なっている）［No. 3 を参照]、**“Mulut bau madu, pantat bawa sengat.”**「口は蜜の臭い、尻には針を持つ」（口ではうまいことを言うが、心は悪い）など、「口（＝他人の言葉)」には気をつけよ、というものもあり、これらを合わせると半数以上になります。その他には、「よくしゃべる」意味での「おしゃべり」と、「秘密を守れない」という意味での「おしゃべり」が合わせて数個あります。

日本では、「口」を使ったことわざが約400個あります（一部、故事･俗信を含む）が、その中には、「口を叩く」、「口も八丁手も八丁」などがあります。

「口」が「災いの元」となるので、「戒めた」ものは世界各地にあります。たとえば、「口の虎は身を破る」、「口は虎、舌は剣」、「口と腹とは違う」、「口は禍の門(＝もと)」、「口から高野」（以上、日本)、「口禍を慎む」（タイ)、「たいていの魚は口で釣り上げられる」、「口をすべらすより、足をすべらす方がまし」(以上、フィリピン)、「魚は口のせいで死ぬ」（スリランカ)、「足をすべらせても口は滑らすな」（イギリス、フランス)、「魚は口で死んで行く」（ポルトガル)、「口は体の医者にもなれば、死刑執行吏にもなる」（デンマーク）などがあります。

「口」は身体用語として重要であり、「言葉」とは密接な関連があり、どこでも似たような発想になるのでしょうね。

56) Musang berbulu ayam.

鶏毛の生えたジャコウ猫

§キーワード：**musang**（ジャコウ猫）；**ayam**（鶏）

Santi : Liburan Idul Fitri Yuki ke mana?
Yuki : Saya mau ke Solo untuk bertemu teman.
Santi : Naik apa ke sana?
Yuki : Saya mau coba bis malam.
Santi : Oh, begitu. Tapi hati-hati tasnya, ya.
Yuki : Mengapa?
Santi : Kadang-kadang ada *musang berbulu ayam* ikut naik bis malam, lo.
Yuki : Eh, ada musang di dalam bis? Apa maksudnya?
Santi : Maksudnya, kadang-kadang ada penjahat yang pura-pura jadi penumpang. Kalau ada kesempatan, dia ambil barang orang.

サンティ：ルバランのお休みに、ゆきはどこへ行くの。
ゆき：お友達に会いにソロへ行くつもりよ。
サンティ：そこへは何に乗って行くの。
ゆき：夜行バスに乗ってみたいわ。
サンティ：ああ、そうなの。でもバッグに気をつけてね。
ゆき：どうして。
サンティ：時々、鶏毛の生えたジャコウ猫が夜行バスに一緒に乗っていることがあるのよ。
ゆき：えっ、バスの中にジャコウ猫がいるの？　どういうこと。
サンティ：それはね、時たま、乗客を装った悪い人がいるってことなの。チャンスがあれば、人の物を取るのよ。

〖語句〗 **Idul Fitri**：＝Lebaran（イスラム教の断食明けの大祭）ルバラン。**Solo**：＝Surakarta（中部ジャワの古都）ソロ（別名スラカルタ）。

【説明】 このことわざの意味は、「見かけは善人のような悪人」です。

ジャワに同意のことわざとして、「象がトゥキの木陰に隠れる」（「トゥキ」：カヤツリグサ科のハマスゲ）というのがあり、日本には、中国に由来した、同類のことわざとして、「大姦（たいかん）は忠に似たり」があります。

“musang”（ジャコウ猫）は、夜行性のためか、5～6個あることわざでは、**“Hidup seperti musang.”**「ジャコウ猫のように生活する」（昼は見えず、夜にはエサ探しにうごめく、悪人の生活）など、いずれも「悪人」扱いです。

“musang”と“ayam”（鶏）をともに使ったことわざには、他に、**“Seperti ayam melihat musang.”**「鶏がジャコウ猫を見たようだ」（怖がって、われを失う）、**“Ayam dapat, musang pun dapat.”**「鶏を手に入れ、ジャコウ猫も入手した」（悪人が捕まり、盗品も戻った）などがあります。

“ayam”は、インドネシアでも身近な家畜であるため、約50個のことわざがあります。上の例以外にも、**“Ayam bertelur di padi.”**「鶏が稲に卵を産む」（安楽でぜいたくに暮らす）、**“Menerka ayam di dalam telur.”**「卵の中の鶏を推測する」（不確かなことを当てにする）などがあります（No. 81、No. 94

を参照)。

日本では、「鶏」を使ったことわざは、「鶏に小判」(=「猫に小判」)など、60数個あります(一部、故事・俗信を含む)。そのうち、「鶏を割くにいずくんぞ牛刀を用いん」(『論語』)、「鶏口となるも牛後となる勿(なか)れ」(『史記』)など、中国由来のものがかなりあります。

ひとやすみ

◇◆ Hati Ayam(鶏のレバー)◇◆

私がまだインドネシア語がわからなかった頃、レストランではメニューが全く読めず、でたらめに注文していました。
「何が出てくるかはお楽しみ」だったわけですが、"hati ayam"(鶏のレバー)が出てきたときは困ってしまいました。私はレバーが大の苦手なのです。しょうがないので包んで持ち帰り、友人にもらってもらいました。友人が異様に喜ぶので、大袈裟だなあ、と思ったものですが、その理由がわかったのはずっと後

のことでした。

実はインドネシアではレバーは高級品。お肉より高いのです。なぜなら、１羽に１個しかないのですから。同じ理由で、鶏の頭（脳みそがおいしいらしい）も、牛のしっぽや舌も高価なのです。 [T]

57) Murah di mulut, mahal di timbangan.

口では安く、秤(はかり)では高い

§キーワード：**mulut**（口）；**timbangan**（秤）

Ibu Harun : Bagaimana pidato Bapak Menteri yang baru hari ini di kantor ?

Pak Harun : Berapi-api sekali. Dia berjanji akan memberantas suap dan korupsi di departemennya.

Ibu Harun : Bagus ! Tapi aku kuatir, ini *murah di mulut, mahal di timbangan.* Semua menteri selalu bilang begitu. Tapi, kenyataannya mana ? Suap dan korupsi terus merajalela. Bicara saja memang mudah.

Pak Harun : Ya, tapi mudah-mudahan dia bisa. Kita tunggu saja.

ハルン夫人：今日、お役所での新しい大臣の演説はいかがでした。

ハルン氏：非常な熱弁だったよ。うちの省での賄賂(わいろ)や汚職の撲滅を約束した。

ハルン夫人：素晴らしいわ。でも、これが、口では安く、秤では高いってことにならなきゃいいんですけどね。大臣は皆さん、いつもそうおっしゃるわね。でも、現実はどうかしら。賄賂も汚職もずっとはびこってるわ。言うだけならもちろん簡単よ。

ハルン氏：うん、でも、実行できるといいんだが。まあ成り行きを見守ろうよ。

〖語句〗 **timbangan**：①秤（はかり）。②均衡。③判断。**berapi-api**：燃える、燃え立つ。**suap**：①一口。②賄賂（わいろ）。**merajaléla**：①好き勝手に振る舞う。②はびこる、横行する。

【説明】 このことわざの意味は、「言うのは易く、行うのは難しい」です。同意のことわざに、**“Apa payahnya menggoyangkan lidah saja.”**「舌を動かすだけなら難しいことはない」、**“Janji sehabis bulan.”**「月過ぎての約束」など、いくつかあります。

日本にもまったく同意のことわざ、「言うは易（やす）く行うは難（かた）し」というのがありますし、「安請け合いは当てにならぬ」があります（「口」に関しては、No. 55 を参照）。

いずこの政治家も「賄賂」や「汚職」から無縁であることは難しいようですね。そして、「選挙公約」と実際の政治とがいかにかけ離れているか。口先だけは皆さんお上手ですがねえ。

“murah”（安い）を使ったことわざには他に、**“Makin murah makin menawar.”**「安くなれば、さらに値切る」（快楽を得れば、もっと快楽を求める）などがあります。

“mahal”（高価な）を使ったことわざには他に、**“Mahal dibeli sukar dijual.”**「買うのは高く、売るのは難しい」（希少のため入手し難い）などがあります。

日本のことわざで、「安い」を使ったものには、「安物買いの銭失い」、「安物は高物」、「安く見られる」など、約50個あります。一方、「高い」を使ったものには、「高い舟借りて安い小魚釣る」、「高く買う」など、約150個あります（尚学図書。一部、故事・俗信を含む）。

"timbangan"（秤）と"menimbang"（量る）を使ったことわざには他に、**"Timbangan berat sebelah."**「片方が重い秤」（公平でない）、**"Menimbang sama berat."**「（両方が）同じ重さで量る」（双方を公平に裁く）などがあります。

58) Setali tiga uang.

1タリと3銭

§**キーワード**：**setali**（1タリ）；**tiga uang**（3銭）

Mahasiswa 1：Bulan depan aku mau pindah tempat kos.
Mahasiswa 2：Eh, mengapa? Tempatnya 'kan strategis?
Mahasiswa 1：Aku tidak kerasan. Ibu kosnya galak sekali. Bagaimana kalau aku pindah ke tempatmu? Bagaimana Ibu kosmu?
Mahasiswa 2：Wah, dia *setali tiga uang*. Aku dan mahasiswa yang lain sering dimarahinya. Kukira Ibu kosmu dan Ibu kosku sama saja.
学生1：来月、下宿先を変わるつもりなんだ。
学生2：えっ、どうして。便利な所じゃないか。
学生1：居心地が良くないんだ。下宿の女将さんの気性がとってもきついんだよ。君の所へ引っ越すのはどうだい。君の所の女将さんはどう。

学生２：ああ、彼女だって、１タリと３銭だよ。僕も他の学生もしばしば怒られてるよ。うちの女将さんも君のとこも同じだと思うよ。

〖語句〗 **kos**：＝indekos 下宿。**stratégis**：①戦略的な。②位置・場所がいい。**kerasan**：居心地がいい、住み慣れる。**ibu kosnya**：（その）下宿の女将（おかみ）。

【説明】 このことわざの意味は、「違いはない」です。“setali”（１タリ）はオランダ時代の古い25セン硬貨で、３個の“uang”硬貨が「１タリ」に相当したので、「差はない」ということです。同意のことわざに、**“Dua kali lima sepuluh.”**「2×5と10」、**“Dua kali dua empat.”**「2×2と4」などがあります。日本には、「同じ事は一つ事」があります。

少し意味合いは異なりますが、日本には、中国の『孟子』に由来する、「五十歩百歩（ごじっぽひゃっぽ）」というのもあります。

“uang”（「お金」。古くは“wang”ともいう）を使ったことわざには、**“Uang jantan.”**「雄（おす）の金」（必要なときに使える金）、**“Kalau tidak beruang, ke mana pergi terbuang.”**「お金がなければ、どこへ行っても捨てられよう」（能力がなければ、運命を受け入れなさい）など、10個近くあります。

また、英語のことわざ（由来はギリシャ語）、「時は金なり」がインドネシア語に訳され、**“Waktu itu uang.”**または**“Waktu adalah uang.”**となっています。日本のことわざにも（由来は中国の蘇武の詩）、「一刻千金（いっこくせんきん）」などがあります。

日本のことわざで、「金（かね）」を使ったものには、「金がものを言う」、「金で面（つら）を張る」など、250個以上あります。また、「金持ち」を使ったものは、「金持ちの泣き言」など、40数個あります(一部、故事・俗信を含む)。

戦前のマレー語(現在は、マレーシアとブルネイのマレー語、インドネシアのインドネシア語になっています)の辞書には日本語起源の語彙(ごい)がいくつか載っていますが、筆者の調査結果によれば、最古のものは、1812年出版の辞書に出ている、"kupang"(「小判」のなまったもの)です。19世紀の初め頃にはすでに「小判」の価値は、東南アジアではかなり低いものになっていたようです。この"kupang"は、**"Pitis sekupang genap, hendak membeli kancah berkerawang, nuri pandai berkata."**「1クーパン(小判)ぐらいの金で、彫刻のあるような大鍋とおしゃべりの上手いオームを買おうとする」(貧乏人が金持ちのように買物をしたがること)という、ことわざになって残っています。

59) Menari di ladang orang.

人の畑で踊る

§**キーワード**:**menari**(踊る);**ladang**(畑)

Karyawan: Kabarnya bendahara kantor kita akan diskors.
Karyawati: Betul. Tapi itu salahnya sendiri.
Karyawan: Apa kesalahannya?
Karyawati: Masak, kau tak tahu. Dia ketahuan pakai uang kantor untuk beli mobil dan pesta pernikahan anak-anaknya.
Karyawan: Wah, kalau begitu, dia *menari di ladang orang*,

ya. Enak saja, bersenang- senang memakai uang orang lain.

男子従業員：うちの会社の会計係が停職させられるんだってね。

女子従業員：そうよ。でも自業自得でしょう。

男子従業員：どんな過ちをしでかしたんだい。

女子従業員：まさか、知らなかったの？　車の購入と子供達の結婚パーティーに会社のお金を使い込んだのがばれちゃったのよ。

男子従業員：えっ、それじゃあ、彼は、人の畑で踊ることをしたんだ。いい気なもんだよね、人の金を使って楽しんじゃったんだから。

〖語句〗 **diskors**：一時停職させられる。**ketahuan**：①知られた、わかった。②発見された。**bersenang-senang**：享楽する、満喫する。

【説明】 このことわざの意味は、「他人の財産を使って享楽する」です（「異郷で暮らしながらその土地の風習などに従わず、自分のやり方を通す」の意味で使われることもあります）。同意のことわざに、**"Merentak di ladang orang."**「人の畑で地団駄を踏む」などがあります（"orang"は「人」ばかりではなく、日本語と同じように、「他人」の意味で使われることがあります）。

同類のことわざとして、日本には、「人の褌で相撲を取る」があります。

"orang"を使ったことわざは、約20個あります。たとえば、**"Lain orang lain hati."**「人が違えば心は異なる」（「十人十色」と同意。No. 79 を参照）、**"Orang beraja di hatinya."**「人は心で王になる」（好き勝手に振る舞う）などがあります。

また、“manusia”(人間)を使ったことわざは、**“Manusia mati meninggalkan nama.”**「人間は死んで名を残す」(功績のある人は、死んでも、その功績がいつまでもしのばれる)(No. 2 を参照)、**“Manusia tertarik oleh tanah airnya, anjing tertarik oleh piringnya.”**「人間は祖国にひかれ、犬は皿にひかれる」(知者ははるか先のことを思うが、愚者は自らの腹のことしか考えず、満腹になればもう何も望まなくなる)など、数個しかありません。

日本のことわざで「人(ひと)」を使ったものは、「人のふり見て我がふり直せ」、「人の口には戸がたてられない」など、約1,200個あります。また、「人間」を使ったことわざは、「人間は諦めが肝心」、「人間(じんかん)到る処(ところ)青山(せいざん)あり」など、約40個あります(尚学図書。一部、故事・俗信を含む)。

60) Menepuk air di dulang, tepercik muka sendiri.

盆の水をたたけば、自分の顔にはねかかる

§キーワード：**air**（水）；**muka sendiri**（自分の顔）

Sularman : Malam ini boleh aku nginap di sini ?
Surono : Hei, mengapa kau tidak mau pulang ?
Sularman : Aku bertengkar dengan ayah dan ibu tadi pagi.
Surono : Apa masalahnya ?
Sularman : Mereka tidak mau memberi uang kuliah. Orang tua pelit dan tidak bertanggung jawab, 'kan ?
Surono : Eh, tapi kata teman-teman, kau sudah diberi uang, lalu kau habiskan untuk foya-foya. Nah, kau *menepuk*

air di dulang, tepercik muka sendiri. Jadi aku pikir kaulah yang tidak bertanggung jawab. Ayo, kau pulang saja dan minta maaf.

スラルマン：今夜、ここに泊まっていいかい。

スロノ：おい、どうして帰らないんだい。

スラルマン：今朝、親父（おやじ）、お袋と口げんかしたんだ。

スロノ：どんな問題で。

スラルマン：親が学費をくれないんだ。けちで、無責任だろう？

スロノ：えっ、でも、友人らの話では、君は金をもらって、遊びに使ってしまったんだってな。じゃあ、君は、盆の水をたたけば、自分の顔にはねかかるってやつだよ。だから、君の方が無責任だと思うよ。さあ、すぐに帰宅して謝りな。

〖語句〗 **dulang**：（足の付いた、砂金取り用の）お盆。**tepercik**：はねかかった、飛び散った。**nginap**：← menginap（＝meN＋inap）泊まる。**uang kuliah**：学費。**foya-foya**：享楽、遊蕩（ゆうとう）。**kaulah**：← engkau＋-lah（強調で）君こそ。

【説明】 このことわざの意味は、「家族の悪口を言うと、自分自身にはねかえる」です。同意のことわざに、**"Memperhujankan garam sendiri."**「塩を自分に降りかける」、**"Mencabik baju di dada."**「胸で上着を破る」などがあります。

砂金取りに使われる"dulang"（足の付いた盆）ということばは、いくつかのことわざにも使われています。たとえば、**"Lain dulang lain kaki, lain orang lain hati."**「盆が違えば足が異なり、人が違えば心は異なる」（＝「十人十色」の意味）というのもあります。

"tepuk"、"menepuk"（たたく）、"bertepuk"（拍手する）を

使ったことわざは、**“Bertepuk sebelah tangan bersiul sambil menganga.”**「片手で拍手し、口を開いて口笛を吹く」、**“Bertepuk sebelah tangan tak akan berbunyi.”**「片手の拍手は音がしない」(いずれも、「①片思いの恋。②相手なしでは約束などはできぬ」の意味)、**“Tepuk nyamuk menjadi daki.”**「蚊をたたけば、垢(あか)となる」(①弱い人と敵対しても、名誉を落とすだけだ。②愚か者と議論しても無益だ) など、10個ほどあります(No. 134、No. 135 を参照)。

日本のことわざで、「叩く」を使ったものは、「石橋を叩いて渡る」、「大口を叩く」など、約120個あります(一部、故事・俗信を含む)。

ひとやすみ

◇◆ **Tidak Dijual Eceran**(ばら売りしません)◇◆

Pada suatu hari saya dan keluarga pergi berbelanja. Kami masuk ke sebuah pasar swalayan kecil di Osaka. Isteri saya langsung menuju ke bagian penjualan sayur, sedangkan saya dan anak perempuan saya ke bagian kue. Setelah melihat-lihat, anak saya minta satu bungkus biskuit. Saya mengambil dua bungkus biskuit dari satu set yang terdiri dari lima bungkus dan membawanya ke kasir.

“Maaf, ini ... ini bagaimana ?” tanya kasir itu. “Lho, apanya yang salah ?” tanya saya kepada diri sendiri agak bingung. “Ini anu, ini anu ...,” kasir itu mau menjelaskan. Tetapi tampaknya dia juga bingung. Mungkin dia pikir karena pembelinya orang asing, meskipun dijelaskan, pasti tidak bisa mengerti.

"Ada apa ? Ada apa ?" isteri saya datang dengan tergopoh-gopoh. "Eh, ini mau apa ?" Dia melihat dua bungkus biskuit di atas meja kasir dan segera bisa mengerti duduk persoalannya. "Wah, tidak boleh beli dua bungkus saja. Harus lima bungkus. Ini satu set !" Lalu, dengan cepat dia mengambil sisa tiga bungkus biskuit sambil minta maaf kepada kasir.

Saya melongo dan baru sadar bahwa sistem jual beli secara eceran tidak berlaku di Jepang. Di Indonesia banyak barang yang dijual secara eceran. Misalnya obat flu, rokok, permen, biskuit dan lain-lain. Sopir becak bisa membeli obat dua atau tiga tablet saja. Sopir taksi bisa membeli rokok dua atau tiga batang saja. Anak-anak yang uang sakunya pas-pasan bisa membeli permen atau biskuit satu bungkus saja. Pokoknya bisa mengirit.

ある日、私は家族と買物に出かけました。大阪の小さなスーパーに入りました。家内はまっすぐに野菜売場に向かい、私と娘はお菓子売場へ。あれこれ見て、娘はビスケットを１袋ねだります。私は、５袋が１パックになったビスケット２袋を取り、レジへ持っていきました。

「すみません、これ…これは、どうされたのですか」とレジ係は聞きます。「えっ、何が間違っているんだろう」と、私は幾分戸惑って、自問しました。「これは、あのう、これは、あのですね……」レジ係は説明しようとします。しかし、彼女も戸惑っています。お客さまは外国人だし、説明しても、きっとわかってもらえないわ、とおそらく思ったのでしょう。
「どうしたの、何があったのよ」と、あわてて家内がやってきました。「えっ、これどうしたのよ」レジカウンターの上の2袋のビスケットを見て、すぐに事態がのみこめたようです。「あのね、2袋だけでは買えないのよ。5袋でなきゃ。これはパックなのよ」それから、レジ係に謝りながら、残りの3袋をすぐに取ってきました。

私は、呆然としましたが、ばら売りの売買システムが日本にはないことにやっと気づいたのです。インドネシアでは、多くの商品がばら売りされています。たとえば、風邪薬、たばこ、ガム、ビスケットなどなど。ベチャ（輪タク）の運転手は薬を2、3錠でも買えます。タクシーの運転手はたばこを2、3本だけでも買えます。小遣いがぎりぎりの子どもたちはガムやビスケットを1袋だけでも買えるのです。要するに、節約できるのです。 [E]

61) Tajam pisau karena diasah.

小刀は磨（みが）かれてよく切れる

§キーワード：**pisau**（小刀）；**diasah**（磨かれる）

Ayah : Siapa juara di kelasmu semester ini ?

Catur : Si Agus, Pak. Nilainya semua seratus. Bagaimana dia bisa pintar, ya ?

Ayah : Pasti dia selalu belajar. *Tajam pisau karena diasah*, bukan ? Ayo, kalau kau ingin seperti dia, matikan televisinya dan belajar.

Catur : Tunggu dulu, Pak. Sebentar lagi ada film *Ksatria Baja Hitam*.

父：今学期は、おまえのクラスでは誰が一番だったの。

チャトゥル：アグス君だよ、パパ。成績はみんな百点だったんだ。どうやったら彼のように利口になれるのかな。

父：きっと彼はいつも勉強しているんだよ。小刀は磨(みが)かれてよく切れるっていうだろう。さあ、おまえも彼のようになりたければ、テレビを消して勉強しなさい。

チャトゥル：ちょっと待って、パパ。もうじき《仮面ライダー》があるんだよ。

〖語句〗 **séméster**：セメスター、半期、学期。**nilainya**：①(その)評価。②評点。③成績。**Ksatria Baja Hitam**：（日本で製作されたアニメ）仮面ライダー。

【説明】 このことわざの意味は、「いつも勉強すれば人は利口になれる」です。同意のことわざに、**"Belakang parang pun jikalau diasah niscaya tajam."**「鉈(なた)の背も磨けばきっと鋭くなるだろう」などがあります。

日本のことわざ、「玉磨かざれば光なし」と相通じるものがありますね。

"pisau"(小刀、ナイフ)を使ったことわざは、**"Bermain pisau luka."**「ナイフで遊べば怪我をする」(悪事を働けば、その結果は身に降りかかる)、**"Berapakah tajam pisau parang, tajamlah lagi mulut manusia."**「小刀や鉈(なた)がいかに鋭くても、人の口の方がまだ鋭利だ」(人の言葉は鋭利な刃物よりするどい)など、数個あります。

日本のことわざで、「小刀」を使ったものには、「小刀が利く」、「小刀細工ではいかぬ」など、約10個あります。

"tajam"(鋭利な)を使ったことわざは、上の例以外にも、**"Setajam-tajam tombak, lebih tajam lagi lidah manusia."**「槍がどんなに鋭利でも、人の舌の方がもっと鋭い」(人の言葉は槍より鋭い)、**"Yang tajam tumpul yang bisa tawar."**「鋭利なものは鈍くなり、毒のあるものは毒が消える」(甘い会話で争いがなくなる)など、数個あります。

ひとやすみ

◇◆ Kartun Jepang(日本のアニメ)◇◆

インドネシアでは、早くから衛星放送を使ったテレビ番組の放映がなされています。「サバンからムラウケまで」(インドネシアの北西端から南東端までの「全土」を指す表現)テレビ番組を見ることができます。テレビの買えない、貧しい家の子供たちは、一部の金持ちなどの家に押しかけて見ているようです。

インドネシア人の「日本人観」を一変させた、テレビ番組、『おしん』は最初は音声が英語で、インドネシア語の字幕スーパーでした(再放送の際には、インドネシア語になっていました)。それでも多くのお手伝いさんたちは、ヒロインの「おしん」を自分たちの境遇と重ね合わせて、涙を流したそうです。

日本のアニメをインドネシア語に音声吹替えしたものは、『ドラえもん』『一休さん』から、最近の『ドラゴンボール』『名探偵コナン』『クレヨンしんちゃん』『ポケモン』まで、子供たちにとても人気があります。

2000年10月のある日曜日の朝8時半から、4つのチャンネルで、『ドラえもん』『ドラゴンボール』など4種類の日本のアニメが同時放映されていました。子供たちには、内容が面白ければ、コミックでもアニメでも、「人種」や「国籍」など関係ないのです。 [S]

62) Zaman beralih, musim bertukar.

時代は移り季節は変わる

§**キーワード：zaman**（時代）；**beralih**（移る）

Maryono : Wah, gedung apa itu ? Besar sekali.

Joko : Oh, itu hotel mewah bintang lima yang terbaru di kota ini.

Maryono : Eh, dulu tempat itu 'kan persawahan ? Waktu kecil, kita sering bermain layang-layang di situ, 'kan ?

Joko : Ya, beginilah, *zaman beralih, musim bertukar.* Di dunia ini tiada sesuatu pun yang abadi.

Maryono : Sayang, ya. Apa akibatnya kalau banyak sawah jadi bangunan ?

マルヨノ：わあ、あれは何の建物だい。どでかいなあ。

ジョコ：うん、ありゃ、この町で最新の五つ星の豪華ホテルだよ。

マルヨノ：えっ、前はあそこは水田だったよね。子供の頃にはよく凧揚(たこあ)げをしたのにね。

ジョコ：うん、時代は移り季節は変わるってこういうことだよ。この世に不変なものなんて一つも存在しないんだ。

マルヨノ：残念だなあ。多くの水田がビルになったら、結局、どうなってしまうんだろうか。

〖語句〗 **persawahan**：水田地帯。**bermain layang-layang**：凧揚(たこあ)げをする。**beginilah**：こうだ、こんなものだ。

【説明】 このことわざの意味は、「ある状態は永遠に不変では

なくて、変化する」です。

日本のことわざには、「春小雨、夏夕立に秋日照り」、「夏女房に冬男」など、「春夏秋冬」それぞれを使ったものがたくさんありますが、インドネシアは、大部分の地域で雨季と乾季の二つしかないからでしょうか、“musim”（季節）を用いたことわざは非常に少ないようです。

“zaman”（時代）を用いたことわざも、表題にある一例だけです。

日本のことわざで、「時代」を使ったものは、「時代を食う」、「時代の寵児（ちょうじ）」など、数個あります。

63) Dahulu bajak daripada jawi.

牛より鋤（すき）が前

§キーワード：**bajak**（鋤）；**jawi**（牛）

Ibu : Mau ke mana, Kus ?

Kuswijayanto : Nonton film sama Dini.

Ibu : Sudah mengerjakan PR ?

Kuswijayanto : Ah, itu nanti saja.

Ibu : Hei, kau selalu *dahulu bajak daripada jawi*. Yang mana lebih penting, main-main atau belajar ? Ayo, lakukan dulu tugasmu.

母：クスちゃん、どこへ行くの。

クスウィジャヤント：ディニちゃんと映画を見に行くんだ。

母：宿題はすんだの？

クスウィジャヤント：ああ、そりゃあとで。

母：あのねえ、あんたはいつも牛より鋤(すき)が前なんだから。遊びと勉強とどっちが大事なの。さあ、先にやることをやりなさい。

〚語句〛 **dahulu**：＝dulu ① 以前、前の。② 先に。**nonton**：← menonton（＝meN＋tonton）（映画などを）見る、観劇する。**sama**：①同じ。②一緒に。③〜と。**PR**：← pekerjaan rumah 宿題。**yang mana**：どちら。**tugasmu**：（おまえの）役目、任務。

【説明】 このことわざの意味は、「重要でないことを先にして、重要なことを後回しにする」です。このことわざの由来したミナンカバウ人（西スマトラにあり、世界最大の「母系家族」として知られる）の間では、元々、結婚前に夫婦のように交際してから結婚した男女を意味していたようです。

牛が水田で鋤(すき)を引く光景は、日本ではもうまったく見られませんが、インドネシアではまだ耕運機を使うより牛や水牛を使うほうが普通です。牛は鋤より前というのは、ごく当たり前なのに、これが逆だから問題なのです。

インドネシアは農耕地域が多いこともあって、「牛」に関する語彙がいくつかあります（地方の言葉は除く）。それぞれの語彙が使われたことわざもあります。多い順に、“kerbau”（水牛）約40個、“lembu”（牛）約10個、“jawi”（牛）5個、“sapi”（牛）3個、“banténg”（野生の牛）1個となっています。

“kerbau”（水牛）は、**“Seperti kerbau dicucuk hidung.”**「鼻輪をされた水牛のようだ」（他人の言いなりになる愚か者）など、「愚か者」の意味で使われているものがいくつかあります。また、“lembu”（牛）と“sapi”（牛）を用いたことわざには、**“Lembu punya susu, sapi punya nama.”**「牛(ルンブ)は乳を持ち、牛(サピ)は名を持つ」（ある人が善行をして、他の人が賞賛を受ける）などがあります。一方、“bantēng”（野生の牛）は、**“Terajar pada banteng pincang.”**「欠陥のある野生の牛に教える」（頑固者に教えても役に立たない）のように、「頑固者」の意味で使われています。

ちなみに、“kuda”（馬）を使ったことわざは、**“Naik kuda hijau.”**「緑の馬に乗る」（酔っ払う）、**“Minta tanduk kepada kuda.”**「馬に角を求める」（不可能なことを望む）、**“Seperti kuda lepas dari pingitan.”**「檻（おり）から放たれた馬のようだ」（自由になれて非常に嬉々としている）など、約10個あります。

日本のことわざで、「牛」を使ったものは約230個ありますが、その中には、「牛の一散」、「牛に経文（きょうもん）」などがあります。

また、「馬」に関することわざは、「馬の耳に念仏」、「生き馬の目を抜く」など、約320個あります。そのうち、「牛」と「馬」の両方とも使ったものが約40個あります（一部、故事・俗信を含む）。やはり日本人にはどちらもかなり身近なもののようです。

64) Kalau pandai menggulai, badar jadi tenggiri.

カレー作りが上手ければ、雑魚（ざこ）も鰆（さわら）になる

§キーワード：**badar**（雑魚）；**tenggiri**（鰆（さわら））

Yuko : Tas tangan ini cantik sekali, ya?

Kirana : Ya, ini dibuat dari pelepah pisang.

Yuko : Sungguh? Rasanya tidak bisa percaya.

Kirana : Ya, saya juga. Tapi *kalau pandai menggulai, badar jadi tenggiri*. Pengrajin di daerah ini benar-benar sangat terampil.

Yuko : Kalau begitu, saya mau beli dua.

ゆう子：このハンドバッグ、とってもきれいね。

キラナ：ええ、これはバナナの葉脈から出来ているのよ。

ゆう子：本当？　信じられないみたいね。

キラナ：ええ、私もよ。でも、カレー作りが上手ければ、雑魚も鰆(さわら)になるっていうものね。この地方の職人は本当に腕がいいのよね。

ゆう子：それじゃあ、二つ買うわ。

〖語句〗 **pelepah** : 葉脈。**pengrajin** : 工芸師、職人。**terampil** : 腕のよい、器用な。

【説明】 このことわざの意味は、「仕事の腕がよければ、簡素な材料でも立派な物になる」です。同類のことわざに、**"Pandai berminyak air."**「水を髪油にするのが上手い」（価値のないものを使っても仕上がりを見事にできる人）、**"Pandai berbedak saja."**「化粧が上手い」（貧乏だが暮らし方が上手くて、貧しさが人にはわからない人）などがあります。

"badar"（雑魚）を使ったことわざは、**"Beroleh badar tertimbakan."**「バケツに入った雑魚を手に入れる」（思いもかけない幸運を得る）など、数個あります。

"gulai"（カレー、カレースープ）や"menggulai"（カレースープを作る）を使ったことわざは、**"Gulai sedap nasi mentah, nasi sedap gulai mentah."**「カレーは美味いが飯は未熟、飯は美味いがカレーは未熟」（完全ではない行為やことば）など、数個あります。

日本のことわざには、「カレー」を使ったものは見当たりませんが、「雑魚」を使ったものは、「雑魚で鯛釣る」、「雑魚の魚(とと)交じり」など、十数個あります。

65) Habis manis, sepah dibuang.

甘味がなくなれば、滓(かす)は捨てられる

§キーワード：**manis**（甘い）；**sepah**（滓(かす)）

Ibu Setyo : Kabarnya empat bank pemerintah akan digabung jadi satu, Pak.

Pak Setyo : Ya, akibat krisis moneter, sekarang banyak bank harus merger.

Ibu Setyo : Aku kuatir banyak karyawan kena PHK. Kasihan, 'kan, kalau *habis manis, sepah dibuang.*

Pak Setyo : Semoga tidak, karena pesangonnya cukup besar, lo, Bu.

スティヨ夫人：お父さん、政府銀行４行が合併されて１行になるんですってね。

スティヨ氏：うん、金融危機の結果、今や、多くの銀行が合併せざるをえないんだ。

スティヨ夫人：たくさんの従業員が解雇されるのが心配だわ。甘味がなくなれば、滓は捨てられるとしたら、かわいそうだわねえ。

スティヨ氏：退職金が十分わたされて、そうはならないといいんだがね。

〖語句〗 **sepah**：（サトウキビなどを噛み砕いた）残り滓(かす)。**krisis**：危

機。**monetér**：金融の、財政の。**mérger**：合併、吸収合併。**PHK**：← Pemutusan Hubungan Kerja 雇用関係解除、解雇。**pesangonnya**：（その）退職金。

【説明】 このことわざの意味は、「役に立たなくなったら捨てられる」です。同意のことわざに、**"Bagai guna alu, sesudah menumbuk dicampakkan."**「米を搗（つ）く杵（きね）のように、搗いたら投げ捨てられる」などがあります。

日本にも、「弊履（へいり）を棄（す）つるが如（ごと）し」というのがあります。

"manis"（甘い）を使ったことわざは、**"Manis seperti gula jawa."**「ジャワ黒糖のように甘い」（[仲睦まじい夫婦のように]あらゆることにぴったり）、**"Lewat dari manis asam, lewat dari harum busuk."**「甘さ過ぎれば酸っぱくなり、芳香尽きれば臭くなる」（最初は愛し合っていても、後には常に仲たがいする）など、10個近くあります。

日本のことわざで、「甘い」を使ったものとしては、「甘い汁を吸う」、「唐辛子は辛くて砂糖は甘い」など、30数個あります。

ひとやすみ

◇◆ Antikutu（虫よけ）◇◆

プラスチックの入れ物を買いました。お米を保存しておくのに使おうと思ったので、けっこう大きいものでした。しかし、インドネシアにそう長く滞在するわけではなかったので、日本に帰る前に、義理の妹に、「これ使ってね」と渡してきました。

さて、再びインドネシアに行ってみると、妹は私の渡したプラスチックの容器を全然使っている様子がありません。お米はどうしているのかと見ると、布を敷いた大きなざるに入れているのです。蓋もなければ何もかぶせていません。一年中暖かいインドネシアでは一年中虫がたつだろうに、虫がどんどん入ってしまうではないか、と心配になります。ところが妹は、オープンになっているから虫が出ていくのだと言うのです。お米を虫から守るには、虫が入らないように密封するのがよい、と思っていた私は半信半疑だったのですが、確かに虫がいないから不思議です。

　昔、私の両親はお米を大きなブリキの箱に入れていました。その中に虫除けのガスを入れ、ぴったり蓋をしていました。最近の農家の人は虫除けになる物質を含んだ特別な紙袋にお米を入れているそうです。袋を開けない限り虫はたたないといいます。一般家庭ではお米を虫除け剤と一緒に密封容器に入れていたりします。虫除け剤を入れていないと悲劇的に虫がたちます。それでも密封しないよりましなはずだと固く信じていたのです。ところが、虫除け剤だ、密封容器だと奔走してみたのですが、今だに虫は封じ込められないでいます。

「お米は蓋をしないで置いておく方がいいみたいよ」と日本で母に言ってみました。「馬鹿をおっしゃい！」母は私をたしなめま

した。「お米はお米用冷蔵庫で保存するのがいいのよ」
日本では新たな、しかもますますお金のかかりそうな方法が普及し始めているようです。 [T]

66) Aur ditanam, betung tumbuh.

小竹を植えたら大竹が生えた

§**キーワード**：**aur**（小竹）；**betung**（大竹）

Ibu Gunarso : Pak Surono bulan ini membuat pabrik mebel baru, lo.

Pak Gunarso : Ya, aku sudah tahu. Dia memang pengusaha ulet. Sejak lima tahun yang lalu produksinya mulai diekspor ke luar negeri supaya usahanya lebih besar.

Ibu Gunarso : Wah, kalau begitu, transaksinya dengan dolar, ya?

Pak Gunarso : Tentu saja. Dia sekarang beruntung. *Aur ditanam, betung tumbuh.* Karena nilai dolar terus naik, keuntungannya pasti berlipat ganda.

グナルソ夫人：スロノさんは、今月、新しい家具工場を建設するんですって。

グナルソ氏：うん、知ってる。彼は確かに辛抱強い実業家だからね。5年前から、事業を一層拡大するために、製品を外国へ輸出し始めたんだ。

グナルソ夫人：えっ、それじゃ、取引はドルですよね。

グナルソ氏：もちろんだよ。彼は、今、儲(もう)かっているよ。<u>小竹</u>

を植えたら大竹が生えただな。ドルの価値がどんどん上がっているので、利益はきっと数倍になっているよ。

〖語句〗 **pengusaha**：事業家、企業家、経営者。**ulet**：辛抱強い、粘り強い。**transaksinya**：（その）取引、取り扱い。

【説明】 このことわざの意味は、「当初に期待していた以上の利益を得る」です。

上のことわざは、**“Betung ditanam, aur tumbuh.”**「大竹を植えたら小竹が生えた」と言われることもあります。その場合、「良いものを期待したのに逆のものが得られた」となり、表題のことわざとはまったく逆の意味になります。これと同類のことわざとして、**“Padi ditanam tumbuh lalang.”**「稲を植えたら茅(ちがや)が生えた」があり、日本にも、「豆を植えて稗(ひえ)」があります。「竹」を表す語彙には“aur,” “bambu,” “betung,” “buluh”などがありますが、それぞれにことわざがあります。Sarwono の *Kamus Peribahasa* には、“buluh”が11個、“betung”が 8 個、“aur”が 3 個、“bambu”が 2 個あります。たとえば、**“Bagai aur dengan tebing.”**「竹と崖(がけ)のようだ」（[夫婦が] 非常に仲睦まじい）[No. 68 を参照]、**“Seperti pohon bambu ditiup angin.”**「竹が風に吹かれるようだ」（しなやかだが、自分の意見をしっかりもっている）、**“Macam buluh dibakar.”**「竹を焼くようだ」（うるさくおしゃべりする）などです。

日本語でも、「竹」をつかったことわざとして、たとえば、「竹に油を塗る」（弁舌の達者なこと）、「竹に虎」、「竹に雀」（いずれも「取り合わせのよいもののたとえ」の意味）など、60数個あります。

“rebung”「竹の子」を使ったことわざは、**“Rebung tidak**

jauh dari rumpun.”「竹の子は竹藪から遠くない」(子供の性格は親からかけ離れることはない）など、数個あります。

また、「たけのこ（筍）•竹の子」を使った日本のことわざも、「雨後の筍」など、約30個あります。

67) Dahulu timah sekarang besi.

以前は錫（すず）、今は鉄

§キーワード：**timah**（錫）；**besi**（鉄）

Joko : Liburan universitas teman-teman mau ke Bali. Kamu ikut ?

Surya : Aah, aku tidak punya uang.

Joko : Minta saja kepada ayahmu.

Surya : Tapi ayahku sekarang juga bokek, lo. Karena waktu pemilihan kepala desa dia kalah. Jadi, dia bukan kepala desa lagi. Oleh karena itu, *dahulu timah sekarang besi.* Dia tak punya tanah bengkok lagi. Kami harus berhemat.

ジョコ：大学の休暇に友人たちはバリへ行くんだ。君も参加する？

スルヤ：ああ、僕は金がないんだ。

ジョコ：おやじさんに貰ったら。

スルヤ：でも、おやじも今は文無しなんだ。村長選挙で負けたからね。だから、もう村長じゃないんだ。それで、以前は錫（すず）、今は鉄ってやつさ。もう職田（しきでん）もないしね。倹約しなけりゃならないんだ。

〖語句〗 **bokēk**：お金がない、文無し。**tanah bengkok**：職田（村長などの役職に応じて貸し与えられる水田）。

【説明】 このことわざの意味は、「地位が下がったり、財産が減ったりした人」です。これと同意のことわざに、**“Dahulu parang sekarang besi.”**「以前は鉈、今は鉄」、**“Dari ajung turun ke sampan.”**「ジャンク（中国帆船）から艀に降りる」などがあります。

“besi”(鉄)を使ったことわざは10個近くあります。たとえば、**“Besi baik tiada berkarat.”**「良い鉄は錆びない」(善行はずっと忘れられない)、**“Besi baik dibajai (=diringgiti).”**「良い鉄が鍛えられる（=のこぎり状にされる)」(立派な物をさらに良くする）などです。
「鉄」が使われていることわざとして、フランス語に由来し、英語や日本語でも一般的になっているものに、「鉄は熱いうちに打て」があります。

日本のことわざで、「鉄」を使ったものには、「風は切れぬ、鉄は割れぬ」、「鉄に磁石」など、10個以上あります。

68) Bagai aur dengan tebing.

竹と崖のようだ

§**キーワード**：**aur**（竹）；**tebing**（崖）

Yanti : Malam ini di rumahku ada pesta. Kamu datang, ya ?
Murti : Baik. Pesta apa ?

Yanti : Pesta peringatan pernikahan kakek dan nenek.
Murti : Wah, bagus. Sudah berapa tahun mereka menikah?
Yanti : Tahun ini enam puluh tahun. Mereka benar-benar *bagai aur dengan tebing*. Ke mana-mana selalu bersama-sama dan rukun sekali.
Murti : Mudah-mudahan nanti kita juga begitu, ya.
ヤンティ：今夜、うちでパーティーがあるのよ。来ない？
ムルティ：いいわよ。何のパーティー。
ヤンティ：祖父母の結婚記念パーティー。
ムルティ：まあ、素晴らしいわ。結婚して何年になるの。
ヤンティ：今年で60周年よ。二人は本当に、竹と崖がけのようなのよ。どこへ行くにもいつも一緒で、とても仲良しなの。
ムルティ：将来、私たちもそうありたいわねえ。

〖語句〗 **peringatan** : ①注意。②助言。③記念。**ke mana-mana** : どこへでも。**mudah-mudahan** : ～であったらいいが、～でありますように。

【説明】 このことわざの意味は、「(夫婦が) 非常に仲睦まじい」です。同意のことわざとしては、**"Bagai api dengan asap."**「火と煙のようだ」、**"Sebagai kuku dengan daging."**「爪と肉のようだ」、**"Seperti bulan dengan matahari."**「月と太陽のようだ」など、10個ほどあります。ジャワのことわざにも、「一つがいの亀」(別れることのない夫婦) というのがあり、日本の「おしどり夫婦」と同類です。どこでも夫婦の仲の良さが大事だということがわかります。

しかし、**"Bagai balam dengan ketitiran."**「野鳩とキジ鳩のようだ」(折り合いの悪い夫婦) もあれば、**"Di bawah ketiak isterinya."**「妻の脇の下」(妻の尻にしかれる) という人もいるでしょう（これはどこにでもいますね）。

インドネシアでも、金婚式を祝ってパーティー（“pesta kawin emas”と言います）をすることがあるそうです。

インドネシア語で、「結婚」に関することわざには、“kawin”または“perkawinan”と“nikah”を使ったものがそれぞれ2〜3個ずつあり、それぞれがいろいろな「結婚」をあらわしています。たとえば、**“Perkawinan tempat main.”**「結婚は遊び場」（①富貴な女性との男性の結婚。②遊び終わったら、花園を後にするようだ）、**“Perkawinan tempat mencahari.”**「結婚は稼ぎの場」（共稼ぎの夫婦となる結婚）、**“Perkawinan tempat mati.”**「結婚は死に場」（一生涯の忠誠に基づいて行われる結婚）、**“Nikah maharaja bumi.”**「地球の大王の結婚」（費用を支出しないで何度も結婚する人）などです。

世界各地に、「結婚」に関することわざとして、「玉の輿（こし）に乗る」、「破（わ）れ鍋（なべ）に綴（と）じ蓋（ぶた）」、「結婚は神によって定められる」（以上、日本）、「結婚前には両目で見、結婚後には片目で見よ」（アメリカのベンジャミン・フランクリンの『貧しいリチャードの暦』に由来することわざ）、「結婚を望む者は、後悔への道に足を踏み出した者である」（ギリシャ）、「急いで結婚する者は、ゆっくりと後悔する」（イギリス）、「結婚とメロンは、ひょっとしてうまいのにあたることがある」（スペイン）、「女は嫁ぐ前に、男は後で泣く」（ポーランド）などがあります。

69) Seperti batu jatuh ke lubuk.

石が淵（ふち）に落ちたようだ

§キーワード：**batu**（石）；**lubuk**（淵）

Waluyo : Tahun ini, mari kita mengadakan reuni SMA.

Margono : Bagus. Mulai sekarang, mari kita buat undangannya, lalu kirim kepada teman-teman.

Waluyo : Ngomong-ngomong, Hartono sekarang tinggal di mana, ya ?

Margono : Aku tidak tahu. Setelah lulus dari universitas, dia merantau ke luar negeri. Sejak itu, aku belum pernah bertemu. Kata keluarganya dia belum pernah pulang sekali pun dan tidak mengirim surat.

Waluyo : Wah, *seperti batu jatuh ke lubuk*, ya. Semoga dia selalu sehat.

ワルヨ：今年、高校の同窓会をしようよ。

マルゴノ：そりゃいいな。今から招待状を作ろうよ、それから友人たちに発送しよう。

ワルヨ：ところで、ハルトノは今どこに住んでいるんだい。

マルゴノ：僕は知らないな。大学を卒業したあと、外国へ出稼ぎに行ったんだ。それ以降には会ったことはないね。家族の話だと、一度も帰省したことがなくて、手紙もよこさないそうだよ。

ワルヨ：えっ、そりゃ、石が淵に落ちたようだな。いつも元気だといいんだがな。

〖語句〗 **réuni** : 同窓会。**SMA** : ← Sekolah Menengah Atas 高校(現在は、SMU＝Sekolah Menengah Umum 普通科高校という)。**ngomong-ngomong** : ← mengomong- ngomong (＝meN＋omong-omong) ところで。**merantau** : 出稼ぎに行く。**semoga** : ～であればいいが。

【説明】 このことわざの意味は、「①跡形もなく消えてしまう。②出稼ぎに出かけて、便りのない人」です。

同類のことわざとして、日本にも、「鉄砲玉の使い」や「梨の礫」があります。

“batu”（石）を用いたことわざは、「〈意志をもった個人〉の隠喩として使われる」［柴田　1996：200］ことが多く、全部で20個近くあります。たとえば、**“Patah batu hatinya.”**「心の石が折れる」（意欲をすっかり失う）、**“Batu direbus masakan empuk.”**「石をゆでても、軟らかくなりはしない」（愚か者にはどうやっても教えることはできない）、**“Batu yang selalu bergolek di sungai itu tidak dihinggapi lumut.”**「川で転がる石には苔むさず」（①知識を常に増やす人は、人に騙されない。②生計の定まらない人は、裕福にはなれない）などがあります（No. 24、No. 91、No. 112 を参照）。

「石」を使った日本のことわざは、「点滴、石を穿つ」、「石に花咲く」（現実には起こりえないことのたとえ）など、120個以上ありますが（尚学図書。一部、故事・俗信を含む）、「石」は、その特質から、重いもの、冷たいもの、固いものなどのシンボルとして用いられることが多く、しかも、石の本質の逆を突いた表現によって活き活きしたことわざとなっています［丹野 1999：97］。

70) Lempar batu sembunyi tangan.

石を投げて手を隠す

§キーワード：**batu**（石）；**tangan**（手）

Politikus 1 : Saya sedih sekali karena daerah ini sering rusuh.

Politikus 2 : Saya juga. Tapi saya heran kenapa rakyat gampang sekali marah dan tawur.

Politikus 1 : Karena mereka dihasut.

Politikus 2 : Siapa yang menghasut ?

Politikus 1 : Wah, saya tidak tahu. Mereka selalu *lempar batu sembunyi tangan.* Setelah ada tawuran, mereka menghilang. Benar-benar orang-orang yang tak bertanggung jawab.

Politikus 2 : Saya harap polisi segera bisa menangkap mereka.

政治家１：この地方はしばしば不穏になるので非常に悲しいですなあ.

政治家２：同感です。だが、どうして国民がいとも簡単に憤り、乱闘するのか驚きですな。

政治家１：扇動されるからじゃろう。

政治家２：誰が扇動するのかね。

政治家１：うーん、わしにはわからん。やつらは、常に、石を投げて手を隠すからなあ。乱闘の後には雲隠れしよるし。まったくもって無責任なやつらだ。

政治家２：警察がただちにやつらを取っ捕まえて欲しいもんだ。

〖語句〗 **tawur** : 乱闘。**dihasut** : 扇動される、挑発される。**tawuran** : ＝tawur 乱闘。

【説明】 このことわざの意味は、「悪事をはたらいたあと、黙(だんま)

りをきめこむ」です。
「手」を使った日本のことわざは、「手に付かない」、「手に落ちる」など、約430個あります（一部、故事・俗信を含む）。

日本とインドネシアのことわざで、発想がよく似たものもあります。たとえば、**“Panjang tangan.”**「手が長い」（よく盗みを働く）と「手が長い」、**“Angkat tangan.”**「手を上げる」（抵抗せず、降参する）と「手を上げる」、**“Digenggamnya tangannya.”**「手をつかむ」（けちで、人を助けたがらない）と「手を拱く（こまぬく）」などがあります。ただし、**“Cepat tangan.”**「手が早い」（よく盗みを働く）と「手が早い」（①仕事が早い。てきぱきと処理する。②女性と知り合うとすぐ関係を結ぶ。③すぐに暴力をふるうたちである）のように、まったく異なる発想のものもあります。

ちなみに、「足」を使った日本のことわざは、「足が重い」、「足が早い」など、約230個あります（一部、故事・俗信を含む）。

また、日本のことわざで「手」と「足」を一緒に使ったことわざも、約30個あります。たとえば、「手が入れば足も入る」、「手ですることを足でする」などです。

なお、“tangan”（手）と“kaki”（足）を使ったことわざについては、No. 31、No. 143 を参照してください。

ひとやすみ

◇◆ Penitipan Jaket dan Tas（手荷物預かり）◇◆

自分で勝手に本棚から本を出して見ることができる大きな本屋さんでは、鞄の店内持ち込みが許されないことが多いものです。私は当初それに気付かず、店員の方も、「外国人だからしかたない」と見逃してくれたため、売り場に入る前に鞄をあずけて番号札をもらわなくてはならないことに私が気付いたのは、暫くしてからです。

スーパーマーケットやディスカウントストアも同じ方式で、初め面倒くさいなぁ、と思っていたのに、今ではこのやり方にすっかり慣れてしまいました。

先日、バリ島のデンパサールで買い物をしたときの事。多少荷物があったのですが、“penitipan”があるから「荷物を預けて身軽にショッピングが楽しめるわ」と思って入ったスーパーマーケットがたまたまこのやり方をしていなかったのです。“penitipan”を探してまごまごし、結局、レジカウンターで荷物を預かってもらいました。

夫も、本屋の“penitipan”で、肩から提(さ)げていたカメラも預けようとして、「それは自分で持っていてください」と言われ、「あぁ〜、重いカメラを預けられると思ったのに」　[T]

PENITIPAN
Tolong bawa sendiri saja.
Sri

71) Mati semut karena gula.

砂糖のせいで蟻(あり)は死ぬ

§キーワード：**semut**（蟻）；**gula**（砂糖）

Pak Sunarno : Tetangga sebelah kita tertipu, lo, Bu.

Ibu Sunarno : He, siapa penipunya ?

Pak Sunarno : Bankir yang tidak bertanggung jawab.

Ibu Sunarno : Bagaimana dia bisa tertipu ?

Pak Sunarno : Dia menyimpan uang warisannya di bank bankir itu karena diiming-imingi bunga yang tinggi sekali. Tapi, ternyata bank itu sekarang bangkrut dan bankirnya lari ke luar negeri.

Ibu Sunarno : Oh, begitu. Itulah *mati semut karena gula*. Zaman sekarang harus hati-hati memilih bank. Jangan tergiur bunga tinggi.

スナルト氏：うちの隣の人は騙(だま)されたんだってさ。

スナルト夫人：へえ、誰なのその詐欺師は。

スナルト氏：無責任な銀行家だよ。

スナルト夫人：どうやって騙されたの。

スナルト氏：金利が非常に高いからって勧誘されて、その銀行家の銀行に遺産金を預金したのさ。でも、その銀行は今や倒産してその銀行家は国外へ逃亡したってことがわかったんだ。

スナルト夫人：ああ、そうなの。それこそ、砂糖のせいで蟻は死ぬってことね。現在は、銀行選びも注意しなきゃってことだわね。高金利につられちゃならないわ。

〖語句〗 **bankir**：①銀行家。②資本家。**uang warisannya**：（その）遺産金。**diiming-imingi**：勧誘される。**bunga**：①花。②利息。**tergiur**：ひきつけられる、魅惑される。

【説明】 このことわざは、**"Mati semut karena manisan."**「甘いもので蟻は死ぬ」、あるいは、**"Di mana semut mati kalau tidak dalam gula."**「砂糖の中でなくて、蟻はどこで死のうか」ともいわれますが、いずれにしても、その意味は、「口当たりのよい甘言にだまされる」です。同意のことわざに、**"Mati ikan karena umpan, mati sahaya karena budi."**「魚はエサで死に、奴隷は智恵で死ぬ」などがあります。

同類のことわざとして、日本には、「追従ほどうまき物なし」があります。

インドネシアには、"semut"（蟻）を使ったことわざは、上の例以外に、**"Umpama semut mempersembahkan paha belalang kepada raja."**「蟻が王にイナゴの腿を献上するたとえ」（非常に少ない贈答）などを含めて7個ほどあります（No. 25を参照）。

日本には、「蟻」を使ったことわざが、「蟻の甘きにつくが如し」、「蟻の思いも天に届く」など、60数個あります。

72) Telaga di bawah gunung.

山の下の湖

§キーワード：**telaga**（湖）；**gunung**（山）

Wartono : Sejak menikah usaha batik Pak Abubakar maju sekali, ya.

Martono : Betul. Bahkan dia mulai mengekspor ke luar negeri.

Wartono : Apa rahasia suksesnya, ya ?

Martono : Aku pikir karena istrinya ahli ekonomi dan pandai berdagang. Jadi, istrinyalah yang berperan sebagai manajer.

Wartono : Wah, mujur sekali, ya. Punya *telaga di bawah gunung*.

Martono : Ya, kalau begitu, mari kita juga mencari istri yang seperti itu.

ワルトノ：結婚して以来、アブバカルさんのバティック事業は非常に発展したね。

マルトノ：そうだね。それどころか、海外への輸出を始めたよ。

ワルトノ：成功の秘訣は何だろうね。

マルトノ：奥さんが経済の専門家で商売上手だからだと思うよ。だから、奥さんの方がマネージャーとしての役割を果たしているんだよ。

ワルトノ：そりゃあ、とってもラッキーだなあ。山の下の湖をもってるわけだ。

マルトノ：ああ、それじゃあ、われわれもそんな奥さんを探そうよ。

〚語句〛 **batik**：バティック（更紗(さらさ)）。**bahkan**：それどころか、その上。

【説明】 このことわざの意味は、「夫に幸運をもたらす妻・女性」です。これと反対の意味のことわざに、**"Rumah gedang**

ketirisan."「大きな家が雨漏りする」(いさかいが絶えず、幸運を夫にもたらさない女性)があります。

日本のことわざでは、「身上は妻から」と言いますから、家庭は、「内助の功」のある妻次第でしょうね。もちろん理想は、「稼ぎ男に繰り女」ですね。

"telaga"(湖)を用いたことわざは数個あります。たとえば、**"Telaga mencari timba."**「湖がつるべを求める」、**"Telaga mencahari air."**「湖が水を求める」(いずれも、「女性が男性を求める」の意)などがあります。なお、同じ「湖」でも"danau"や"tasik"を用いたことわざは見当りません。

日本のことわざで「湖」を使ったものとしては、「海の魚の湖に染まぬ風情」(なかなか慣れないで気持ちの通じない様子)、「目薬貝で近江の湖を換え乾す」(無駄なこと)などくらいでしょうか。

73) Seperti tikus jatuh di beras.

ネズミが米に落ちたようだ

§キーワード: **tikus**(ネズミ); **beras**(米)

Hesti : Kabarnya suamimu akan ditugaskan ke Medan.
Heni : Betul. Tahun depan dia pindah ke sana.
Hesti : Lalu, kau juga ikut ke sana?
Heni : Tidak. Aku tetap di Jakarta.
Hesti : Eh, mengapa?
Heni : Tahun ini aku bisa bekerja di bank pemerintah. Masak, aku harus berhenti dari jabatanku.

Hesti : Aah, kau *seperti tikus jatuh di beras.* Tidak mau pergi ke mana-mana. Kasihan suamimu, dong.

Heni : Aah, tidak apa-apa. Dia bertugas hanya tiga tahun di sana.

ヘスティ：ご主人、メダンへ転勤ですってね。

ヘニ：そうなの。来年、転勤するの。

ヘスティ：それで、あなた、ついて行くの。

ヘニ：ううん。私はこのままジャカルタよ。

ヘスティ：えっ、どうして。

ヘニ：今年から、政府銀行で働けるようになったのよ。まさか、今のお仕事を辞めなきゃならないなんて。

ヘスティ：ああ、あなた、ネズミが米に落ちたようだってわけね。どこへも行きたがらないんだから。ご主人がかわいそうでしょう。

ヘニ：ああ、大丈夫よ。彼は、そこにはほんの3年勤務するだけですもの。

〖語句〗 **ditugaskan**：任務を与えられる。**Médan**：（北スマトラ州の州都である）メダン。**bertugas**：任務をもつ、任務を果たす。

【説明】 このことわざは、**"Tikus jatuh ke dalam gudang beras."**「ネズミが米倉に落ちる」ということもありますが、いずれの意味も、「幸運な仕事を得て、その仕事を離れたがらない人」です。

日本には、意味合いは多少異なりますが、「水を得た魚(うお)のよう」というのがあります。

インドネシアには、"tikus"（ネズミ）に関することわざが10個以上あります。たとえば、**"Awak tikus hendak menampar**

kepala kucing."「ネズミが猫の頭を平手打ちしようとする」(理想的なことを達成する力がない) というのは、『イソップ物語』に由来する、「猫の首に鈴を付ける」と類似しています。

その他に、**"Bagai tikus membaiki labu."**「ネズミがかぼちゃを直すようだ」(知らないことを直そうとして、結局それを壊してしまう人) などがあります ("tikus"に関しては、No. 74 を参照)。

日本の「ネズミ」に関することわざは、「窮鼠(きゅうそ)(かえって) 猫を嚙(か)む」、「ネズミに引かれそう」など、約130個あります(一部、故事・俗信を含む)。

74) Kucing pergi tikus menari.

猫が出かけりゃ、ネズミが踊る

§**キーワード**: **kucing** (猫) ; **tikus** (ネズミ)

Karyawati 1: Sudah jam sebelas, tapi mandor pabrik belum kelihatan batang hidungnya, ya.

Karyawati 2: Katanya dia masuk angin. Jadi tidak masuk hari ini.

Karyawati 1: Sungguh? Bagus, kalau begitu, mari kita hidupkan radionya dan mendengarkan musik dangdut.

Karyawati 2: Setuju. *Kucing pergi tikus menari.* Ini kesempatan. Biasanya kita tidak boleh bekerja sambil mendengarkan musik, 'kan?

Karyawati 1: Ya, mandor kita memang galak sekali.

女子従業員1: もう11時なのに、職工長は姿を見せないわね。

女子従業員2：風邪をひいたそうよ。だから、今日はお休みなのよ。

女子従業員1：本当？　やったあ、それじゃあ、ラジオをつけてダンドゥット音楽を聴きましょうよ。

女子従業員2：賛成。猫が出かけりゃ、ネズミが踊るね。これ、チャンスよ。普通は、音楽を聴きながら働けないものね。

女子従業員1：そうよ、職工長は、ほんと、とっても怖いからね。

〖語句〗 **mandor**：①職工長、職長。②監督者。**batang hidungnya**：①（その）鼻筋。②姿。**dangdut**：（都市を中心にした大衆音楽の）ダンドゥット。**galak**：荒々しい。

【説明】 このことわざの意味は、「上司がいなければ、部下がはしゃぐ」です。これは、日本のことわざ、「鬼の居ぬ間の洗濯」と同類ですね。

世界各地に、同じ発想のことわざとして、「猫がいないとネズミが遊ぶ」、「猫の留守はネズミの代」（以上、日本）、「猫がいないとネズミが陽気」、「猫がいなけりゃ、ネズミの天下」（以上、タイ）、「猫がいないとネズミは遊ぶ」（フィリピン）、「猫がいないときはネズミが王になる」（カンボジア）、「猫がいなけりゃ、ネズミが騒ぐ」（イギリス）、「猫が留守すりゃ、ネズミが踊る」（イタリア、スペインなど）などがあります。

“kucing”（猫）と“tikus”（ネズミ）が共に使われていることわざは、表題のことわざを含めて、**“Kalau kucing tidak bermisai, tidak akan ditakuti tikus lagi.”**「もし猫にヒゲがなければ、もうネズミにこわがられることはないだろう」（地位の高い人も、その地位を失えば、もはや畏敬されなくなる）、**“Kucing**

lalu, tikus tiada berdecit lagi.”「猫が通れば、ネズミはもうチュウチュウ鳴かない」(怖い人が来れば、さわがしい者たちも黙り込む）など、5個ほどあります（“kucing”に関してはNo. 19、“tikus”に関してはNo. 73を参照)。

日本のことわざで、「猫」を使ったものは約210個、「ネズミ」は約130個、両方を使ったものは十数個あります（一部、故事・俗信を含む。No. 73を参照)。

“menari”(踊る)を使ったことわざは、No. 59以外に、**“Sebab tiada tahu menari, dikatakan tanah lembap.”**「踊りを知らないのに、地面が湿っていて（踊れない）という」(仕事のやり方を知らないことを、道具のせいにする）など、3個ありますが、いずれも同意のことわざです（No. 98を参照)。

75) Gajah berjuang sama gajah, pelanduk mati di tengah-tengah.

象が争えば、真中で豆鹿が死ぬ

§キーワード：**gajah**（象）；**pelanduk**（豆鹿）

Surono : Tidak masuk kantor hari ini?

Trijoko : Tidak. Perusahaannya bangkrut.

Surono : He, kenapa?

Trijoko : Perusahaan itu perusahaan patungan, tapi bos-bosnya selalu berselisih dan tidak kompak dalam mengelolanya.

Surono : Wah, beginilah akibatnya kalau *gajah berjuang sama gajah, pelanduk mati di tengah-tengah.* Kalau perusahaan bangkrut, karyawannya yang susah.

Trijoko : Kau betul. Sekarang aku harus cari pekerjaan baru.

スロノ：今日は出勤しないのかい。

トゥリジョコ：うん。会社が倒産したんだ。

スロノ：へえ、どうして。

トゥリジョコ：会社は合弁企業だったんだけど、ボスたちがいつも口論して、経営面で一体ではなかったんだ。

スロノ：わあ、象が争えば、真中で豆鹿が死ぬってことで、こうなるんだよ、結末は。企業が倒産すれば、従業員が困るんだよな。

トゥリジョコ：その通りだよ。これから新しい仕事を探さなきゃ。

〚語句〛 **patungan** : 合弁。**berselisih** : ①異なる。②いがみ合う、喧嘩する、口論する。**kompak** : 緊密な、しっかりした。**mengelolanya** : 運営すること、経営すること。

【説明】 このことわざの意味は、「高官たちの間でいさかいが起これば、弱者がとばっちりを受ける」です。

同意のことわざに、**"Gajah bergajah-gajah, pelanduk mati tersepit."**「象が騒げば、豆鹿がはさまれて死ぬ」があります("pelanduk"の代わりに"kancil" [豆鹿] が使われることもあります)。

世界各地に、同類のことわざとして、「けんかのそば杖」(日本)、「鯨のけんかでエビの背が裂ける」(韓国)、「水牛二頭が角突きあわせている間に芝が耐えきれずに傷む」(ビルマ)、「象が争うと蟻が死ぬ」(カンボジア)、「水牛同士が争うと草がつぶされる」(タイ)、「馬と馬争って、皮屋の鞍がこわれる」(インド)、「馬が蹴りラバが蹴ると間のロバが死ぬ」(トルコ) などがあります。

インドネシアでは、その数は激減しているとはいえ、“gajah”(象) がスマトラ島には生息しているため、「象」に関することわざは、30個を越えています(No. 2、No. 150 を参照)。その約3分の2は、象の体形などから連想して、「権力者」「高官」「大人物」「金持ち」などの意味で使われています。たとえば、**“Seperti gajah masuk kampung.”**「象が村に入ったようだ」(弱者の間で好き勝手に振る舞う権力者)、**“Gajah yang dialahkan oleh pelanduk.”**「象が豆鹿に負かされる」(権力者が弱者に負かされる) などです。

なお、“gading” (象牙) を使ったことわざは、No. 2、No. 37 を参照して下さい。

日本では、象が動物園でしか見られず、生活に密着していないため、「象」を使った日本のことわざは、「女の髪の毛には大象(たいぞう)もつながる」、「象は兎(うさぎ)の小道に遊ばず」など、10個ほどしかありません。

また、「象牙」を使ったことわざとしては、フランスに由来する、「象牙の塔」など、3個ほどです。

“pelanduk” (豆鹿) が使われていることわざは、5～6個ありますが、「権力者」などの反対の、いわば「民衆」や「弱者」の意味で使われているものが、上記の例と**“Bagai pelanduk di dalam cerang.”**「開墾地内の豆鹿のようだ」(怖くて落ち着かない) など、3個ほどあります。

76) Tak air talang dipancung.

水がなければ、水竹を切れ

§**キーワード**: **air**（水）; **talang**（水竹）

Budiman: Teman kita, Sugiarto, akhirnya menjadi juara dunia bulu tangkis.

Prakosa: Betul. Dia memang kuat kemauannya. *Tak air talang dipancung*. Tiap malam berlatih dengan keras.

Budiman: Ya, bahkan tiap pagi dia lari kurang-lebih sepuluh kilometer untuk melatih pernapasannya.

ブディマン：われわれの友人のスギアルトは、ついに、バドミントンの世界チャンピオンになったね。

プラコサ：そうだね。あいつは確かに、意志がかたいからな。水がなければ、水竹を切れだね。毎晩、ハードに練習しているからね。

ブディマン：うん、それどころか、毎朝、呼吸機能を鍛えるために約10キロ走っているんだよ。

〘語句〙 **talang**：多量に水を含んだ竹。**juara dunia**：世界チャンピオン。**bulu tangkis**：バドミントン。**pernapasannya**：（その）呼吸。

【説明】 このことわざの意味は、「目標を達成するためには何をやるにも躊躇しない」です。これと同意のことわざには、**"Tak air hujan ditampung."**「水がなければ、雨水を受けろ」、**"Tak emas bungkal diasah."**「金(きん)がなければ、金塊を磨け」、**"Tak**

kayu jenjang dikeping."「薪(まき)がなければ、はしごを切れ」など、数個あります。

同類のことわざとして、日本にも、「目的のためには手段を選ばず」という、イタリアのマキャベリの言葉に由来するものがあります。

"juara"（チャンピオン）を使ったことわざは、**"Adat juara kalah menang."**「チャンピオンも勝ったり負けたりするのが慣わし」（どんな事業にも損得はつきものだ）など、数個あります。なお、「竹」を使ったことわざについては、No. 66、No. 68を参照してください。

ひとやすみ

◇◆ Minta Air Putih!（湯冷ましちょうだい！）◇◆

Di Jepang setiap pergantian musim saya selalu masuk angin. Jadi, dalam setahun sekurang-kurangnya saya masuk angin empat kali karena ada empat musim di Jepang. Susahnya, setiap tahun selalu ada virus baru yang bandel, sehingga untuk melawannya saya harus minta obat dari dokter. Waktu mau minum obat inilah, timbul masalah.

Di Indonesia biasanya saya minum obat dengan air putih. Tentu saja, selain untuk minum obat, air putih juga diminum setelah makan atau untuk melepaskan rasa dahaga. Oleh karena itu, di rumah orang tua saya dan di rumah orang lain biasanya selalu tersedia air putih.

Di Jepang waktu pertama kali masuk angin dan mau minum obat, saya segera mencari air putih. Tetapi tidak ada. Apa boleh buat, kata saya dalam hati sambil merebus air. Terus terang, isteri saya memang tidak begitu rajin bekerja di dapur.

Pada suatu hari kami berkunjung ke rumah orang tua isteri saya. Waktu itu saya kena flu yang sedang berjangkit di Jepang. Sesudah makan siang, saya pergi ke dapur untuk mengambil air putih. Meskipun celingukan berkali-kali, saya tidak bisa menemukannya. Saya melihat tiga termos besar, tetapi semuanya berisi air panas.

Melihat saya celingak-celinguk di dapur, isteri saya bertanya, "Cari apa ?"

"Mm, air putih. Untuk minum obat," jawab saya sambil masih celingukan.

"Mm, air putih tidak ada. Pakai saja air panas dalam termos," katanya.

Hem, apa boleh buat, kata saya dalam hati sambil menuangkan air panas ke cangkir. Celakanya, air panas itu tidak segera menjadi dingin. "Mengapa di sini juga tidak ada air putih, sih ?" tanya saya agak kesal.

"Di rumah orang Jepang di mana-mana biasanya tidak ada air putih," jawabnya dengan santai.

Saya tercengang mendengar jawabannya. Pertama-tama saya pikir di apartemen kami saja air putih tidak ada, sedangkan di rumah mertua saya atau rumah orang lain pasti ada. Ternyata di mana-mana juga tidak ada ! Wah, susah. Minta air putih !

私は日本では季節が変わるたびに風邪を引きます。日本は四季があるから、1年に少なくとも4回風邪を引くことになります。困ったことに、毎年必ずしつこい新しいウィルスが登場し、それをやっつけるために医者から薬をもらわなくてはなりません。この薬を飲むときに問題が発生するのです。

インドネシアでは私は通常、湯冷ましで薬を飲みます。湯冷ましは、当然のことながら、薬を飲むためだけでなく、食事の後にも、喉の渇きを癒すためにも飲むものです。だから、私の実家でも、他の家でも、いつも湯冷ましが用意してあるのが普通です。

日本で初めて風邪を引いたとき、薬を飲もうとして湯冷ましを探しました。だが見当たりません。しょうがないなあ、とお湯を沸かしながら、心の中でつぶやきました。実は、妻は台所仕事にあまりまめではないのです。

ある日、私たちは妻の実家へ行きました。そのとき、私はちょうど日本で猛威を振るっていたインフルエンザにかかっていました。昼食の後、私は湯冷ましを取りに台所へ行きました。ところがいくら探しても見つかりません。大きなポットが3つもあるのに、中身はすべてお湯だったのです。

私が台所でキョロキョロしているのを見て妻が尋ねます。

Di mana air putih……?
Tidak ada.

「何を探してるの」
「うん、湯冷ましをね。薬を飲むのに」私はなおもキョロキョロしながら答えました。
「湯冷ましはないわ。ポットのお湯を使ってね」それが妻の返事でした。
　まあ、いたしかたないか、私はカップにお湯を注ぎながら、そう心の中でつぶやきました。でも困ったことに、お湯はすぐには冷めないのです。「どうしてここにも湯冷ましがないの」と、いくぶんうんざりして聞きました。
「日本人の家はどこも普通湯冷ましはないわよ」妻はのんびりとした調子で答えます。
　この答えを聞いて私は愕然としたものです。初めは、私たちのアパートに湯冷ましがないだけで、妻の実家や他の人達の家にはきっとあると思っていたのです。ところが、どこにもないことがわかったのです！　困ったもんです。湯冷ましちょうだい！
[E]

77) Masuk sarang harimau.

虎(とら)の巣に入る

§キーワード：**sarang harimau**（虎の巣）；**masuk**（入る）

Preman 1 : Rasanya kita salah jalan. Kurangi kecepatan sepeda motormu.
Preman 2 : Baik. Kita sekarang ada di mana, ya?
Preman 1 : Aku tidak tahu. Lebih baik berhenti dulu. Aku mau lihat papan petunjuk jalan itu. Wah, celaka! Kita

masuk sarang harimau!

Preman 2 : Eh, apa maksudmu?

Preman 1 : Ini Desa Naga Ungu. Kita punya banyak musuh di desa ini. Ayo, cepat pergi dari sini. Orang-orang di warung itu melihat kita dengan curiga.

Preman 2 : Baik. Wah, sialan! Mereka mengejar kita.

Preman 1 : Ayo, tancap gas!

悪人 1 : 道を間違えたようだな。バイクのスピードを落とせよ。

悪人 2 : オーケー。今、どこにいるんだい。

悪人 1 : わからないなあ。まず止まる方がいいぜ。あの道路標識板を見てみるよ。わっ、大変だ！ 虎の巣に入っちゃってる。

悪人 2 : えっ、どういうことだい。

悪人 1 : ここはナガ・ウング村だ。この村には敵が多いんだ。さあ、すぐにここからずらかろうぜ。あの屋台のやつらが疑いの目でこっちを見てるぜ。

悪人 2 : よっしゃ。わっ、畜生め！ あいつら、追っかけてきたぜ。

悪人 1 : さあ、アクセルを吹かせ。

〖語句〗 **préman** : チンピラ、ごろつき。**salah jalan** : 道を間違える。**petunjuk jalan** : 道路標識。**sialan** : ①不幸な。②こん畜生。**tancap gas** : アクセルを踏む、速度を増す。

【説明】 このことわざの意味は、「大きな危険に陥る」です。同意のことわざに、**"Sudah masuk ke dalam mulut harimau."**「虎の口に入った」があり、ジャワには、「ヘビが木槌に近づく」があります。

同類のことわざとして、日本には、中国起源のことわざ、「虎の尾を踏む」があり、また、「危険をおかさなければ、大きな利益は得られない」という意味で、「虎穴に入らずんば虎児を得ず」などがあります。実際に、虎が生息していた韓国にも、これと同意のことわざとして、「山に行って虎を獲るんだよ」があります。

日本のことわざでは、「虎」は、「恐ろしいもの」や「勢いのあるもの」の代表として多く使われており、「危険なもの」と見ている、インドネシアのことわざと発想がよく似ています。「危険」という意味では、「市に虎を放つ」、「虎を千里の野に放つ」などがあります（「虎」については、No. 2、No. 55 を参照）。

78) Anak kambing takkan jadi anak harimau.

山羊の子は虎の子にはならない

§キーワード：**anak kambing**（山羊の子）；
anak harimau（虎の子）

Rokim : Kabarnya teman kita, Waluyo, dikeluarkan dari universitas.

Purwo : Betul. Karena dia terlalu lama menjadi mahasiswa abadi.

Rokim : Kasihan, ya. Mungkin kuliah di fakultasnya terlalu sulit.

Purwo : Ya, tapi apa boleh buat. *Anak kambing takkan jadi anak harimau.* Sebenarnya, pendidikan orang tuanya 'kan tidak tinggi. Jadi, sudah sewajarnya, kalau anaknya juga kurang pintar. Sehingga tidak bisa lulus dari Fakultas Teknik.

ロキム：友人のワルヨは大学を除籍されたんだってさ。

プルウォ：そうなんだ。万年学生が長すぎたからなあ。

ロキム：かわいそうだな。学部の講義が難しすぎたのかもしれないな。

プルウォ：うん、仕方ないよ。山羊の子は虎の子にはならないんだから。実は、親の学歴だって高くないんだ。だから、その子があまり利口でなくても、まあ当然だよな。その結果、工学部を卒業できなかったんだよ。

〖語句〗 **mahasiswa abadi**：万年学生。**apa bolém buat**：仕方がない。**sewajarnya**：当然だ、実際に。**lulus**：①合格する、パスする。②卒業する。

【説明】 このことわざの意味は、「愚者の子は利口にはなれない」です。同意のことわざに、**"Takkan ada katak beranakkan ular."**「へびを子にもつ蛙はいない」、**"Larang kambing beranakkan harimau."**「山羊が虎の子をもつことはない」（larang：＝jarang 西スマトラのミナンカバウ語で、「めったに〜ない」の意味）などがあります。

世界各地に、同類のことわざとして、「蛙の子は蛙」、「狐の子は頬白（つらじろ）」、「鳶（とび）の子、鷹（たか）にならず」（以上、日本）、「犬が犬を生むんだ」（韓国）、「ナスにはメロンはならない」、「唐辛子からトマトは生まれない」（以上、フィリピン）、「狼の子は結局狼になる」（イラン）、「鷲の子は鷲、カラスの子はカラス」（シベリア）などがあります（No. 92 を参照）。

ところが、**"Anak kucing menjadi harimau."**「猫の子が虎

になる」(①貧乏人の子が金持ちになる。②凡人の子が利口になる)があり、日本には、「鳶が鷹を生む」、「筍(たけのこ)の親まさり」、韓国には、「どじょうが龍になった」などというものもあります。

これらとは逆に、**“Anak harimau takkan menjadi anak kambing.”**「虎の子は山羊の子にはならない」、**“Malu kalau anak harimau jadi anak kambing.”**「虎の子が山羊の子になりゃ恥ずかしい」などは、「賢者の子が愚者になることはない」という意味で使われます。

インドネシアのことわざには、“domba”(羊)を使ったものは見当たりませんが、“kambing”(山羊)を使ったことわざは、山羊が食用として飼われ、生活に密着しているため、その数も多く、約20個あります。その中で、「山羊」は「臆病者」や「弱者」の意味で使われることが多いようです。たとえば、**“Bagai kambing dalam biduk.”**「小舟の中の山羊のようだ」(非常に怖がる)、**“Seperti kambing dengan harimau.”**「山羊と虎のようだ」(弱者が強者に対するようだ)などがあります。また、**“Kambing hitam.”**「黒い山羊」(社会の中で疑われ、信用されない人やグループ)というのがあります。これは、全身が黒い山羊というのは、非常にまれであるため、多数の中で「異端」と見なされて、一般社会の中で信用されない人やグループを指すようになったものです。

日本のことわざには、「山羊」を使ったものは見当たらず、「羊」を使ったものは、たとえば、「羊を駆(か)って虎と闘わす」(弱い者を勝ち目のない強い相手と戦わせ、たちまち打ちのめされるたとえ)、「書を読みて羊を失う」(自分の任務を果たさないこと)など、約20個あります。しかし、羊は、日本では江戸時代になってから飼育されるようになったため、大半のことわざは中国古典に由来するものです。

79) Kepala sama berbulu, pendapat berlain-lain.

頭には同じ毛が生えていても、意見はそれぞれ異なる

§キーワード : **kepala**（頭）; **pendapat**（意見）

Ibu Hadi : Bagaimana rapat di kelurahan tadi malam ?

Pak Hadi : Ramai sekali. Kami membicarakan tentang rencana penggunaan uang kas desa.

Ibu Hadi : Lalu, apa keputusannya ?

Pak Hadi : Belum ada. Karena ada yang usul untuk membuat pos ronda baru, ada yang usul untuk membuat gapura desa, ada yang usul untuk memperbaiki jembatan dan lain-lain.

Ibu Hadi : Ya, begitulah. *Kepala sama berbulu, pendapat berlain-lain*. Itu biasa, 'kan ? Jadi, akan ada rapat lagi ?

Pak Hadi : Betul. Tapi hari dan tanggalnya belum pasti.

ハディさん : 村役場でのゆうべの会議はどうでした。

ハディ氏 : とてもにぎやかだったよ。村庫の金の使用計画について話したんだ。

ハディさん : それで、何が決定されたんですか。

ハディ氏 : まだ何も。新しい見張所を作ろうと提案する者、村の歓迎門を設置しようという者、橋などを修理しようと提案する者もいたんだ。

ハディさん : まあ、そうなの。頭には同じ毛が生えていても、意見はそれぞれ異なるっていいますもんね。それが普通でしょう。じゃあ、また会議があるんですね。

ハディ氏：そうだよ。でも日時は未定なんだ。

〖語句〗 **kelurahan**：村役場。**pos ronda**：（巡回）見張所。**gapura**：門、歓迎門。

【説明】 このことわざは、**"Kepala sama berbulu, hati berlain-lain."**「頭には同じ毛が生えていても心は異なる」ということもありますが、いずれの意味も、「各人の意見は異なる」です。

同意のことわざに、**"Rambut sama hitam, hati masing-masing."**「髪の毛は同じく黒くても心はそれぞれだ」(No. 54を参照)、**"Lain orang lain hati."**「人が違えば心は異なる」、**"Banyak udang banyak garamnya, banyak orang banyak ragamnya."**「エビが多けりゃ塩多く、人が多けりゃ性格も様々さ」など、たくさんあります（No. 60を参照)。

世界各地に、同類のことわざとして、「十人十色」、「十人寄れば十腹」(以上、日本)、「樹木には高いのも低いのもあり、人には善いのも悪いのもある」(モンゴル)、「多くの人に多くの心」(タイ)、「五本の指は一様ならず」(インド)、「五本の指は一本にはならない」(トルコ) などがあります。

約1万7,000の島からなり、日本の約5倍の面積に、人口が2億人を越え、250以上の人種と地方語があるインドネシアは、「多様性の中の統一」を国家のスローガンにかかげています。逆に言えば、言葉も文化も宗教も慣習も、それだけ多様だから、人々の考え方が一様になるはずがないのです。

"kepala"（頭）に関しては、No. 136を参照してください。

80) Bunga yang harum itu ada juga durinya.

香りのよい花にも刺（とげ）がある

§キーワード：**bunga**（花）；**duri**（刺（とげ））

Ibu : Sudah lama engkau berpacaran dengan Yanti. Kapan mau menikah?

Yanto : Belum tahu. Aku masih pikir-pikir.

Ibu : Pikir apa lagi? Dia cantik dan pintar, 'kan?

Yanto : Ya, tapi aku masih sangsi apakah aku bisa cocok hidup bersamanya. Dia berdarah panas. Mudah tersinggung dan sering marah.

Ibu : Ya, aku juga tahu. Tapi *bunga yang harum itu ada juga durinya*, bukan? Asal engkau sabar, tentu tidak ada percekcokan.

母：もう長いことヤンティと付き合ってきたね。いつ結婚するつもりだい。

ヤント：まだわからないよ。まだ思案中なんだよ。

母：今さら何を考えるの。あの子は美人で利口じゃないの。

ヤント：うん、でも、一緒にうまく暮らしていけるかどうかまだ迷っているんだ。彼女は短気なんだ。すぐかっかして、しょっちゅう怒るんだよ。

母：うん、そりゃあたしも知ってるわよ。でも、<u>香りのよい花にも刺がある</u>っていうじゃないか。おまえが辛抱さえすりゃ、きっといさかいなんかないでしょうよ。

〘語句〙 **berpacaran**：愛し合う、デートする。**berdarah panas**：短気な、怒りっぽい。**tersinggung**：気を悪くする、腹を立てる。**percékcokan**：争い、いさかい。

【説明】 このことわざの意味は、「完璧な人間はいないし、物もない」です。同意のことわざに、**"Tak ada gading yang tak retak."**「疵(きず)のない象牙はない」（No. 37 参照）などがあります。

同類のことわざとして、「刺のない薔薇(ばら)はない」（日本、イギリス、ドイツ、イタリアなど）、「甘い果実は皮が苦い」（フィリピン）、「骨のない魚はない」（ロシア）などがあります。

"bunga"（花）に関することわざは30個以上あります。その中には、**"Sayang bunga layu di pohon."**「花が樹上でしおれるのはかわいそうだ」（年を取るまで結婚しない乙女）、**"Seperti bunga, sedap dipakai layu dibuang."**「香りがよければ使われ、しおれれば捨てられる花のようだ」（若いころは可愛がられ、年を取れば憎まれる）など、花が「乙女」や「女性」を象徴しているものがいくつかあります。

日本のことわざで、「花」を使ったものには、「綺麗な花は山に咲く」、「錦上(きんじょう)に花を添える」など、約310個あります（尚学図書。一部、故事・俗信を含む）。花の美しさ・華やかさから、ことわざでは、「美しくて尊いもののシンボル、最も盛んな時期や最も特徴的なこと」をさして使われるものが多くあります。

"duri"（刺(とげ)）を使ったことわざは、**"Bagai duri dalam daging."**「肉の中の刺のようだ」（常に不愉快だ）、**"Air diminum rasa duri, nasi dimakan rasa sekam."**「水を飲めば刺を飲むように感じられ、飯を食えば籾殻(もみがら)を食べるように感じられる」（悲しすぎる）など、数個あります（No. 47 を参照）。

81) Seperti telur di ujung tanduk.

角(つの)先の卵のようだ

§キーワード：**telur**（卵）；**ujung tanduk**（角の先）

Pendaki gunung 1 : Badai salju selama tiga hari terus mengamuk. Kukira kita tersesat karena tidak bisa melihat jalan. Aku tidak tahu berada di mana kita sekarang.

Pendaki gunung 2 : Ya, dan tak mungkin turun dari puncak gunung segera karena pandangan masih terhalang. Sangat berbahaya.

Pendaki gunung 1 : Persediaan makanan dan minuman habis. Kita benar-benar *seperti telur di ujung tanduk.* Aku tak bertenaga lagi. Apakah aku akan mati di sini ?

Pendaki gunung 2 : Aku juga mulai lemah. Tapi, jangan putus asa. Mari kita berdoa agar regu penolong segera datang.

Pendaki gunung 1 : Dengar ! Dengar ! Suara helikopter ! Mereka datang !

Pendaki gunung 2 : Syukur alhamdulillah !

登山家１：吹雪が３日間ずっと吹き荒れてるなあ。道が見えないので迷ったんじゃないかと思うよ。今、どこにいるのかわからないや。

登山家２：うん、でも視界がまだ妨げられているから、すぐに山頂から降りるのは不可能だな。非常に危険だよ。

登山家１：食料も飲み物のストックもなくなったね。本当に、角先の卵のようだな。もう体力もなくなったよ。ここで死ぬんだろうか。

登山家２：僕も弱ってきたよ。だけど、絶望しちゃいかん。救助隊がすぐに来るように祈ろうよ。

登山家１：聞こえた！　聞こえた！　ヘリコプターの音だ！　彼らが来たんだ！

登山家２：有難い、神に感謝したいよ。

〖語句〗 **badai salju**：吹雪。**tersesat**：道に迷う。**putus asa**：絶望する。**regu penolong**：救助隊。**alhamdulillah**：神に感謝する。

【説明】 このことわざの意味は、「非常に困難で危険な状態の中にいる」です。同意のことわざに、**"Mengadu ujung penjahit."**「針先を闘わせる」、**"Bagai tuntung jarum dilaga."**「針先を闘わせるようだ」などがあります。

同類のことわざとして、スンダには、「虎の牙の上で動けず」があり、日本には、「累卵(るいらん)の危うき」、「卵で塔を組む」、「卵を渡る」などがあります。

"telur"（卵）を使ったことわざは、**"Siapa berkokok siapa bertelur."**「誰がコケコッコウと鳴き、誰が卵を産んだか」（最初に秘密を暴露した者が犯人だ）、**"Tua-tua telur ayam."**「鶏卵の長老」（ほんの少しだけ年長で、経験も多いだけだ）など、10数個ありますが、"ayam"（鶏）のことわざの約50個にはおよびません（No. 56 を参照）。

日本のことわざで、「卵」を使ったことわざは、「卵で石を打つ」（弱い者が強い者に刃向かっても勝ち目がない）、「丸い卵も切りようで四角」(物も言いようで円満にもなり、角の立つようにもなる）など、約60個あります。

“tanduk”（角）を使ったことわざは、**“Menghendakkan tanduk kuda.”**「馬の角を期待する」、**“Menantikan kucing bertanduk.”**「猫に角が生えるのを待つ」（いずれも「ありえないことを期待する」の意味）、**“Bagai kerbau runcing tanduk.”**「角の尖った水牛のようだ」（評判の悪い者は、他人のやったことでも、本人のしわざだと見られてしまう）、**“Bagai tanduk bersendi gading.”**「象牙を土台にした角のようだ」（不釣合いなカップル）など、十数個あります（No. 131 を参照)。

日本のことわざで、「角」を使ったことわざは、約60個あります。たとえば、「牙あるものは角なし」、「角突き合わせる」、「蝸牛の角の争い」（「蝸牛」: かたつむり）などです。

ひとやすみ

◇◆ Kios Dorong（手押し屋台）◇◆

インドネシアの家は天井が高く、かつ壁の上の方に“jendela angin(＝lubang angin)”(通風孔) があり、暑い空気がそこから出て、部屋の中の空気が循環するようにできています。だからエアコンがなくても家の中はとても涼しいのです。

私が泊まったことのある中級ホテルでは、“jendela angin”に目の細かなネットがしてあって、蚊が入らないよう工夫されていました。ところが、ジャカルタで泊まった安ホテルは違っていたのです。夕方になると蚊の大集団に悩まされ、蚊取線香を持参していなかったことを悔やんだものです。

ホテルの近くにはお店がありません。遠出を覚悟で、蚊取線香を調達すべく、私はホテルを出ました。すると、ホテルの前には夕ご飯を売る屋台がいくつも店開きしていて、その間に“kios dorong”という、何でも屋さんがありました。

ほんの幅1メートルほどの小さな即席キオスクで、主に煙草を売っているのですが、ホテルの泊まり客が買いたそうなものも売っています。シャンプーや洗剤の小袋などの日用品がぶらさがっています。そこで私は首尾よく蚊取線香とマッチを買い、遠出を免れました。そればかりでなく、ちょっとおいしいものも買って、ホテルの部屋に戻ったのでした。 [T]

82) Sudah panas berbaju pula.

すでに暑いのに、さらに上着を着る

§キーワード：**panas**（暑い）；**berbaju**（上着を着る）

Santoso : Kenapa kau tuntun sepeda motormu?
Mulyati : Bannya gembos. Mungkin kena paku di jalan.
Santoso : Eh, kenapa tidak kau bawa ke bengkel?
Mulyati : Aku tidak punya uang sekarang. Tadi dompetku dicopet di pasar.
Santoso : Wah, Yati, malang sekali nasibmu. *Sudah panas berbaju pula.*
Mulyati : Jangan meledek. Ayo, tolong dorong, dong.
サントソ：どうしてバイクを押しているんだい。
ムルヤティ：タイヤがパンクしちゃったのよ。多分、道で釘がささっちゃったんでしょう。
サントソ：それで、どうして修理工場に持っていかないんだい。
ムルヤティ：今、お金をもってないの。さっき、市場でお財布をすられちゃったのよ。
サントソ：えっ、ヤティ、本当に運が悪いんだね。すでに暑いのに、さらに上着を着るだよ。
ムルヤティ：からかわないで。さあ、押してちょうだいよ。

〘語句〙 **gembos**：パンクする。**melédék**：からかう。

【説明】 このことわざの意味は、「すでに困っているのに、さらに苦難が増える」です。

同類のことわざとして、日本にも、「泣き面(つら)に蜂」、「弱り目に祟(たた)り目」があります。

赤道直下に広がるインドネシアでは、特に海岸沿いで一年を通して暑い日が多いためか、"panas"(熱い、暑い)ということばが、"panas hati"(怒る、腹を立てる)などの例にみられるように、「悪い意味」で使われることがよくあります。

"panas"を使った15〜16個のことわざの中では、"panas"を「良い意味」と「悪い意味」の両方で使っています。たとえば、「良い意味」では、**"Panas tidak sampai petang."**「暑さは夕方までは続かない」(良いことは永遠には続かない)、**"Sehabis hujan akan panas jua."**「雨の後には暑い日も来るだろう」(苦労のあとには楽な時期もあるだろう)などがあり(No. 4を参照)、数の上では「良い意味」のことわざの方がはるかに多くあります(No. 39、No. 42を参照)。

一方、「悪い意味」では、表題のようなことわざ以外に、**"Tangan panas."**「熱い手」(やることにいつも失敗する)、**"Memegang besi panas."**「熱い鉄を握る」(こわごわと何かをする)などがあります。

"dingin"(寒い、冷たい)ということばは、"kepala dingin"(冷静な)などの例にみられるように、「良い意味」で使うことがあります。"dingin"を使ったことわざは、約10個あります。その中では、**"Dingin hati."**「心が冷たい」(意欲がない)などのように、「悪い意味」で使われるものも少しはありますが、大半は「良い意味」で使われています。たとえば、**"Dingin kepala."**「頭が涼しい」(冷静に考える)、**"Tangan dingin."**「冷たい手」(やることにいつも成功する)などがあります。

日本のことわざで、「暑い」「暑さ」を使ったものは十数個、

「寒い」と「寒さ」を使ったものが50個以上あります（一部、故事・俗信を含む）。たとえば、「暑い寒いは気の迷い」、「暑さ寒さも彼岸まで」などです。

"baju"（上着）を使ったことわざについては、No. 114 を参照してください。

83) Lepas dari mulut harimau jatuh ke mulut buaya.

虎の口から逃れてワニの口に落ちる

§キーワード：**mulut harimau**（虎の口）；
mulut buaya（ワニの口）

Nelayan 1 : Akhirnya angin ribut reda. Tadi aku takut sekali.

Nelayan 2 : Untung perahu kita tidak terbalik. Kita lepas dari bahaya.

Nelayan 1 : Betul. Tapi, eh, lihat, di sana ! Apa itu ?

Nelayan 2 : Kapal bajak laut *Tengkorak Merah* ! Lihat benderanya !

Nelayan 1 : Ayo, cepat menyingkir ! Kalau tidak, kita *lepas dari mulut harimau jatuh ke mulut buaya.* Mereka ganas dan bengis sekali.

Nelayan 2 : Wah, sial benar hari ini.

漁師 1 ：やっと暴風もおさまった。先ほどはとても怖かったよなあ。

漁師 2 ：この舟が引っくり返らなくて助かった。危機を脱したよ。

漁師1：そうだ。だけど、おい、見てみろ、あそこを。ありゃ何だ。

漁師2：海賊船《赤い髑髏》だ。見ろ、あの旗を。

漁師1：さあ、はやいとこ逃げようぜ。そうじゃないと、虎の口から逃れてワニの口に落ちるってことになるぜ。やつらは、とても残酷で残忍なんだ。

漁師2：あーあ、今日はまったくついてないや。

〖語句〗 **kapal bajak laut**：海賊船。**tengkorak**：頭蓋骨、髑髏。

【説明】 このことわざは、**“Terlepas dari mulut buaya, masuk ke mulut harimau.”**「ワニの口から逃れて虎の口に入る」ということもありますが、どちらの意味も、「大きな危険を逃れて、より大きな危険に陥る」です。同意のことわざとして、**“Berbukit di balik pendakian.”**「登りの後にまた丘」、**“Dari lecah lari ke duri.”**「泥から逃げて刺」などがあります。

同類のことわざとして、「虎口を逃れて竜穴に入る」、「一難去ってまた一難」、「前門の虎、後門の狼」（以上、日本）、「小石を避けて丸石に遭う」（韓国）、「虎から逃げてワニに会う」（タイ）、「象から逃れて虎に会い、虎から逃れてワニに出会う」（ラオス）、「こっちに虎、あっちに大河」（インド）、「くぼみから出て井戸に落ちる」（イラン）、「雨をよけて雨垂れに遭う」（ドイツ）、「狼から逃れて熊に遭う」（ロシア）などがあります。

これらとは逆に、日本には、「虎口を脱する」、「ワニの口を逃れる」というのもあります。

なお、“harimau”（虎）については、No. 2、No. 77、“mulut”（口）については、No. 55を参照してください。

“buaya”（ワニ）を使ったことわざは、**“Tak usah diajar anak**

buaya berenang, ia sudah pandai juga."「ワニの子はすでに上手いから、泳ぎを教える必要はない」(知っている人に教える必要はない) [No. 13 を参照]、**"Kalau air tenang jangan disangka tiada buaya."**「水が静かでもワニがいないと思ってはならない」(無口な人を軽視してはならない)など、10個ほどあります。

日本のことわざで、「ワニ」を使ったものは、上の例の他に、「ワニの口」(=「虎口」) など、数個あります。

84) Selama hujan akan panas juga.

雨の合間に暑い日もあろう

§キーワード: **hujan** (雨) ; **panas** (暑い)

Om Tanoto: Sudahlah, tidak perlu menangis lagi.

Tante Tanoto: Tapi, tapi... toko kita musnah karena dibakar perusuh. Aku tidak mengerti mengapa mereka membakar toko kita.

Om Tanoto: Ya, memang beginilah nasib orang kecil. Tidak ada yang melindungi waktu ada kerusuhan.

Tante Tanoto: Bertahun-tahun kita bekerja keras, mengumpulkan modal, dan membesarkan toko itu. Tapi... tapi... orang-orang biadab itu menghancurkannya dalam sekejap mata.

Om Tanoto: Sudahlah, sudahlah. Percayalah, *selama hujan akan panas juga.* Setelah penderitaan ini aku percaya akan ada kemudahan. Kita harus menghadapi kesulitan

ini dengan tabah.
タノトおじさん：さあ、もう泣くんじゃないよ。
タノトおばさん：でも、でも……うちのお店は、騒乱屋たちに焼かれて全焼してしまったわ。どうして彼らがうちのお店を焼いたのか、あたしにゃ理解できないのよ。
タノトおじさん：うん、まあ、こんなもんだよ、庶民の運命なんて。騒乱が起きたとき、守ってくれるものなんかありゃしないのさ。
タノトおばさん：何年も懸命に働いて、資本を貯め、お店を大きくしてきたのに。でも…でも……あの野蛮人たちときたら、一瞬の間に壊してしまったんですもの。
タノトおじさん：もう、すんださ。雨の合間に暑い日もあろうってことを信じなよ。わしは、この苦難のあとにゃ、安楽なこともあると信じてるよ。わしらは、じっと耐えてこの苦難に立ち向かわねばならないんじゃ。

〘語句〙 **biadab**：野蛮な、無作法な。**sekejap mata**：一瞬。

【説明】 このことわざの意味は、「苦難のあとには、喜びが訪れるだろう」です。同意のことわざに、**"Sehabis hujan akan panas jua."**「雨の後には暑い日も来るだろう」などがあります。同類のことわざに、**"Hari tak selamanya panas."**「いつも暑いわけではない」（幸•不幸は一定ではなく、変わるものだ）などがあります。

日本にも、同類のことわざとして、「待てば海路の日和（ひより）あり」、「苦あれば楽あり」、「苦は楽の種」などがあります。

"panas"（暑い）を使ったことわざの例としては、No. 39、No. 42、No. 84、No. 129を参照してください。

85) Kacang lupa akan kulitnya.

豆が皮を忘れる

§キーワード：**kacang**（豆）；**kulit**（皮）

Ibu Sunardi : Tetangga kita kabarnya mau pindah, Pak.

Pak Sunardi : Tetangga yang mana ?

Ibu Sunardi : Yang tinggal di ujung jalan ini.

Pak Sunardi : Oh, yang suaminya mantan anggota parlemen itu.

Ibu Sunardi : Betul.

Pak Sunardi : Mengapa mau pindah ?

Ibu Sunardi : Mungkin tidak kerasan tinggal di kampung ini. Karena banyak orang yang tidak suka kepada keluarga itu.

Pak Sunardi : Oh, begitu. Aku kira, mereka seperti *kacang lupa akan kulitnya.* Dulu waktu masih orang biasa ramah sekali, tapi sesudah menjadi anggota parlemen, sombongnya bukan main.

Ibu Sunardi : Ya, dan sekarang karena ada reformasi, ia bukan anggota parlemen lagi, bukan ?

Pak Sunardi : Mungkin mereka merasa malu tinggal di daerah ini.

スナルディ夫人：お父さん、ご近所の人が引越しされるそうよ。

スナルディ氏：ご近所のどの人。

スナルディ夫人：この通りの端に住んでる人よ。

スナルディ氏：ああ、旦那が前国会議員だった家だな。
スナルディ夫人：そうよ。
スナルディ氏：どうして引っ越すのかい。
スナルディ夫人：おそらくこの地区に住み辛いんでしょう。だって、たくさんの人たちが、あの一家が好きじゃないんですもの。
スナルディ氏：ああ、そうなのかい。彼らは、豆が皮を忘れることになったんだと思うな。以前、まだ普通の人だったときには、とても愛想がよかったんだが、議員になったとたんに、非常に傲慢になったからなあ。
スナルディ夫人：ええ、そして今や、改革があって、もう議員さんじゃなくなったからでしょう。
スナルディ氏：おそらく、この地区に住むのが恥ずかしくなったんだろう。

〖語句〗 **mantan**：前の、元の。**kerasan**：居心地がいい。**kampung**：①(都市の) 住宅密集地。②村、村落。**bukan main**：非常に、極めて。**réformasi**：(1998年5月のスハルト退陣後に始まった) 改革。

【説明】 このことわざの意味は、「出自を忘れた人」です。同意のことわざに、**"Mengapa kacang benci akan kulitnya ?"**「どうして豆は皮を憎むのか」、**"Panas hari lupa kacang akan kulitnya."**「暑くて、豆が皮を忘れてしまった」などがあります。スンダにも、同類のことわざとして、「種を忘れた人」というのがあります。

これらと逆の意味のことわざに、**"Kacang tiada lupa akan junjungnya."**「豆は支柱を忘れない」があります。

"kacang"(豆)を使ったことわざは、上の例の他にも、**"Bagai**

kacang tengah dua bulan.”「二ヵ月の豆のようだ」(健康に恵まれた子どもは成長が速い)、**“Bagai kacang direbus satu.”**「豆を一つゆでるようだ」([豆を1個だけでゆでると、沸騰したお湯の中で上がったり下がったりするように] 幸運を得て非常に喜ぶ人のこと) などがあります。

日本のことわざで「豆」を使ったものは、「煎(い)り豆に花が咲く」、「豆を煮るに豆がらを焚(た)く」など、約70個あります。ちなみに、「小豆(あずき)」を使ったことわざは約30個、「大豆」が4個、「エンドウ」が2個ほどあります (一部、故事・俗信を含む)。

ひとやすみ

◇◆ Lampu Mati (di dalam kereta api)
([列車の中での] 停電) ◇◆

朝ジャカルタから乗った普通列車はのろのろとジャワ島を横切って行きます。修学旅行でジョクジャカルタに行くという中学生の集団が乗っていました。ジョクジャカルタに着くのはほとんど真夜中近くです。おりしも雨期。午後遅くなると滝のような雨の中を列車は進んで行きます。窓ガラスがないところには、乗客の誰かが新聞をあてがっています。

御土産やらご飯やら、おやつやら飲み物やら、ありとあらゆるものを売りに列車に殺到していた物売りたちもいなくなりました。雷鳴がとどろく中、列車が止まりました。停電したのです。しばらくして走りだしましたが、一番近い駅でずいぶんと長い間停車しました。修理をしたようです。まもなく日が暮れました。

中学生たちのにぎやかなおしゃべりの声がしていたかと思うと、突然再び停電しました。完全に真っ暗でしたが、中学生たちは別段パニックになることもなく、やがてろうそくの灯りがそこここにともりました。なんと、修学旅行の鞄の中にちゃんとろうそくを入れて持ってきていたのです。

ジョクジャカルタで中学生たちが列車を降りてしまうと、また真っ暗になりました。乗客もほとんど残っていません。何も見えず、列車が走る音だけが聞こえてきます。まさしく夜の闇。ただ時折、空に稲光が走ると山の輪郭が一瞬浮かび上がります。次の稲光を楽しみにしながら私は外の闇をみつめていました。

インドネシアでは、停電は珍しいことではなく、どの家にもろうそくやランプが用意されています。あの中学生たちも、停電には慣れっこだったのです。 [T]

86) Seperti katak ditimpa kemarau.

蛙が乾燥に見舞われたようだ

§キーワード : **katak**（蛙）; **kemarau**（乾燥）

Nenek : Kabarnya kau mau pergi ke Jepang?
Maryono : Ya, Nek. Untuk program latihan perusahaan.
Nenek : Rencananya berapa lama?
Maryono : Kira-kira satu tahun.
Nenek : Istrimu juga ikut?
Maryono : Tidak bisa, Nek. Karena itu ia *seperti katak ditimpa kemarau.* Meskipun saya belum berangkat, tiap hari mengeluh melulu.
Nenek : Itu tandanya dia sangat cinta kepadamu.
祖母 : おまえは日本へ行くんだってね。
マルヨノ : うん。企業の研修プログラムのためなんだ。
祖母 : どのくらいの予定なの。
マルヨノ : 約１年だよ。
祖母 : 奥さんも一緒かい。
マルヨノ : そりゃ無理だよ。だから、まさに蛙が乾燥に見舞われたようだな。僕がまだ出発してもいないのに、毎日、ため息ばかりだよ。
祖母 : そりゃ、彼女がおまえをとても愛している証拠なんだよ。

〖語句〗 **ditimpa** : 当たる、見舞われる、襲われる。**nék** : ← nenek 祖母。**melulu** : ～だけ。

【説明】 このことわざは、**“Laksana kodok ditimpa kemarau.”**「蛙が旱魃に見舞われたようだ」ということもありますが、いずれの意味も、「非常にため息をつく」です。

また、これらのことわざには、「非常に騒々しい」の意味もあり、それと同意のことわざには、**“Bagai bunyi perempuan di air.”**「水場での女の声のようだ」などがあります(air＝「水(場)」は、水浴場のこと)。日本にも、「蛙鳴蟬噪」(蛙や蟬が鳴きたて、騒々しいこと) というのがあります。

インドネシアのことわざで、「蛙」はかなり使われていますが、“uir-uir”(蟬)に関しては、年中鳴いていて、あまり人々の関心をひかないからでしょうか、**“Uir-uir minta getah.”**「蟬が樹液を求める」(①墓穴を掘る。②男の気をひこうとする女)ぐらいしか見当たりません(“katak”、“kodok”に関しては、No. 12を参照)。

ちなみに、日本のことわざで「蟬」を使ったものは、「大木に蟬」、「蟬は七日の寿命」など、十数個あります。

“kemarau” (乾燥した) を使ったことわざは、上の例以外にも、**“Kemarau setahun rusak oleh hujan sepagi.”**「一年の乾きも一朝の雨で終わる」(多くの善行も、少しの過ちで帳消しになる) など、いくつかあります (No. 42 を参照)。

87) Bagai menyurat di atas air.

水の上に手紙を書くようだ

§キーワード: **menyurat** (手紙を書く); **air** (水)

Ibu Utomo : Berita apa yang menarik dari koran hari ini, Pak ?

Pak Utomo : Katanya, pemerintah akan menaikkan gaji pejabat tinggi.

Ibu Utomo : Eh, gaji mereka 'kan sudah besar ?

Pak Utomo : Ya, tapi ini satu cara untuk memberantas korupsi.

Ibu Utomo : Ah, aku pikir cara seperti ini sia-sia saja. *Bagai menyurat di atas air.* Korupsi seakan-akan sudah membudaya di kantor-kantor pemerintah.

Pak Utomo : Ya, memang. Tapi, kita harus berusaha untuk memeranginya.

ウトモ夫人：お父さん、今日の新聞で面白いニュースは何かしら。

ウトモ氏：政府が高官の給料を引き上げるそうだよ。

ウトモ夫人：えっ、もうたくさん貰ってるでしょうに。

ウトモ氏：うん、でも、これは、汚職を一掃するための一方法なんだ。

ウトモ夫人：ああ、こんなやり方って、まったく無駄だと思うわ。水の上に手紙を書くようだわ。汚職って、政府のお役所では当たり前みたいだわよねえ。

ウトモ氏：うん、そうだな。だけど、それを根絶する努力をしなきゃあな。

〖語句〗 **menarik**：①引く。②(形容詞的に)魅力的な。**memberantas**：撲滅する、一掃する。**membudaya**：文化となる、一般化する。**memeranginya**：①(それに) 戦争をしかける。②反対する。③根絶する。

【説明】 このことわざは、**“Seperti tulis di atas air.”**「水上に書くようだ」ということもありますが、いずれにしても、その意味は二つあります。

〈第一の意味〉は、「無駄な仕事」です。同意のことわざに、**“Bagai menunjukkan ilmu kepada orang menetek.”**「乳飲み子に学問を教えるようだ」があります。

同類のことわざとして、「水に文字書く」、「水に絵を描く」(以上、日本)、「こしきに水を降り注ぐ」(韓国。「こしき」: 米などを蒸す道具)、「もれた水がめに水を入れる」(タイ)などがあります。

〈第二の意味〉は、「いつも意見がころころ変わる」です。同意のことわざに、**“Bagai air di daun talas.”**「里芋の葉の水のようだ」(No. 125 を参照)、**“Seperti embun di atas daun.”**「葉の上の露のようだ」などがあります。

同類のことわざとして、日本には、「朝題目(あさだいもく)に夕念仏(ゆうねんぶつ)」(朝に法華懺法(ほっけせんぽう)を行い夕べに阿弥陀経を誦(しょう)すること。転じて、定見のないこと)があります。

88) Adat teluk timbunan kapal.

港は船が鈴なりが慣わし

§キーワード: **teluk**(港湾); **kapal**(船)

Lurah: Aku pikir jembatan bambu desa kita harus segera diganti karena sudah rusak. Waktu musim hujan sangat berbahaya.

Kebayan: Ya, kalau bisa, diganti dengan jembatan beton.

Tapi dananya dari mana, ya? Kita tidak punya banyak uang di kas desa.

Lurah: Kalau begitu, kita minta bantuan kepada bupati. *Adat teluk timbunan kapal.* Besok bawa suratku ini ke kabupaten .

Kebayan: Baik, Pak. Mudah-mudahan beliau mau membantu.

村長：わが村の竹の橋が壊れているので、すぐに架け替えねばならんと思っているんじゃが。雨期にはとても危険じゃからのう。

補佐役：ええ、できればコンクリートの橋に替えたいですね。でも資金はどうしますか。村の金庫には大した金はありません。

村長：それじゃ、県知事に助力を仰がねば。港は船が鈴なりが慣わしじゃ。明日、この書類を持って県庁に行きなさい。

補佐役：わかりました。知事が助けてくれるといいのですが。

〖語句〗 **timbunan**：積んだもの。**kebayan**：村役場の三役（lurah＝村長、carik＝書記役と kebayan）の一人で、（村長の）補佐役。**kabupaten**：県庁。

【説明】 このことわざの意味は、「弱者が権力のある人に助力を頼むのは当然だ」です。同意のことわざに、**"Adat teluk timbunan kapar."**「入江はくずの溜り場」、**"Adat lurah timbunan sarap."**「村長はごみの溜り場」などがあります。「くず」「ごみ」を「苦情」、「陳情」だと考えれば、どこかの国でも、よく町長、市長、知事や国会議員などに陳情に行きますよね。

日本のことわざにも、「寄らば大樹の陰」、「立ち寄らば大木(おおき)の陰」というのがあります。また、同類のことわざに、「甘いものに蟻がつく」があります（No. 25 を参照）。

89) Adat tua menanggung ragam.

年寄りは試練に耐える慣わし

§キーワード：**tua**（年取った）；**menanggung**（耐える）

Pak Setiawan : Tahun depan saya akan pensiun, tapi tampaknya saya belum bisa hidup santai.

Pak Budiman : Lo, mengapa? Anak-anak Pak Setiawan 'kan sudah besar?

Pak Setiawan : Justru itulah. Mereka selalu membuat kepala saya pusing. Yang sulung sudah lulus universitas, tapi belum bekerja. Yang kedua suka bergadang, yang bungsu tidak mau bersekolah.

Pak Budiman : Ya, begitulah hidup ini. *Adat tua menanggung ragam.* Jadi kita harus tabah menghadapinya.

スティアワン氏：来年、私は定年になるんだけど、悠々自適とはいかないみたいでね。

ブディマン氏：えっ、どうしてですか。お子さんたちはすでに大きいのでしょう。

スティアワン氏：まさにそれなんですよ。子供らは私の頭痛の種なんですわ。一番上のは大学は卒業したんですが、まだ働いていません。二番目は夜遊びばかりするし、末っ子は登校拒否ですわ。

ブディマン氏：ええ、人生なんてそんなもんですよ。年寄りは試練に耐える慣わしです。だから、われわれは辛抱強くそれに対処せねばならんのです。

〖語句〗 **pénsiun**：①年金、恩給。②定年になる、引退する。**hidup santai**：のんびり暮らす。**membuat**：（使役構文）Mereka selalu membuat kepala saya pusing.「彼らはいつも私の頭を悩ませる」。**bergadang**：①徹夜する。②夜遊びする。**menghadapinya**：（それに）対処する、立ち向かう。

【説明】 このことわざは、**"Adat tua menahan ragam."**「年寄りは試練に耐える慣わし」とも言いますが、いずれの意味も、「年を取れば取るほど人生の試練を多く経験する」です。

このことわざは、また、**"Orang muda menanggung rindu, orang tua menanggung ragam."**「若者は憧れに耐え、年寄りは試練に耐える」とも言いますが、この場合の意味は、「若い者は憧れに耐えており、そんな若い者たちの言動には腹の立つことがあっても、年寄りはじっと耐え、そんな言動を活かしてやるべきだ」です。何しろ若者は、**"Orang muda selendang dunia."**「青年は世界のスレンダン」（若者は世界の装飾品、民族の希望だ）［seléndang：スレンダン（肩掛け）］と言われますからね。

インドネシアのことわざには、**"Tua-tua kelapa."**「老いたってヤシの実」、**"Tua-tua keladi."**「老いたって里芋」というのがあり、いずれも「老いてますます盛ん」の意味で使われます（これらの意味の違いを、佐々木重次・東京外国語大学名誉教授は『インドネシア語の中庭』（pp.546-547）で指摘されています）。

ところが、どちらのことわざにも、元々は後半の部分があるのです。

"Tua-tua kelapa."の方は、**"Tua-tua kelapa, makin tua makin berminyak."**「老いたってヤシの実、年を取れば取るほど油がたまる」(①年を取れば取るほど、学問や知識が増える。②年を取れば取るほど、青年のように気が若く、若い女性に興味を示す) となります。

"Tua-tua keladi."の方には、二つあります [Chaniago 1998 : 191]。

①**"Tua-tua keladi, berisi."**「老いたって里芋、(年を取れば取るほど)実が入る」(学問や知識があっても、それをひけらかすことをしない年寄り)。

②**"Tua-tua keladi, makin tua makin jadi."**「老いたって里芋、年を取れば取るほど高ずる」(年を取れば取るほど、青年のように気が若く、若い女性に興味を示す)。

同類のことわざとして、**"Bandot tua makan lalap muda."**「オスの老山羊が若草を食(は)む」があり、オランダなどにも、「老いた牛でも緑の草を食べたがる」というのがあります。

誰も、**"Bukit telah tinggi, lurah telah dalam."**「丘は高く、谷は深くなった」(老いて気力・体力がなくなり、仕事がきつくなった) とはなりたくないですね。

日本では、「年寄り」ということばは、室町時代以来の武家社会で、いろいろな集団の支配的地位にある人々をさしてきたそうですが、これから、一般的には、年を取って知識や経験の豊富な人を言います。

「年寄り」に関することわざは60数個ありますが、「年寄りの冷や水」、「年寄りは二度目の子ども」、「老いては子に従え」などと、「年寄りのマイナス面」を指摘したものもあります。

しかし、中国の『後漢書』に由来することわざのように、「老いてはますます壮(さかん)なるべし」と昔からいいますし、「年寄りは家の宝」、「亀の甲より年の功」、「良き分別は老人に問え」など、「年寄りの知恵」を活用せよ、といましめたことわざもかなりあります。やはり「人生の知恵」を持つ「年寄り」を上手く活用するのがよいでしょう。

90) Air beriak tanda tak dalam.

さらさら音のする水は深くない印だ

§**キーワード**：**air beriak**（さらさら音のする水）；
tak dalam（深くない）

Utomo : Aku kira desa kita perlu lurah baru.

Teguh : Mengapa? Ada apa dengan yang sekarang?

Utomo : Dia sebenarnya hanya pintar omong saja. Katanya dia ahli ekonomi, tapi ternyata tidak becus mengatasi masalah-masalah desa kita.

Teguh : Hem, *air beriak tanda tak dalam*. Kalau begitu, dalam pemilihan lurah nanti kita tidak usah memilihnya lagi.

ウトモ：うちの村には新しい村長が必要だと思うな。

トゥグッ：どうして。現職に何かあったの。

ウトモ：あの人は本当は口先が上手いだけなんだ。経済の専門家だって言ってるけど、うちの村の諸問題を解決できないことがはっきりしたからね。

トゥグッ：うん、さらさら音のする水は深くない印だからね。それじゃ、今度の村長選挙ではもう彼を選ぶことはないね。

〖語句〗 **yang sekarang**：現在の人、現職の。**pintar omong**：口が上手い。**ternyata**：①明らかになった。②やはり。**becus**：できる、能力がある。

【説明】 このことわざの意味は、「よくしゃべる者はしばしば学問がない」です。同意のことわざに、**"Beriak tanda tak dalam, berguncang tanda tak penuh."**「さらさら音のするのは深くない印、ゆれ動くのは一杯でない印だ」、**"Tong kosong nyaring bunyinya."**「空き樽（だる）は音が高い」があります。

世界各地に、同類のことわざとして、「浅瀬に仇波（あだなみ）」、「空樽は音が高い」、「能（のう）なしの口たたき」、「能なし犬の高吠（たかぼ）え」（以上、日本）、「鳴りすぎる雷は雨が少ない」（ジャワ）、「空の容器は一番音を立てる」、「一番仕事のできない者が一番自慢する」（以上、イギリス）、「一番大きな音を立てるのは空の樽だ」（フランス）、「空樽は音が高い」（ドイツ、ロシアなど）、「鐘は空だからよく響く」（ポーランド）、「騒いでいる川は誰もおぼれさせない」（ジャマイカ）などがあります。洋の東西を問わずよく似ていますね。

これらと反対の意味のことわざとして、**"Air tenang menghanyutkan."**「静かな水も押し流す」（寡黙な人は普通は知識が豊富だ）［No. 27 参照］、「瓶半分の水は飛び散るが、いっぱいの水は飛び散らない」（ネパール）などがあります。

ひとやすみ

◇◆ Harus Selalu Manis（甘くなくてはならない）◇◆

結婚式の後、友人をバリ島に案内していたときのこと。喉も渇いたし、ちょっと一休みしようと、ありふれた町の食堂に入って“es dawet”（ココナッツミルク味の飲み物）を注文しました。友人は甘いのが苦手なので、“Tanpa sirop, ya.”（シロップは入れないでね）と何度も念を押しました。やがてお待ちかねのトロピカルドリンクが到着しました。
「シロップがだめということでしたので、砂糖を入れておきましたよ」
お店のお姉さんのにこやかな声。えぇーっ！　と青ざめる私。どうしよう。こんなに「親切に」してもらって、突き返すことなんてできないよねえ。友人に事情を説明すると、彼女は絶句。一口なめてみたら〈鼻が曲がりそうなほど〉甘かったそうです。しかし、甘いもの嫌いの彼女にとっていかに災難であろうと、インドネシア人には甘くない“dawet”なんて想像できないのです。 ［T］

91) Air besar batu bersibak.

大水で石が分かれる

§**キーワード：air besar**（大水）；**batu**（石）

Iwan：Budi, perbaiki sepeda motorku！ Kamu yang merusakkannya, ’kan？
Budi：Kamu perbaiki komputerku dulu. Minggu lalu kamu juga yang merusakkannya, ’kan？
Iwan：Tidak mau. Perbaiki sepeda motorku dulu. Aku mau pakai sekarang！
Budi：Kamu, anak kecil, enak saja, perintah. Kupukul kamu！

Iwan : Coba saja, kalau kamu berani.

Ibu : He, apa-apaan ini? Sudah, sudah. Masak, kakak dan adik mau berkelahi. Kalian tahu, *air besar batu bersibak*. Kamu berdua sama-sama salah, 'kan? Ayo, perbaiki sepeda motor dan komputer itu bersama-sama. Jangan bertengkar lagi.

イワン：ブディ、僕のバイクを直してくれ。おまえが壊したんだろ。

ブディ：俺のコンピューターを先に直してくれよ。先週、おまえが壊したんじゃないか。

イワン：いやだよ。まずバイクを直してくれ。これから使いたいんだ。

ブディ：おまえ、がきのくせに、勝手なことばかりいいやがって。殴ってやる。

イワン：やれるもんなら、やってみな。

母：まあ、何をしてるの。もう、やめてよ。兄弟喧嘩なんて。大水で石が分かれるって知ってるでしょ。二人とも悪いんじゃないの。さあ、一緒にバイクとコンピューターを直しなさい。もう喧嘩しちゃ駄目よ。

〖語句〗 **bersibak**：左右に割れる、分かれる。**énak**：①おいしい、うまい。②気持ちの良い、愉快な。**apa-apaan**：何をしているの、何事か。

【説明】 このことわざの意味は、「家族、兄弟などもいさかいが起これば、ばらばらになる」です。同類のことわざに、**"Sebagai minyak dengan air."**「油と水のようだ」、**"Minyak dan air masakan sama."**「油と水は一緒になるはずがない」があり、いずれも、「敵対している人同士は一つにはまとまれない」という意味です。

日本には、これらとまったく逆の意味のことわざ、「血は水よりも濃い」があります。

“air besar”(大水)を使ったことわざには、**“Sekali air besar, sekali tepian beranjak(=beralih).”**「大水があれば、岸が動くこともある」(指導者が替われば、規則も変わる)、**“Tersebeberang pada air besar.”**「大水を避ける」(大きな危険を避ける)などがあります。

日本のことわざで、「大水」を使ったものは、「大水のあとのよう」、「大水を手で防ぐ」など、十数個あります。

なお、「石」を使ったことわざに関しては、No. 24、No. 69を参照してください。

92) Air cucuran atap jatuhnya ke pelimbahan juga.

雨樋(あまどい)の水は汚水溜に落ちる

§キーワード: **air cucuran atap** (雨樋の水);
pelimbahan (汚水溜)

Ibu Waluyo: Pak, kemarin aku melihat si Eko, anak tetangga kita, merokok di jalan. Dia ’kan masih murid SMP. Belum punya penghasilan.

Pak Waluyo: Ya, memang. Minggu yang lalu aku juga melihatnya. Tapi aku tidak kaget. Bukankah *air cucuran atap jatuhnya ke pelimbahan juga*?

Ibu Waluyo: Betul juga, ya. Ayahnya juga perokok kelas berat. Kata orang, satu hari tiga pak, lo.

ワルヨ夫人：お父さん、昨日、ご近所のエコちゃんが道でタバコを吸ってるのを見たわよ。あの子ったら、まだ中学生よ。まだ稼いでもいないのに。

ワルヨ氏：うん、そうだ。先週、僕も見たよ。でも驚きゃしなかったさ。雨樋の水は汚水溜に落ちるってことじゃないのかい。

ワルヨ夫人：その通りね。父親もヘビースモーカーだもんね。1日に3箱だって話よ。

〖語句〗 **si**：（子供・動物などに）〜ちゃん。**SMP**：← Sekolah Menengah Pertama 中学校。**perokok**：スモーカー。**kelas berat**：ヘビー級。

【説明】 このことわざの意味は、「親の性格は子供に受け継がれる」です。同意のことわざに、**"Air di tulang bubungan turunnya ke cucuran atap."**「棟木（むなぎ）の水は雨樋へ落ちる」、**"Ke mana tumpah hujan dari bubungan, kalau tidak ke cucuran atap."**「棟（むね）の雨水は雨樋へ行かずしてどこへ行こうか」、**"Rebung tidak jauh dari rumpun."**「竹の子は竹薮から遠くない」など、いくつかあります（No. 78 を参照）。

同類のことわざとして、「瓜（うり）の蔓（つる）に茄子（なすび）はならぬ」、（日本）、「豆は決して蔓（つる）を離れはしない」（ジャワ）、「くじゃくの子は冠毛が生えている」、「塩は上へ落ちることはない」（以上、スンダ）、「母山羊が跳ねると仔山羊も跳ねる」（フィリピン）、「実は木から遠くないところに落ちる」（タイ、カンボジア）、「リンゴの実は木から遠く離れたところには決して落ちない」（イギリス、ロシアなど）、「父も父なら、子も子」（イギリス）などがあります。

93) Air susu dibalas dengan air tuba.

乳が毒汁で返される

§キーワード：**air susu**（乳）；**air tuba**（トバ入りの毒汁）

Sutopo : Tiga bulan yang lalu kamu pinjam uangku sepuluh juta rupiah. Kamu bilang satu minggu saja. Kapan kamu mengembalikannya? Aku perlu uang itu untuk memperbaiki rumahku yang rusak.

Warsono : Belakangan ini aku selalu bokek. Bisnisku selalu rugi. Jadi belum tahu kapan aku bisa mengembalikannya.

Sutopo : Wah, jangan begitu, enak saja, *air susu dibalas dengan air tuba.* Pokoknya, kembalikan segera utangmu, dong.

Warsono : Maaf, maaf, aku akan berusaha mengembalikannya secepat mungkin.

ストポ：3ヵ月前、1,000万ルピア僕から借りたよね。ほんの1週間だと言ったはずだ。いつ返してくれるのかい。僕も壊れた家の修理にその金が必要なんだ。

ワルソノ：近頃はいつも文無しでね。ビジネスではいつも損してばかりなんだ。だから、いつ返せるかわからないよ。

ストポ：えっ、そりゃないよ、いい気なもんだよ、乳が毒汁で返されるだよ。要するに、すぐにその借金を返してよ。

ワルソノ：ごめん、ごめん、できるだけ早く返せるように努力するよ。

〘語句〙 **tuba**:（根に魚・鳥などを麻痺させる毒素を有する植物）トバ。**rupiah**:（インドネシアの通貨単位）ルピア。

【説明】 このことわざの意味は、「善行をしたのに悪行で返される」です。同意のことわざとして、**"Lempar bunga dibalas dengan lempar tahi."**「花を投げたのに、糞を投げ返される」などがあります。

同類のことわざとして、「恩を仇（あだ）で返す」、「慈悲をすれば仇する」（以上、日本）、「丁重に振舞ったのに、糞を投げつけられる」（ジャワ）、「養った二歳牛が車を壊す」（モンゴル）、「恩を仇で返される」（タイ）、「食べた後の葉盆に穴をあける」（インド）などがあります。こういう輩（やから）はあちこちに結構いるということですね。

これらとまったく逆の意味のことわざに、**"Air tuba dibalas dengan air susu."**「毒汁が乳で返される」（悪行に善行で報いる）や「恨みに報（むく）ゆるに徳を以（もっ）てす」、「仇を恩で（＝徳で）報ずる」（以上、日本）というのがあります。

日本とインドネシアのことわざで発想がよく似ていますね。

"tuba"（トバ）を用いたことわざは、上の例以外に、**"Tuba binasa ikan tak dapat."**「トバは尽きても、魚は捕れず」（損ばかりして、報われない行為）、**"Memecah tuba."**「トバをくだく」（人が不安になるような噂を広める）などがあります。

なお、「トバ」という単語は『広辞苑（第五版）』（岩波書店、1998年）の見出し語にもなっています。

94) Belum beranak sudah ditimang.

生まれてもいない子を抱きあやす

§キーワード：**belum beranak**（生まれていない）；
ditimang（抱きあやす）

Pak Kromo : Bu, dengarkan, ya. Minggu depan kita beli televisi berwarna, lemari es, mesin cuci dan sepeda motor.

Ibu Kromo : Eh! Bagaimana kita bisa membelinya, Pak? Dari mana Bapak akan mendapat uang minggu depan?

Pak Kromo : Dari lotre. Kemarin aku beli sepuluh lembar. Aku yakin salah satunya pasti kena hadiah pertama.

Ibu Kromo : Astaga! Pak, *belum beranak sudah ditimang*. Tidak usah beli lotre dan mimpi di siang bolong. Mendingan uangnya ditabung.

クロモ氏：母さん、ちょっと聞いてよ。来週、カラーテレビ、冷蔵庫、洗濯機、それにオートバイを買おう。

クロモ夫人：えっ。どうやったら買えるの、お父さん。来週、どこからお金を手に入れるの。

クロモ氏：宝くじだよ。昨日10枚買ったんだ。そのうち１枚はきっと一等が当たるはずだよ。

クロモ夫人：何とまあ。お父さん、生まれてもいない子を抱きあやすよ。宝くじなんて買う必要はないし、それは白昼夢（はくちゅうむ）よ。お金を貯める方がましでしょう。

〘語句〙 **hadiah pertama**: 一等賞。**astaga**: ＝astagfirullah ①神よ助けたまえ。②（感動詞として驚いた際に）あれまあ、おやまあ。**siang bolong**: 白昼。**mendingan**: ①より良い、かなり良い。②まあまあの、そこそこの。

【説明】 このことわざの意味は、「得てもいないものを空想し、目的が達成される前に喜ぶ」です。同意のことわざに、**"Dahulu buah daripada bunga."**「花より実が先」、**"Belum duduk sudah berlunjur."**「座る前に足を伸ばす」、**"Menerka ayam di dalam telur."**「卵の中の鶏を推量する」、**"Menamai（＝Menemui） anak dalam kandungan."**「腹の中の子に名を付ける（＝会う）」などがあります。

世界各地に、同類のことわざとして、「捕らぬ狸の皮算用」、「穴の狢を値段する」、「飛ぶ鳥の献立」、「儲けぬ前の胸算用」（以上、日本）、「黒鶏の卵が白斑の鶏になるのを待つ」（ジャワ）、「生まれていない子に鉄のゆりかごを準備する」（モンゴル）、「卵のかえる前にヒナを数えるな」（フィリピン）、「子供が生まれる前に粥を用意する」（インド）、「生まれぬ先の息子に下着を縫う」（ネパール）、「卵がかえらぬうちからヒナの勘定をするな」、「まずウサギを捕らえよ、料理はその後」（以上、イギリス）、「捕まえるまでは、熊の皮は売るな」（ドイツ、イタリア）、「森にいるキツネの毛皮を売るな」（ルーマニア）、「熊を殺さぬうちに毛皮を売るな」、「ひな鳥は秋に数える」（以上、ロシア）などがあります。

早合点する人はやはりいずこにもいるということでしょうね。

ここまではまだ「いい」として、インドネシアには、**"Dengarkan bunyi guruh di langit, air di tempayan ditumpahkan."**

「空の雷鳴を聞いて、水がめの水を捨てる」、**“Harapkan burung terbang tinggi, punai di tangan dilepaskan.”**「空高く飛ぶ鳥を期待して、手中の青鳩を逃がす」(punaiの和名：ハシブトアオバト)などということわざがいくつかあり、いずれも、「得られるかどうかはっきりしない大きな利益を期待して、小さくても確実な利益を手放してしまう」という意味です。こうなると、「喜劇」を通り越して、「悲劇」となってしまいますね。

“anak”(子供)を使ったことわざは、約30個あります。そのうちの約20個は「人の子」です。たとえば、**“Anak orang anak orang juga.”**「人の子はやはり人の子」(他人の子供は疎遠のままだ)、**“Kecil-kecil anak, kalau sudah besar onak.”**「子供は小さくたって、大きくなればやっかいだ」(子供は小さいときは可愛いが、大きくなると難儀の種となる)などがあります。

“anak”は、虎や鶏などの動物の子にも使われています。たとえば、**“Kecil-kecil anak harimau.”**「小さくたって虎の子」(小さくたって、やはり危険)、**“Seperti anak ayam kehilangan ibunya.”**「ひよこが母鳥を失ったようだ」(拠り所を失ってばらばらになる)などがあります。

「その他」としては、“anak mata”(目の子→瞳)、“anak kunci”(錠の子→鍵)、“anak panah”(弓の子→矢)などがあります(日本語では「子」に入らないのですが)。たとえば、**“Seperti anak panah lepas dari busurnya.”**「弓から放たれた矢のようだ」(人の口からもれた秘密のように取り戻せない)、**“Anak kunci jahat, peti durhaka.”**「鍵が悪ければ、箱は裏切る」(夫が悪ければ、妻もいずれは裏切る)などがあります。

「子」を使った日本のことわざには、「親が親なら子も子」、「親の心、子知らず」など、700個以上あり、「子供」を使ったものは、「子供と芋種(いもだね)は隠されぬ」、「子供でも数の内」など、120個以上あります（尚学図書。一部、故事・俗信を含む）。

95) Berakit-rakit ke hulu, berenang-renang ke tepian.

上流へ筏(いかだ)をこぎ、浅い岸へ泳ぎに泳ぐ

§キーワード：**berakit-rakit**（筏をこぎにこぐ）；
berenang-renang（泳ぎに泳ぐ）

Murni : Ada apa, Tin? Kok, kelihatannya sedih. Kamu baru saja lulus dari Fakultas Kedokteran, 'kan? Seharusnya bergembira, dong.

Tini : Ya, tapi mulai bulan depan aku harus bekerja di desa luar Jawa. Kehidupan di sana masih terbelakang, 'kan?

Murni : Oh, begitu. *Berakit-rakit ke hulu, berenang-renang ke tepian.* Kamu tidak selamanya harus bekerja di sana. Sesudah beberapa tahun, kamu punya banyak pengalaman. Lalu, bisa bekerja di kota dan nanti hidup senang, 'kan?

ムルニ：どうしたの、ティニちゃん。悲しそうね。あなた医学部を卒業したばかりなのに。本当は喜ぶべきでしょう。

ティニ：ええ、でも来月からジャワ島外の村で働かなくちゃならないのよ。そこの生活はまだ遅れているのよね。

ムルニ：ああ、そう。上流へ筏(いかだ)をこぎ、浅い岸へ泳ぎに泳ぐね。そこでいつまでも働かなきゃならないってわけじゃないでしょう。何年かしたらたくさん経験も積めるでしょ。それから、町で働けるし、将来は楽しく暮らせるわよ。

〖語句〗 **tepian**：川岸の浅い所。**kok**：（驚きを表す感動詞）えっ、どうして。**seharusnya**：本来は～すべき。**tidak selamanya**：（部分否定で）常に～とは限らない。

【説明】 このことわざの意味は「先に苦労して、あとで楽しむ」です。元々は、表題のことわざの後に、押韻のために、**"Bersakit-sakit dahulu, bersenang-senang kemudian."**「まず苦しみ抜いて、後で思う存分に楽しむ」が続けて用いられていたのです。同意のものに、**"Biar sakit dahulu senang kemudian."**「後が楽しいなら先に苦しくても構わない」、**"Biar bersakit-sakit dahulu di masa muda asal senang di masa tua."**「老後が楽ならば、若い時期にいろいろ苦労してもよい」、**"Pahit dahulu, manis kemudian."**「苦味が先、甘味は後」などがあります。

同類のことわざとして、「苦は楽の種」、「苦あれば楽あり」（以上、日本）、「荒れた手は富への道」（フィリピン）、「汗を流さずにはすぐれた闘士にはなれない」（ギリシャ）、「よくこねないと、うまいパンは食べられない」（フランス）、「汗を流さずに喜びはない」（イギリス）などがあります。

逆の意味のことわざには、**"Sedap dahulu pahit kemudian."**「旨みが先、苦味は後」、**"Ada rotan ada duri."**「籐があれば刺がある」などがあり、日本にも、「楽あれば苦あり」などがあります。

「苦楽」のどちらも表現したものとして、「苦あれば楽あり、楽あれば苦あり」（日本）、「うれしくても歌うな、苦しくても嘆くな」（モンゴル）などがあります。

誰も苦労はしたくないのが人情ですが、「若いときの苦労は買うてもせよ」（日本）といいます。苦労するなら、やはり若い頃の方がいいのではないでしょうか。

“hulu”（上流、川上）を使ったことわざは、“mudik”（川上）を含めると20個近くになります。一方、“hilir”（下流、川下）が使われていることわざは、10個くらいあります。そのうち、“hulu”、“mudik”と“hilir”が一緒に使われているものが半数以上あります。たとえば、**“Tak tentu hulu-hilirnya.”**「上流と下流が定かではない」（目的や意図が複雑だ）、**“Seorang ke hilir seorang ke mudik.”**「一人は下流へ一人は上流へ」（夫婦間で感情や考えが合わないこと）などがあります。

ひとやすみ

◇◆ Kondisi Pengobatan di Indonesia （インドネシアの医療事情）◇◆

インドネシアではインターンを終えた新米の医者は地方で数年間は勤務する義務があります。地方の医者不足の解消にいく

らかは役立っているようですが、医療設備などが整っていない地方もかなりあるようです。いくら優秀な医者がいても医薬品が不足していては治療もままなりません。

日本などが医療面で援助をしていますが、大きな設備が中心であり、それもどこまで活用されているかは疑問です。しかも末端で本当に必要な注射針、薬などが常に不足しているそうです。

また健康保険制度が完備していないため、病院にいくと治療費が高価となり、庶民はなかなか医者にかかれません。そこでインドネシアの伝統薬の「ジャムー」(jamu)が現在でも幅広く使われ、民間療法もよく利用されています。

地方の住民が安心して治療を受けられるような援助が期待されています。 [S]

96) Besar pasak daripada tiang.

柱より木釘が大きい

§キーワード：pasak（木釘）；**tiang**（柱）

Arif : Wah, menulis surat kepada siapa ? Pacar, ya ?

Fajar : Bukan. Kepada orang tua di kampung. Minta uang untuk bayar sewa kamar.

Arif : Eh, kamu sekarang 'kan sudah bekerja dan punya penghasilan ?

Fajar : Ya, tapi selalu tidak cukup.

Arif : Tentu saja, karena kamu sering berfoya-foya, sih. Merokok, makan selalu di restoran, tiap minggu nonton film. Jadi, akibatnya, *besar pasak daripada tiang*. Ngirit sedikit, dong. Pasti cukup.

Fajar: Aah, sudah, sudah, kamu cerewet sekali.

アリフ：よう、誰に手紙を書いているんだい。恋人だな。

ファジャル：違うよ。田舎の親だよ。部屋代を払う金を無心しているのさ。

アリフ：えっ、君は現在すでに働いているし、収入もあるじゃないか。

ファジャル：うん、でもいつも足りないんだ。

アリフ：そりゃそうさ、だって君はいつも遊びほうけているからね。タバコは吸うし、いつもレストランで外食するし、毎週、映画を見てるしね。だから、その結果、柱より木釘が大きいということになるのさ。少し倹約しろよ。きっと足りるよ。

ファジャル：ああ、わかった、わかった、まったくうるさいなあ。

〘語句〙 **berfoya-foya**: 享楽する、遊蕩（ゆうとう）する。**sih**:（感動詞）〜だよ、〜さ。**nonton**: ← menonton（＝meN＋tonton）（映画やテレビなどを）見物する。**ngirit**: ← mengirit（＝meN＋irit）倹約する。**ceréwét**: 口やかましい、口うるさい。

【説明】 このことわざの意味は、「支出が収入より大きい」です（「身分以上の生活をする」の意味もあります）。同意のことわざに、**"Masuk tiga keluar empat."**「三入って四出る」、**"Masuk lima keluar sepuluh."**「五入って十出る」などがあります。

同類のことわざとして、ジャワには、「屋根は大きすぎ、柱は小さすぎる」というのがあり、タイにも、「顔を引いても背につかず」などがあります。

また、「収入に合った生活をするべし」という意味で、「汝のゲリーム（敷物）に合わせて脚を伸ばせ」（イラン）、「衣服は生地に応じて裁て」（イギリス）などがあります。

日本のことわざに、「足が出る」、「火の車」があります。そうならないように、「入るを量りて出ずるを制す（＝為(な)す）」（日本）、**"Ingat sebelum kena, hemat sebelum habis."**「当る前に注意し、なくなる前に倹約せよ」としたいものです。

"tiang"（柱）を使ったことわざは、**"Memasang bendera setengah tiang."**「半旗を掲げる」（英雄や偉人などの弔意の印）、**"Bagai kapal tidak bertiang."**「柱のない船のようだ」（指導者のいない国家や集団のこと）など数個あります。

日本のことわざで「柱」を使ったものには、「朽木(くちき)は柱とならず」、「藁(わら)千本あっても柱にならぬ」など、30個ほどあります。

97) Biduk lalu kiambang bertaut.

小舟が通り過ぎると浮草はくっつく

§キーワード：biduk（小舟）；**kiambang**（浮草）

Pak Sutrisno : Bu, siapa yang bertengkar di beranda loteng ?

Ibu Sutrisno : Biasa. Anak kita, Tini, dan keponakan kita si Dewi.

Pak Sutrisno : Mengapa tidak kamu lerai ?

Ibu Sutrisno : Aah, tidak perlu. *Biduk lalu kiambang ber-*

taut. Biarkan saja. Nanti pasti rukun lagi.

Pak Sutrisno : Ya, aku tahu, tapi mengganggu tetangga, 'kan ?

ストゥリスノ氏：母さん、二階のベランダで口論しているのは誰だい。

ストゥリスノ夫人：いつものことよ。うちの子のティニと姪のデウィよ。

ストゥリスノ氏：どうして仲裁しないのかい。

ストゥリスノ夫人：ああ、必要ないわよ。<u>小舟が通り過ぎると浮草はくっつく</u>よ。放っておいたらいいわよ。いずれきっとまた仲直りするでしょう。

ストゥリスノ氏：ああ、わかってるさ、でも隣近所に迷惑だよ。

〖語句〗 **loténg** : ①二階、階上。②天井。**keponakan** : ①甥。②姪。**lerai** : ＝larai ①引き離す。②仲裁する。**biarkan** : ← mem<u>biarkan</u> 放っておく、～させておく。

【説明】 このことわざの意味は、「家族・親族は、いがみ合ってもすぐにまた仲直りする」です。だから、家族のいさかいに他人は口をはさむ必要はないのです。同意のことわざに、**"Bagai kiambang dilempar."**「浮草が投げられたようだ」、**"Air sama air kelak menjadi satu, sampah itu ke tepi jua."**「水と水はやがて一つになり、ごみは岸へ」などがあります。

夫婦などはいずこも同じで、日本の「夫婦喧嘩は犬も食わない」などはその最たるものです。また、兄弟に関しては、「兄弟喧嘩は鴨の味がする」などのことわざがあります。

"biduk"（小舟）を使ったことわざは、**"Biduk satu nakhoda dua."**「小舟一艘、船頭二人」（①女性が夫を二人もつ。②一つの仕事を二人が統率し、結局、仕事が完成できない）［No. 23 を参照］、**"Macam orang biduk."**「舟子のようだ」（各自が自分の飲み食いした費用を払う）、**"Tiada biduk karam sebelah."**「半分だけ沈む小舟はない」（人が困難な目に遭えば、家族もやはり巻き込まれる）など、20個近くあります（「船」については、No. 23 を参照）。

98) Buruk muka cermin dibelah.

顔が不細工なのに鏡を割る

§キーワード：**muka**（顔）；**cermin**（鏡）

Sapto : Mbak Retno, matikan televisinya, dong.

Retno : Eh, mengapa? Acara musiknya 'kan bagus? Aku mau nonton.

Sapto : Aku tahu. Tapi mengganggukku. Sekarang aku sedang mengerjakan PR. Nih, lihat jadi salah semua. Ayo, matikan cepat.

Retno : Sapto, Sapto, kamu ini, kok, *buruk muka cermin dibelah.* Kalau kamu memang pintar, pasti nggak ada yang salah, 'kan? Jangan menyalahkan ini dan itu. Pokoknya aku mau nonton acara ini.

サプト：レトノ姉ちゃん、テレビを消してよ。

レトノ：えっ、どうして。この音楽番組は素晴らしいでしょう。私は見たいのよ。

サプト：わかってるさ。でも僕には邪魔なんだ。今、宿題やってるんだよ。ほら、見てみなよ、みんな間違っただろ。さあ、すぐに消してよ。

レトノ：サプト、サプト、あんたね、顔が不細工なのに鏡を割るよ。あんたが本当に賢ければ、きっと間違いなんかしないわよ。あれこれのせいにしないでよ。要は、あたしはこの番組が見たいんだからね。

〖語句〗 **mbak**：（特にジャワで年上の女性への呼びかけ）姉さん。**nonton**：← menonton（＝meN＋tonton）（映画やテレビなどを）見る。**PR**：← pekerjaan rumah 宿題。**nih**：← ini ほら、これ（だよ）。

【説明】 このことわざの意味は、「自分の間違いや愚かさを他人や他のことのせいにする」です。同意のことわざに、**"Menari tiada pandai, dikatakan lantai yang terjungkat."**「踊りが上手くないのに、床が傾斜しているという」、**"Awak yang tak pandai berdandan, dikatakan cermin yang kabur."**「おしゃれが上手くないのに、鏡がくもっているという」などがあります。

世界各地に、同類のことわざとして、「下手の道具調べ（＝立て）」（日本）、「霊験のない巫女が鼓のせいにする」（韓国）、「糞の出ないのを便所のせいにする」、「眠れないのを寝台の歪みのせいにする」（以上、中国）、「下手に踊って笛太鼓のせいだ」（タイ）、「舞台が歪んでいては踊りはできぬ」（インド）、「地面が悪いと上手く踊れない」（スリランカ）、「頭の形が悪いのに帽子を叩く」（ラオス）、「下手な職人は道具のせいにする」（イギリスなど）、「書き手が無能だとペンのせいにする」（ドイツ）、「産婆が悪いと難産を赤子のせいにする」（メキシコ）、「踊れない娘がバンドに文句をつける」（ユダヤ）などがあります。

なかなか自分の真の姿は見えない（見たくない？）もので、

人のせいにしたがる人はどこにでもいるということですね。

“buruk”(①悪い。②醜い。③不細工な、不器量な)を使ったことわざは、**“Biarlah buruk, hatinya kasih.”**「不細工でも心は慈愛」(顔は不器量でも、心は愛情に満ちている)、**“Buruk baik tiada bercerai.”**「善悪は離れない」(苦難はいつでもやってくる)など、10個ほどあります。ちなみに、“baik”(良い)を使ったことわざは、**“Buat baik berpada-pada, buat jahat jangan sekali.”**「良いことはほどほどに、悪いことは一度でも駄目」(良いことは度を越えてはならないし、悪いことは一度でもやってはならない)など、2～3個しかありません。

“cermin”(鏡)を使ったことわざは、上の例以外に、**“Jangan bercermin di air keruh.”**「濁った水を鏡にするな」(悪い例に従ってはならない)など、数個あります(No. 100を参照)。

99) Cacing hendak menjadi naga.

ミミズが竜になりたがる

§**キーワード**: **cacing**(ミミズ); **naga**(竜)

Surono: Tahun depan aku akan ikut serta pemilihan camat.
Ibu: Eh, apakah kamu yakin bisa menang?
Surono: Belum tahu. Pokoknya coba dulu.
Ibu: Sebaiknya kaubatalkan niatmu. Kamu 'kan hanya guru SD. Calon lainnya orang berpendidikan tinggi. Tak mungkin *cacing hendak menjadi naga*. Kamu pasti kalah.
スロノ: 来年、僕は郡長選挙に立候補するつもりなんだ。

母：えっ、あんた勝てると信じてるのかい。
スロノ：わからないよ。要は、まずチャレンジしてみることだよ。
母：そんなことはやめた方がいいよ。あんたはしがない小学校の教師なんだよ。他の候補者は高学歴だし。ミミズが竜になりたがるなんてできっこないよ。きっと負けちまうよ。

〖語句〗 **camat**：(県と村の中間の郡の長である)郡長。**kaubatalkan**：← engkau (meN+) batalkan 取りやめる、キャンセルする。**SD**：← Sekolah Dasar 小学校。**berpendidikan tinggi**：高等教育のある、高学歴の。

【説明】 このことわざの意味は、「地位の低い人が偉い人に張り合いたがる」です。同意のことわざに、**"Pacat hendak menjadi ular sawah."**「蛭(ひる)がにしきヘビになりたがる」、**"Belalang hendak jadi elang."**「イナゴがトビになりたがる」などがあります（No. 148を参照）。

同類のことわざとして、スンダにも、「魚籠(びく)の立派さ」（貧乏なのに、金持ちのように振舞う）があります。

一方、**"Cacing telah menjadi naga."**「ミミズが竜になった」となると、「地位の低い人が偉い人になった」の意味になり、**"Seekor cacing menelan naga."**「ミミズが竜を飲み込む」となると、「弱いものが強いものを負かす」の意味になります。

これらと意味合いはかなり異なりますが、日本には、「時至ればミミズも龍となる」や「蟷螂(とうろう)の斧(おの)」があり、また「雁が飛べば石亀も地団太」、「ごまめの歯軋(はぎし)り」というのもあります。

結果的に「竜」になれなくたって、若い人はそれを目指すだけの気概が欲しいものです。

"cacing"(ミミズ)を使ったことわざは、**"Bagai cacing kena**

air panas."「ミミズがお湯をかけられたようだ」(①いつも不安で、落ち着かない。②苦難に陥ったり、大恥をかいた人の嘆き)、**"Seperti melihat cacing."**「ミミズを見たようだ」(非常に嫌で吐き気がする)など、約10個あります。

日本のことわざで、「ミミズ(蚯蚓)」を使ったものは、「蚯蚓ののたくったよう」、「蚯蚓腫れ(みみずばれ)」など、20数個あります。

100) Daripada hidup bercermin bangkai, lebih baik mati berkalang tanah.

死体を鏡にして生きるより地面を枕に死ぬ方がよい

§キーワード：**hidup**(生きる);**mati**(死ぬ)

Anak : Mengapa tanggal sepuluh November disebut "Hari Pahlawan," Bu?

Ibu : Karena pada tanggal itu, untuk mempertahankan kemerdekaan Indonesia, terjadi pertempuran hebat antara pejuang-pejuang kita melawan Tentara Sekutu di Surabaya.

Anak : Apakah banyak yang gugur, Bu?

Ibu : Tentu saja, pejuang-pejuang kita bertempur terus dengan berani dan berpantang menyerah kepada musuh. Semboyan mereka *daripada hidup bercermin bangkai, lebih baik mati berkalang tanah.*

Anak : Wah, hebat sekali! Kalau begitu, nanti aku juga mau menjadi pejuang.

Ibu : Bagus, tapi perjuanganmu sekarang adalah mengisi kemerdekaan.

子供：どうして11月10日は「英雄の日」と呼ばれるの、お母さん。

母：その日に、インドネシアの独立を維持するために、スラバヤでわが国の戦士たちと連合軍との間で激しい戦闘がおこったからなのよ。

子供：たくさんの人が戦死したの。

母：もちろんよ、わが国の戦士たちは、勇敢に戦いつづけ、敵にけっして降伏しなかったのよ。彼らの合言葉は、死体を鏡にして生きるより地面を枕に死ぬ方がよいだったの。

子供：わっ、とってもすげえや。それなら、僕も将来、戦士になりたいな。

母：素晴らしいわ、でも現在の闘争というのは、独立の中身を充実させることなのよ。

〖語句〗 **berkalang**：支柱・枕にする。**Tentara Sekutu**：連合軍。**Surabaya**：（東部ジャワの州都）スラバヤ。**gugur**：①（木の葉などが）落ちる、散る。②戦死する。**berpantang**：①禁止されている。②〜しようとしない、〜してはならない。

【説明】 このことわざは、**"Lebih baik mati berkalang tanah daripada hidup bercermin bangkai."**という語順の場合もあります。いずれの意味も、「恥をかくより死ぬ方がよい」です。同意のことわざに、**"Baik putih tulang, jangan putih mata."**「白い骨になってもよいが、白い眼になってはならない」、**"Baik berputih tulang daripada berputih mata."**「白い眼をもつより白い骨をもつ方がよい」、**"Daripada hidup berlumur tahi, lebih baik mati bertimbun bunga."**「糞にまみれて生きるより、花に埋もれて死ぬ方がよい」などがあります。

同類のことわざとして、「不名誉より白骨の方がまし」（フィリピン）、「恥とともに生きるよりも名誉とともに死ぬがまし」（イギリス）、「屈して生きるよりも立って死ぬがまし」（ロシア）などがあります。

“malu”（恥かしい）を使ったことわざは、**“Malu bertanya sesat di jalan, malu berdayung perahu hanyut.”**「聞くのを恥じれば道に迷い、こぐのを恥じれば舟は流される」、**“Malu makan perut lapar, malu berkayuh perahu tak laju.”**「食べるのを恥じれば腹が減り、こぐのを恥じれば舟は進まぬ」（いずれも「努力をしなければ、進歩は得られない」の意味）、**“Malu tercoret pada kening.”**「額（ひたい）に線を引かれて恥ずかしい」（多くの人に知られて消せない大恥）など、いくつもあります（No. 15 を参照）。

「恥の文化」といわれる日本には、「恥」を使ったことわざは80個以上あります(一部、故事・俗信を含む)。中でも、特に第二次大戦中に、「生き恥かくより死ぬがまし」といわれ、「生き恥を曝（さら）す」ことに耐えられず、あるいは、それを禁じられて、どれだけ多くの人が死んだでしょうか。

ひとやすみ

◇◆ Hari Pahlawan（英雄の日）◇◆

「英雄の日」とは、1945年11月10日の「スラバヤの闘い」（上陸したイギリス軍に対するゲリラ戦）で、「ブン・トモ」（トモ兄貴）という愛称で呼ばれたストモ（Soetomo）が立役者となって展開した戦闘を記念して、後に定められた記念日のことです。

ブン・トモの率いる部隊は、「独立か死か」と呼号して、日本軍から奪取していた武器などで勇敢に戦いました。この戦闘がインドネシア各地に与えた影響は大きく、「インドネシア独立闘争の転換点」となり、ブン・トモは独立闘争のシンボルとなりました。

インドネシアの学校教育では、かならずこの日のことを取り上げて教えています。それは、インドネシアが1945年8月17日に「独立宣言」してからも、49年12月27日の主権委譲まで、「独立戦争」が続けられ、多くの人たちの血と涙の犠牲の上にやっと独立が認められたからです。

「英雄の日」はその「独立戦争」を象徴しているのです。 [S]

101) Diam ubi berisi, diam penggali berkarat.

イモは黙っていても実が入るが、鍬(くわ)は使わにゃさびがくる

§**キーワード**：**ubi**（イモ）；**penggali**（小鍬）

Kakek : Tahun yang lalu kamu lulus dari Fakultas Kedokteran Gigi. Kapan kamu mau bekerja sebagai dokter gigi?

Suwarto : Belum tahu. Sekarang aku mau berwiraswasta dulu.

Kakek : Kamu selalu pakai alasan ini dan itu. Ingat, *diam ubi berisi, diam penggali berkarat.* Sayang sekali, kalau pengetahuanmu tidak dipakai, 'kan?

Suwarto : Ya, ya, tapi bisnisku sekarang sedang berkembang. Sayang sekali kalau kutinggalkan.

祖父：去年、おまえは、歯学部を卒業したんじゃな。いつから

歯医者として働くつもりだい。

スワルト：まだわかりません。今は、まず自分で事業をやってみたいんです。

祖父：おまえは、いつもあれこれと、屁理屈をこねるな。いいかい、イモは黙っていても実が入るが、鍬は使わにゃさびがくるってことを覚えておくんじゃ。おまえの知識を活かさなきゃ、とてももったいなかろう。

スワルト：ええ、ええ、でも僕のビジネスは今乗りに乗ってるとこなんです。やめたら、とてももったいないですよ。

〚語句〛 **berwiraswasta**：事業をする。**berkembang**：①咲く、花開く。②増大する。③発展する。**kutinggalkan**：aku (meN＋) tinggalkan ①（私が）離れる。②後にする。③見捨てる、放棄する。

【説明】 このことわざの意味は、「学問のある人が黙しているのは思索しているからで、愚かな人が黙っているのはまったくの無駄」です（「使わない知識はやがては消えてしまう」の意味で使われることもあります）。同意のことわざに、**"Bukannya diam penggali berkarat, melainkan diam ubi ada berisi."**「鍬は使わにゃさびるってことにならずに、イモは黙していても実が入るようになれ」などがあります。

"ubi"（イモ）を使ったことわざはいくつかあります。たとえば、**"Diam-diam ubi berisi."**「イモは黙っていても実が入る」（賢者が愚者のように振る舞う）があります。

日本にもこれに類似したことわざ、「大智（たいち）は愚の如し」（真に賢い人はちょっと見ただけでは愚者のように見える）というのがあります。

日本のことわざで、「イモ（芋）」を使ったものは、「芋を洗うよう」、「芋幹より家柄」(いもがらは役立たないが、家柄なら役立つ) など、約50個あります (一部、故事・俗信を含む)。

“diam” (黙る) を使ったことわざは、上の例以外に、**“Diam seribu bahasa.”**「一千語の沈黙」(一言も言葉を発しない)、**“Kalau tidak bermeriam, baiklah diam.”**「大砲をもたねば、黙るがいい」(力がなければ、運命を受け入れよ)など、数個あります。

102) Di luar bagai madu, di dalam bagai empedu.

外は蜜のよう、内は胆汁のよう

§キーワード : **luar** (外) ; **dalam** (内)

Pak Sastro : Untuk menambah modal warung kita, bagaimana kalau pinjam uang kepada Pak Carik ?

Ibu Sastro : Aku tidak setuju. Mengapa tidak pinjam kepada bank ?

Pak Sastro : Wah, prosedurnya susah dan harus pakai jaminan. Kalau kepada Pak Carik, semuanya gampang, tanpa jaminan.

Ibu Sastro : Ya, tapi dia lintah darat, 'kan ? *Di luar bagai madu, di dalam bagai empedu*. Masak, rentenya sebulan sepuluh persen ! Gila, 'kan ? Bisa-bisa kita dililit utang.

サストゥロ氏 : うちの屋台の資本金を増やすために、チャリックさんに金を借りてはどうかな。

サストゥロ夫人 : 私は賛成できないわ。どうして銀行に借りないの。

サストゥロ氏：うん、手続きが大変だし、担保も要るんだ。チャリックさんなら、担保も要らないし、すべてが簡単だからさ。

サストゥロ夫人：ええ、でも、彼は高利貸しでしょう。外は蜜のよう、内は胆汁のようよ。まさか、利息が１ヵ月で10パーセントなんて。気違いざたよ。借金で首が回らなくなってしまうかもよ。

〖語句〗 **prosedurnya**：（その）手続き（方法）。**jaminan**：保証、担保。**lintah darat**：高利貸し、吸血鬼。**rêntenya**：（その）利子、利息。**bisa-bisa**：ありうる、まったく～しそうだ。

【説明】 このことわざの意味は、「外見の行為は良くても、心の中は非常に邪悪である」です。同意のことわざに、**"Masak di luar, mentah di dalam."**「外は熟れても中は未熟」、**"Putih di luar, kuning di dalam."**「外は白いが中は黄色」など、数個あります。

同類のことわざとして、「見掛け倒(だお)し」、「口に蜜あり、腹に剣あり」（以上、日本）、「見かけは甘いが中苦し」、「前では合掌、後ろであかんべえ」（以上、タイ）、「仏の顔して腹黒い心」、「外は卵のようで、中はイチジク」（以上、ラオス）、「口にラームの御名、脇下に刃」（インド）などがあります。

インドネシア語では、「高利貸し」のことを、"lintah darat"「陸の蛭(ひる)」、"pemakan riba"「高利・暴利をむさぼる人」、"tukang riba"「高利屋」などと言います。日本では、さしずめ「悪徳金融業者」でしょうか。

"luar"（外）と"dalam"（中）を一緒に使ったことわざは、上の例以外に、**"Di luar berkilat, di dalam berongga."**「外は

ピカピカ、中は空」(口では甘いが、心は邪悪)、**"Bagai timun dandang, di luar merah di dalam pahit."**「野生のきゅうりのように、外は赤いが中は苦い」(外見はいいが、中身が悪い)[timun dandang：野生のきゅうりの一種で、外見は赤くて立派だが、食用にはならない] など、10個近くあります。

103) Gajah di pelupuk mata tak tampak, kuman di seberang lautan tampak.

まぶたの象は見えぬが、大洋の向こう岸の細菌は見える

§キーワード：**gajah di pelupuk**（まぶたの象）；
kuman di seberang（大洋の向こう岸の細菌）

Pak Kromo：Sup apa ini? Rasanya hambar sekali.

Ibu Kromo：Aah, aku lupa menggaraminya, Pak.

Pak Kromo：Kamu memasak saja nggak bisa. Aku nggak mau makan.

Ibu Kromo：Alah, begitu saja marah-marah. Sudah dua bulan kamu nggak memberi belanja, aku juga nggak marah. Kamu sering pulang larut malam, aku nggak marah. *Gajah di pelupuk mata tak tampak, kuman di seberang lautan tampak*. Dasar laki-laki, mau menang sendiri.

クロモ氏：こりゃ、何のスープだい。まったく味がしないんだけど。

クロモ夫人：ああ、塩を入れ忘れたんだわ。

クロモ氏：おまえは料理すらできないんだから。食べたかないよ。

クロモ夫人：あれっ、そんなことぐらいで、当り散らすの。もう2ヵ月も生活費を入れてくれてないのに、私は怒ってないわよ。しょっちゅう帰りが午前様だけど、怒らないわ。まぶたの象は見えぬが、大洋の向こう岸の細菌は見えるよ。まったく男なんて、自分勝手なんだから。

〖語句〗 **alah**：(驚いたときの感動詞) あれっ、えっ。**marah-marah**：何度も怒る、当り散らす。**belanja**：費用、生活費。**larut malam**：深夜、夜更け。**dasar**：①土台、基礎。②根っからの、そんなもの。③まったく。

【説明】 このことわざは、**"Kuman di seberang lautan tampak, gajah bertengger di pelupuk mata tiada tampak."**「大洋の向こう岸の細菌は見えるが、まぶたに止まる象は見えない」ということもありますが、いずれの意味も、「自分の欠点は大きくても見えず、他人の欠点は非常に小さくてもはっきり見える」です（No. 133 を参照）。

同類のことわざは、**"Bintang di langit dapat dibilang, tetapi arang di mukanya tak sadar."**「空の星は数えられるが、顔の炭には気付かない」、**"Udang hendak mengatai ikan."**「エビが魚の悪口を言う」など、約10個あります。

世界各地に、同類のことわざとして、「灯台下(もと)暗し」、「人の一寸我が一尺」（以上、日本）、「灯の下が暗い」（韓国）、「人の禿(はげ)は笑うが自分の禿は見えない」（モンゴル）、「ディッヌム島にいる小さな虫は見えるが、自分の手助けをしてくれる水牛が見えない」（フィリピン）、「自分の欠点は髪の毛一本、他人の欠点は山ひとつ」（タイ）、「自分の欠点は見えない、他人の欠点はごく小さいものでも山と同じように見える」（カンボジア）、「自分の背の水牛は見えぬが人の背のシラミは見える」（ネパール）、「ラクダは自分のこぶは見えないが仲間のこぶをいつも見ている」(アラブ)、「人は他人の目の塵を見て、わが目の梁を見ない」(イギリス、ドイツなど)、「自分のいびきは聞こえないが、隣人のいびきはよく聞こえる」(スペイン)などがあります。世界各地で発想がかなり類似しています。

結局、誰もが他人の粗はよく見えても、自分の欠点は見えない(見たくない?)からでしょうね。

なお、"gajah"(象)に関することわざは、No. 2、No. 75 を参照してください。

104) Ikan belum dapat airnya sudah keruh.

魚を捕まえてもいないのに、水はもう濁ってしまった

§キーワード:**ikan**(魚);**air**(水)

Pencuri 1: Hati-hati, waktu panjat pagar pabrik ini.

Pencuri 2: Jangan kuatir. Aduh! Kakiku tersangkut kabel apa ini?

Pencuri 1: Wah, jangan-jangan kabel tanda bahaya.

Pencuri 2: Ya, betul. Ada suara sirene.

Pencuri 1: Ayo, cepat lari. Gara-gara kamu kurang hati-hati, *ikan belum dapat airnya sudah keruh.* Sialan, sialan.

Pencuri 2: Maaf, maaf.

泥棒1:この工場の垣根を登る時には、気をつけろよ。

泥棒2:心配すんな。あっ痛。足がひっかかったこの電線は何だい。

泥棒1：おっと、非常ケーブルじゃなきゃいいけどな。
泥棒2：ああ、本当だ。サイレンの音がする。
泥棒1：さあ、さっさとずらかろうぜ。おまえの注意が足りねえから、魚を捕まえてもいないのに、水はもう濁ってしまっただよ。こん畜生め。
泥棒2：ごめん、ごめん。

〖語句〗 **aduh**：(驚き・痛みなどを表現する感動詞) あっ痛い。**jangan-jangan**：ひょっとして、〜でなければいいが。**sialan**：①不運な人。②こん畜生、この野郎。

【説明】 このことわざの意味は、①「仕事がうまくはかどらない」と②「仕事が終了する前に事態が悪くなる」の二つです。

どこにも、「ドジな人」はいるもので、「鳶(とんび)に油揚(あぶらあ)げを攫(さら)われる」ことになりかねません。

"air"（水）のことわざは約70個、"ikan"（魚）のことわざは約30個ありますが、両方を使ったことわざが、**"Ada air adalah ikan."**「水あれば魚がいる」（①国があれば国民がいる。②どこにいても飯は食える）、**"Seperti ikan dalam air."**「水中の魚のようだ」（非常に嬉しい）など、6個あります。

"air"のことわざに関しては、No. 7、"ikan"に関しては、No. 26を参照してください。

105) Menggunting dalam lipatan.

折返しに鋏(はさみ)を入れる

§キーワード：**menggunting**（鋏を入れる）；**lipatan**（折返し）

Surya : Hari ini aku marah-marah sama si Wahyu.

Purnomo : Kenapa ? Ada apa lagi dengan si Pemalas itu ?

Surya : Kemarin dulu dia pinjam catatan kuliahku. Katanya mau difotokopi. Pagi tadi waktu aku minta dikembalikan, katanya catatan itu hilang.

Purnomo : Wah, anak itu memang suka *menggunting dalam lipatan*. Bulan yang lalu dia juga menghilangkan kamusku.

スルヤ：今日、僕はワフユ君を怒ったんだ。

プルノモ：どうして。あの怠け者はまた何をしでかしたんだい。

スルヤ：一昨日、あいつは、僕の講義ノートを借りていったんだ。コピーしたいからって。今朝、返してくれって頼んだら、そのノートをなくしたんだってさ。

プルノモ：うん、あいつはホント、よく折返しに鋏を入れるからな。先月、あいつは、僕の辞書もなくしてるからね。

〖語句〗 **lipatan** : ①折りたたんだもの。②折返し。**difotokopi** : コピーされる。

【説明】 このことわざの意味は、「友人を不幸にする」です。同意のことわざに、**"Menohok kawan seiring."**「同行の友を槍で突き刺す」があります。類似したことわざに、**"Memepas dalam belanga."**「鍋の中で魚を釣る」(友人や家族より利益を優先する)があります。

"menggunting"という単語は、このことわざに由来するのかどうかはわかりませんが、「鋏を入れる、鋏で切る」という意味の他に、口語では、「だます、欺く、嘘をつく」という意味でも使われます。

本当の友人というのは、やはり困っているときにこそ助けてくれる人でしょうが、**“Kawan gelak banyak, kawan menangis jarang bersua.”**「笑いの友は多く、泣く友にはめったに出会えない」(楽しい時には友人が多く、苦しいときには少ない)ということわざのように、真の友はなかなかいないものです。日本のことわざに、「順境は友を作り、逆境は友を試す」があります。

「友人」に関することわざとしては、“kawan”を使ったものが、**“Api itu tatkala kecil jadi kawan, apabila besar jadi lawan.”**「火は小さいときには友、大きくなると敵になる」(小さい悪事は危険になる前にただちに正すのがよい) など、4個ほどあり、“sahabat”を使ったものが、**“Daripada bersahabat dengan orang yang bodoh, lebih baik berseteru dengan orang berakal.”**「愚者と友になるより、智者と敵対するほうが良い」(愚かな者と友人になっても益がない) など、3個ほど、“teman”を使ったものが、**“Usahlah teman dimandikan pagi.”**「友人を朝マンディ (水浴び) させる必要はない」(過分な賞賛でからかってはならない) など、2個ほどで、あまり多くはありません。

日本のことわざで「友•朋」を使ったものは、「賢い人には友がない」、「金を貸せば友を失う」など、90個近くあります (尚学図書。一部、故事・俗信を含む)。

106) Nafsu nafsi, raja di mata, sultan di hati.

利己の欲望、目の王、心のサルタン

§キーワード：**nafsu**（欲望）；**raja**（王）

Hartono：Siapa yang naik sepeda motor dengan knalpot terbuka tadi？

Maryono：Oh, dia anak tetangga saya. Mentang-mentang anak orang terkaya di kampung ini, sering *nafsu nafsi, raja di mata, sultan di hati.*

Hartono：Wah, kalau begitu, anak berandal itu harus diajar kesopanan, ya.

ハルトノ：さっき、マフラーを開けっ放しのバイクに乗っていったのは誰だい。

マルヨノ：うん、うちの隣の子なんだ。この村一番の金持ちの子というだけで、しばしば利己の欲望、目の王、心のサルタンをやるんだよ。

ハルトノ：えっ、それじゃ、あの悪ガキに礼儀を教えてやらなきゃ、な。

〖語句〗 **nafsu nafsi**：利己的欲望。**knalpot**：消音器、マフラー。**mentang-mentang**：ただ〜だからといって、〜だけの理由で。**berandal**：ならず者、ごろつき。

【説明】 このことわざの意味は、「好き勝手に振る舞う」です。同意のことわざに、**"Beraja di hati bersutan di mata."**「心の王となり、目の貴族となる」、**"Orang bersutan di matanya."**「目で貴族となる人」などがあります。

同類のことわざとして、スンダには、「己が南の塩となったようだ」（自分が最も利口で、金持ちだと思う人）があり、日本にも、「勝手気儘（きまま）」がありますし、「勝手な熱を吹く」というのもあります。金さえありゃ、成績さえ良けりゃ、「殿様」気分になるヤカラがいかに多いことか。

"raja"（王）を使ったことわざは、上の例以外に、**"Seperti raja dengan menteri."**「王と大臣のようだ」（あらゆることで一致する）、**"Tak ada raja menolak sembah."**「拝礼を拒否する王はいない」（敬意を表されることが嫌いな人はいない）など、約10個あります。

日本のことわざで「王」を使ったものは、「王になるも生まれからもっとも」、「冥土（めいど）の道には王なし」など、30個近くあります。

107) Sedepa jalan ke muka, setelempap jalan ke belakang.

一尋（ひとひろ）前進、一尺（ひとあた）後退

§キーワード：**ke depan**（前進）；**ke belakang**（後退）

Suroso : Kapan-kapan aku mau keluar dari pekerjaan ini dan berwiraswasta.

Ismail : Mengapa? Bukankah gajimu sekarang cukup besar?

Suroso : Memang. Tapi, rasanya aku tidak bisa berkembang.

Ismail : Oh, begitu. Ya, terserah kamu, tapi *sedepa jalan ke muka, setelempap jalan ke belakang*. Pikirlah sekali lagi, jangan tergesa-gesa.

スロソ：いつかこの仕事を辞めて、自分で事業をやってみたいな。

イスマイル：どうして。今の給料は結構高いんじゃないの。
スロソ：もちろん。でも、発展はできない気がするんだ。
イスマイル：ああ、そう。それじゃ、任せるけど、一尋(ひとひろ)前進、一尺(ひとあた)後退っていうからね。もう一度考えなよ、あせることはないさ。

〖語句〗 **sedepa**：一尋(ひとひろ)（大人が両手を左右に広げたときの長さ）。**setelempap**：一尺(ひとあた)（手の平の下端から中指の先端までの長さ）。**kapan-kapan**：いつか。**berwiraswasta**：事業を営む。

【説明】 このことわざの意味は、①「理想を達成するために前進する人」と②「あらゆる行為は損得を計算すべきだ」の二つです。

日本にも、「損得尽(ず)く」というのがあります。

"jalan"（道）を使ったことわざは、**"Sesat di ujung jalan, balik ke pangkal jalan."**「道の先で迷ったら、道の大元へ戻れ」（誤ったことをしたら、正しい道へ戻りなさい）、**"Seperti orang berak di tengah jalan."**「道の真ん中で大便をする人のようだ」（非常に恥ずかしいことをした人への皮肉）など、20個近くあります（No. 15を参照）。

「道」を使ったことわざは、「道が開ける」、「日暮れて道遠し」など、160個以上あります（尚学図書。一部、故事・俗信を含む）。

108) Pagar makan tanaman.

垣根が作物を食う

§キーワード：**pagar**（垣根）；**tanaman**（作物）

Rani : Kau sudah dengar polisi akhirnya bisa menangkap pencuri uang di brankas kantor kita, Nur ?

Nuraini : Belum. Siapa pencurinya ?

Rani : Kabarnya salah satu di antara penjaga kantor.

Nuraini : Eh ? Kau jangan bercanda, Rani. Masak, *pagar makan tanaman.*

Rani : Sungguh, aku juga heran. Tapi kata polisi dia suka berfoya-foya, lalu terbelit utang. Jadi terpaksa mencuri.

ラニ : 警察がついにうちの会社の金庫のお金を盗んだ人を捕まえたって聞いた、ヌル？

ヌライニ : まだよ。誰、その盗賊って。

ラニ : 会社の警備員の１人だってよ。

ヌライニ : えっ。冗談言わないでよ、ラニ。まさか、垣根が作物を食うなんて。

ラニ : 本当よ、私も驚いたわ。でも警察の話だと、彼は遊びふけって、借金で首がまわらなくなったんですって。だから、盗まざるを得なかったのよ。

〖語句〗 **berfoya-foya** : 享楽する、遊蕩（ゆうとう）する。**terbelit** : 巻きつく。

【説明】 このことわざは、インド起源といわれ［Sarwono］、その意味は、「本当は守るべきものを壊したり取ったりする人」です。同意のことわざに、**"Pagar makan padi."**「垣根が稲を食う」(No. 46 を参照)、**"Telunjuk merusak mata."**「人差し指が目を壊す」などがあります。

同類のことわざとして、日本には、「飼犬に手を噛（か）まれる」、「盗人（ぬすびと）に蔵の番」、ジャワには、「ばい菌が脊髄を食う」などがあります。

“makan”（食べる、食う）を使ったことわざは、**“Makan bubur panas-panas.”**「おかゆを熱々で食べる」（稼ぎを期待しすぎてあせり、結局、失望する）、**“Makan tanah.”**「土を食う」（非常に貧乏で、食べるものがない）など十数個あります。

尚学図書によれば、「食べる」を使ったことわざは約180個ありますが、大半が故事•俗信です。一方、「食う」を使ったものは、「色気より食い気」、「煮えたら食う」など、約680個ありますが、やはり故事・俗信が多く含まれています。最も身近なことであるために、これだけ多いのでしょう。

109) Karena nila setitik, rusak susu sebelanga.

藍(あい)一滴で、一鍋の乳が腐る

§キーワード：**nila**（藍）；**susu**（乳）

Ibu Waskito : Kabarnya kepala desa kita diperiksa polisi, Pak.

Pak Waskito : Ya, betul. Karena dia terlibat dalam perkara korupsi.

Ibu Waskito : Wah, sayang sekali, ya. Sebenarnya, dia kepala desa yang rajin. Berkat jasanya desa kita menjadi maju.

Pak Waskito : Ya, begitulah. *Karena nila setitik, rusak susu sebelanga.* Oleh karena itu, dia akan diberhentikan.

ワスキト夫人：うちの村の村長さんが警察に取り調べられたんだってね、お父さん。

ワスキト氏：うん、そうだよ。汚職事件に巻き込まれたからなんだ。

ワスキト夫人：そりゃ、とっても残念ね。本当は勤勉な村長さんなのよ。彼の功績で、うちの村は進歩したのに。

ワスキト氏：ああ、そうだね。藍一滴で、一鍋の乳が腐るってやつだ。それで辞職させられるんだよ。

〖語句〗 **terlibat**：巻き込まれた。**perkara**：①事柄、件。②事件、出来事。**diberhentikan**：辞めさせられる、免職させられる。

【説明】 このことわざの意味は、「少しの間違いで、多くの善行・功績が帳消しになる」です。同意のことわざに、**"Ikan seekor merusakkan ikan setajau."**「魚１匹で、甕(かめ)一杯の魚を腐らせる」、**"Ikan sekambu rusak oleh ikan seekor."**「魚篭(びく)一杯の魚も１匹で腐る」などがあります。

日本にも、同類のことわざとして、中国に由来した、「九仞(きゅうじん)の功を一簣(いっき)に欠く」というのがあります。

"nila"（藍）を使ったことわざは、表題の例しか見当たりません。日本のことわざで、「藍」を使ったものには、「青は藍より出でて藍より青し」（弟子が師より優れていることのたとえ）など、数個あります。

"susu"（乳）を使ったことわざは、**"Seperti susu dengan sakar."**「乳と砂糖のようだ」（非常に相性がよい）、**"Susu di dada tak dapat dielakkan."**「胸の乳は避けられない」（人の運命には逆らえない）など、数個あります。

日本のことわざで、「乳(ちち)」を使ったものは、「泣く子に乳」（効果がてき面にあらわれること）など、10個ほどあり、「乳(ち)」を使ったものが、「乳が上がる」（乳が出なくなる）など、数個あります。

ひとやすみ

◇◆ **Korupsi（汚職）** ◇◆

1998年5月に発生した政変で、インドネシアの政権を約30年間にわたって掌握してきたスハルト政権が崩壊しました。

その原因はいくつかありますが、"KKN"という頭文字の略語にその一部が端的に表れています。これは、"kolusi"（癒着）、"korupsi"（汚職）、"nepotisme"（縁者びいき）を略したものです。スハルト元大統領を中心に蔓延していた"KKN"の体質が崩壊の大きな要因となったものです。

どこにでも「汚職」はあるものですが、30年もの長期政権が続けば、どこかに腐敗が起こり、そこから崩壊につながるのは、いわば歴史の必然です。 [S]

110) Jika pandai meniti buih, selamat badan sampai ke seberang.

泡の小橋をうまく渡れば、身体は無事に対岸に着く

§キーワード：**buih**（泡）；**badan**（身体）

Utomo : Minggu depan saya akan pergi ke Jerman untuk belajar.

Nenek : Belajar apa di sana ?

Utomo : Ilmu penerbangan, Nek. Kata teman-teman sulit sekali. Apakah saya bisa lulus, ya ?

Nenek : Jangan khawatir. Ingat pesanku, *jika pandai*

meniti buih, selamat badan sampai ke seberang. Kalau kau belajar sungguh-sungguh, aku yakin cita-citamu akan tercapai.

Utomo : Terima kasih. Mohon restu Nenek.

ウトモ：来週、僕はドイツへ留学するんだよ。

祖母：そこで何を勉強するのかえ。

ウトモ：航空学だよ、ばあちゃん。友人たちは、非常に難しいって言うんだ。うまく修了できるだろうか。

祖母：心配はいらないよ。泡の小橋をうまく渡れば、身体は無事に対岸に着くっていう、あたしの言うことを肝に銘じておくんだよ。一生懸命に勉強すれば、おまえの理想は達成されると、あたしゃ信じてるよ。

ウトモ：有難う。ばあちゃん、祈っていてね。

〘語句〙 **ilmu penerbangan**：航空学。**tercapai**：達成された。**restu**：①祝福、恵み、恩恵。②まじない。

【説明】 このことわざの意味は、「常に努力すれば、理想は達成されるだろう」です。

これに類似したことわざは日本にもあります。たとえば、中国に由来することわざ、「愚公山を移す」（愚公が家の前にあった山を長い年月をかけて移したという故事から、どのようなことも一心に行えば必ず成功するたとえ)、「石の上にも三年」などがあります。

どうも、最近の若者は、すべてに恵まれているからか、苦労してまで、何かを成し遂げようという人が減っているような気がするのは私だけでしょうか。

"badan"（身体）を使ったインドネシアのことわざは、上の例以外に、**"Berbadan dua."**「二つの身体を持つ」(妊娠する)、**"Biar badan penat asal hati suka."**「心が好きなら、身体は疲れても構わない」(楽しい仕事は疲れを感じない)など、数個あります(No. 43 を参照)。

「体」を使った日本のことわざは、「身上(しんしょう)が太れば体も太る」(財産が増えてくると、その人の風采まで上がってくること)、「体を張る」など、約30個あります。

111) Sekali lancung ke ujian, seumur hidup orang tak percaya.

試験で一度不正をすれば、一生涯、人は信じない

§キーワード: **sekali lancung**(一度の不正);
seumur hidup(一生)

Ibu: Mengapa tidak pergi ke kantor hari ini? Cuti?

Ari: Tidak. Aku masih ngantuk sekali. Tadi malam bergadang dengan teman.

Ibu: Eh? Jadi, hari ini kau bolos kerja, ya. Kalau sering bolos, kamu pasti dipecat, lo. *Sekali lancung ke ujian, seumur hidup orang tak percaya.* Kalau kau dipecat, sulit mencari pekerjaan. Nanti kehidupanmu susah. Ayo, jangan bermalas-malas saja. Cepat berangkat ke kantor.

Ari: Ya, Bu. Ya, Bu.

母: どうして今日は出勤しないの。休暇なの?

アリ: ううん。まだとっても眠たいんだよ。ゆうべ、友達と夜遊びしたんだ。

母：えっ？　じゃあ、今日は会社をサボるのかえ。しょっちゅうサボってると、きっとくびになるよ。試験で一度不正をすれば、一生涯、人は信じないっていうからね。くびになったら、仕事探しは大変だよ。やがて生活にも困るわよ。さあ、怠けてなんかいちゃ駄目駄目。すぐに会社へ行きなさい。

アリ：うん、わかった、母さん。

〖語句〗 **ngantuk**：← mengantuk（＝meN＋kantuk）眠い、眠たい。**bergadang**：①徹夜する。②夜遊びする。**bolos**：（仕事や学校を）サボる、ずる休みする。**bermalas-malas**：怠ける。

【説明】 このことわざの意味は、「一度、大きな過ちを犯すと、ずっと信用されなくなる」です。

意味合いは異なりますが、日本のことわざに、「味噌を付ける」（失敗して評判を落とす）というのがあります。

一度、信用や信頼を失うと、とりもどすのはなかなか大変ですよね。それが国内外を問わないことはいうまでもありません。

"percaya"（信用する）を使ったことわざは、**"Percaya angin lalu."**「噂を信じる」（真実かどうかはっきりしない噂を信じる）、**"Percaya, tidak tergesa-gesa."**「（自分を）信じよ、あわてることはない」（自信をもってあわてずにやれば、きっと良い結果が得られる）など、数個あります。

日本のことわざで、「信用」に関するものとしては、「信用は無形の財産」と『イソップ物語』に由来する、「嘘つきは本当のことを言っても信用されない」の2個あります。

112) Ketemu batunya.

石に出会う

§キーワード：**ketemu**（出会う）；**batu**（石）

Pedagang 1 : Kohar, preman di pasar ini, sekarang jarang kelihatan batang hidungnya, ya.

Pedagang 2 : Ya, kabarnya dia sudah pindah.

Pedagang 1 : Eh, kenapa ?

Pedagang 2 : Aku dengar dia kalah waktu berduel dengan pedagang baru yang jago silat.

Pedagang 1 : Oh, begitu. Jadi, Kohar akhirnya *ketemu batunya*, ya. Mentang-mentang badannya besar, selalu memalak orang.

商人 1 ：この市場のチンピラ、コハルはこの頃めったに姿を現さなくなったな。

商人 2 ：うん、移ったって噂だな。

商人 1 ：えっ、どうしてだい。

商人 2 ：あいつは、シラット名人の新しい商売人と決闘して負けたって聞いたけど。

商人 1 ：ああ、そうかい。じゃあ、コハルは結局、石に出会ったってわけだな。図体がでかくて、いつも人を困らせてたからな。

〘語句〙 **préman**：①民間の。②文民の。③チンピラ、ごろつき。**ber-duél**：決闘する、争う。**jago**：選手、名人、勇士。**silat**：（空手のような護身術）シラット。**mentang-mentang**：ただ〜というだけで、〜という理由だけで。

【説明】 このことわざの意味は、「同等か、より手強い相手に出会う」です。

“hidung”（鼻）を使った慣用句はいろいろあります。上の会話の例文にある“batang hidung”とは、「①鼻筋、鼻柱。②（人の）姿」という意味です。また“di muka hidung”（鼻の前で）は「目の前で、面と向かって」、“hidung tinggi”は、「①高い鼻。②高慢な」、“hidung putih”（白い鼻）と“hidung belang”（縞の鼻）はともに「スケベーな男」を意味します。さらに、“mendapat hidung panjang”（長い鼻を手に入れる）は「恥をかく」です。

“hidung”を使ったことわざは、**“Potong hidung rusak muka.”**「鼻を切れば顔が壊れる」（身内に良くないことをすれば、自分が恥をかくだろう）、**“Hidung laksana kuntum seroja, dada seperti mawar merekah.”**「鼻は蓮の蕾（つぼみ）、胸は咲き初めの薔薇（ばら）のようだ」（女性の鼻と胸の形の美しさの形容）など、10個以上あります。

日本で容姿端麗の女性をことわざにしたものに、「立てば芍薬（しゃくやく）、座れば牡丹（ぼたん）、歩く姿は百合の花」があります。

日本のことわざで、「鼻」を使ったものは、たとえば、「鼻が高い」、「鼻に掛ける」（得意がる）など、180個を越えています（一部、故事・俗信を含む）。

「石」に関することわざに関しては、No. 24、No. 69、No. 91を参照してください。

113) Bumi tidak selebar daun kelor.

地球はわさびの葉ほど狭くない

§キーワード：**bumi**（地球）；**daun kelor**（わさびの葉）

Sarjono : Fajar, kau tampak kurus sekali sekarang.

Fajar : Ya, belakangan ini aku tidak ada nafsu makan sama sekali.

Sarjono : Eh, mengapa? Kau sakit?

Fajar : Tidak. Aku patah hati. Pacarku kawin dengan laki-laki lain.

Sarjono : Oh, hanya itu penyebabnya. Fajar, *bumi tidak selebar daun kelor.* Perempuan di dunia ini bukan hanya pacarmu saja. Masih banyak gadis yang lain. Kau masih muda, 'kan? Cari pacar yang baru saja.

Fajar : Terima kasih nasihatmu, Jon.

サルジョノ：ファジャル、今、とってもやせてるな。

ファジャル：うん、最近、まったく食欲がないんだ。

サルジョノ：えっ、どうして。病気かい。

ファジャル：いいや。失恋したんだよ。恋人が他の野郎と結婚したんだ。

サルジョノ：なんだ、そんなことが原因かい。ファジャル、地球はわさびの葉ほど狭くないってね。この世で女は君の恋人だけじゃないさ。女の子は他にもたくさんいるよ。まだ若いんだからさあ。新しい恋人を探しなよ。

ファジャル：アドバイス有難う、ジョン。

〖語句〗 **selébar**：同じ幅の広さ。**belakangan ini**：最近、近頃。**nafsu makan**：食欲。**patah hati**：①落胆する。②失恋する。

【説明】 このことわざの意味は、「世界は狭くない」です。

この世は広いようで狭く、狭いようで広いですよね。たかが恋人の１人や２人……とは思っても、当人にすればなかなか割り切れないものです。それが人生だって、人には簡単に言えても、若い時にはなかなかそうは思えないものです。

"daun"（葉）を使ったことわざは、**"Bagai kucing main daun."**「猫が葉とたわむれるようだ」（①ある人のものすごさ。②敏速に堂々とやりとげる）、**"Tiada angin bertiup, masa daun kayu bergerak."**「風が吹かずに木の葉が動くはずがない」（ある結果にはかならずその原因がある）など、約10個あります。

日本のことわざで、「葉」を使ったものとしては、「葉をかいて根を断(た)つ」など、約50個あります。

"bumi"（地球、大地）に関することわざに関しては、No. 10を参照してください。

114) Mengukur baju orang di badan sendiri.

自分の身体で人の上着の寸法を測る

§キーワード：**baju orang**（人の上着）；
badan sendiri（自分の身体）

Joko：Apa pekerjaan tetangga baru kita, ya？
Wulan：Wah, aku kurang tahu. Ada apa, sih？

Joko : Pagi di rumah. Siang keluar. Pulangnya malam-malam. Jangan-jangan dia bukan orang baik-baik.

Wulan : Mengapa Mas Joko curiga ? Jangan *mengukur baju orang di badan sendiri*, dong. Mungkin dia bekerja sebagai satpam yang tugasnya malam.

ジョコ：うちの新しい隣人の仕事は何だい。

ウラン：うーん、よくは知らないわ。何があったの。

ジョコ：朝は家。昼に出かける。帰宅は深夜。よからぬ人でなきゃいいんだけど。

ウラン：どうしてあなたは疑り深いの。自分の体で人の上着の寸法を測ることをしちゃだめですよ。ガードマンの仕事で夜勤かもしれないじゃない。

〖語句〗 **sih** : (疑問文で) 本当に、いったい。**malam-malam** : 深夜。**jangan-jangan** : ひょっとして、恐らく。**satpam** : ← satuan pengamanan（企業などの）警備部。

【説明】 このことわざの意味は､「自分の感覚で他人の善悪を決める」です。同意のことわざに、**"Ukur baju badan sendiri."**「自分の身体で上着を測る」などがあります。これらと逆の意味で、これを戒めたことわざが､ **"Jangan mengukur baju orang di badan sendiri."**「自分の身体で人の上着を測ってはならない」です。

同意の日本のことわざに、「己を以って人を量(はか)る」などがあります。

"baju"(上着)を使ったことわざは数個ありますが、その中には、**"Mencabik baju di dada."**「胸で上着を引き裂く」(自分や家族の恥を語る)、**"Bagai memakai baju sempit."**「小さい上着を着るようだ」(自分の状態とは合わないことをする)などがあります (No. 82 を参照)。

日本のことわざで、「上着」を使ったものとしては、「闇に錦の上着」(無駄なこと) ぐらいでしょうか。

115) Setinggi-tinggi bangau terbang, surutnya ke kubangan.

鷺(さぎ)はどんなに高く飛んでも、降りるのは沼田場(ぬたば)

§キーワード : **bangau** (鷺) ; **kubangan** (沼田場)

Ibu Hadi : Pak, kau masih ingat si Udin, anak Pak Carik?

Pak Hadi : Tentu saja. Tapi, sejak lulus Aliah, dia pergi merantau, 'kan? Kabarnya ke negara-negara Arab. Kalau tidak salah, sudah lima belas tahun dia tak pulang.

Ibu Hadi : Ya, betul. Ingatan Bapak masih tajam, ya. Tapi, kemarin aku bertemu dengannya di kelurahan. Katanya dia mau bekerja di pesantren desa kita.

Pak Hadi : Hei, sungguh? Ternyata *setinggi-tinggi bangau terbang, surutnya ke kubangan* juga, ya. Kalau begitu, dia pasti punya banyak pengalaman. Mudah-mudahan pesantren desa kita bisa lebih maju.

ハディ夫人 : お父さん、チャリックさんの息子さんのウディンちゃんを覚えていますか。

ハディ氏 : もちろんだよ。でも、高校を卒業して以来、出稼ぎに行ってるんじゃなかったかね。アラブの国々へ行ったという噂だ。間違いでなきゃ、もう15年は帰省してないよなあ。

ハディ夫人：ええ、その通りですよ。お父さんの記憶力もまだまだ確かね。でも、昨日、村役場で会ったのよ。うちの村のイスラム寄宿塾で働くつもりですって。

ハディ氏：へえ、そりゃ本当かい。鷺(さぎ)はどんなに高く飛んでも、降りるのは沼田場(ぬたば)ってことになったわけだ。それなら、きっと多くの経験を積んだはずだ。この村のイスラム寄宿塾ももっと進歩できりゃいいんだがなあ。

〖語句〗 **setinggi-tinggi**：どんなに高くとも。**kubangan**：泥沼、沼田場(ぬたば)（動物などの泥遊び場）。**aliah**：（イスラム教系の）高校。**kelurahan**：村役場。**pesantrén**：プサントレン、イスラム寄宿塾。

【説明】 このことわざは、**"Setinggi-tinggi terbang bangau, hinggapnya ke kubangan juga."**「鷺はどんなに高く飛んでも、止まるのはやはり沼田場」ということもありますが、いずれの意味も、「人はどんなに遠くへ出稼ぎに行っても、結局は故郷へ戻る」です。同意のことわざには、**"Berapa tinggi terbang bangau, akhirnya hinggap di belakang kerbau juga."**「鷺はいかに高く飛んでも、結局は水牛の背中に止まる」、**"Setinggi-tinggi batu melambung, surutnya ke tanah jua."**「石はどんなに高く飛んでも、落ちるのはやはり地面だ」、**"Seperti ayam pulang ke pautan."**「鶏が止まり木に帰るようだ」など、たくさんあります。

同類のことわざに、「鳥は古巣に帰る」（日本）、「ククイノキは根元に戻り、水牛は小屋に帰る」（スンダ）、「ウサギはいつも自分の巣に戻ってくる」（イギリス、フランス）、「ネズミはいつも自分の穴に帰ってくる」（ルーマニア）、「魚は大きくなると自分の小川に戻ってくる」（ナイジェリア）などがあります。

“bangau”（鷺）を使ったことわざには、上の例以外に、**“Bangau, bangau, minta aku leher ; badak, badak, minta aku daging.”**「鷺よ、鷺よ、(おまえの長い) 首が欲しい；犀（さい）よ、犀よ、おまえの肉が欲しい」（人の富貴や長所を見てねたむこと）などがあります。

日本のことわざで、「鷺」を使ったものとしては、「鷺とカラス」(まったく対照的な二つのもののたとえ)、「鷺の深入り」(敵地などに単身で深く侵入すること）など、十数個あります。

インドネシアでは、西スマトラのミナンカバウ人が“merantau”(出稼（でかせ）ぎに行く）で有名です。「出稼ぎ」で稼いで、故郷に錦（にしき）を飾る、というのが伝統的な考え方で、19世紀の後半に、貨幣経済が浸透し、交通手段が発達すると、主として男性が単身で行商のために「出稼ぎ」に行くようになったようです。最近では、ジャカルタなどの大都市への家族ぐるみの「出稼ぎ」ばかりでなく、アラブ圏や香港など、海外への女性の「出稼ぎ」がかなり多くなっています。故郷に待つ家族のために、人にも言えない苦労にも耐えていることでしょう。

だからこそ、**“Hujan emas di negeri orang, hujan batu di negeri sendiri, baik juga di negeri sendiri.”**「異郷で金（きん）の雨に降られ、故郷で石の雨に降られても、やはり故郷がいい」、**“Sebaik-baik tinggal di rantau, baik juga di negeri sendiri.”**「出稼ぎ先に住むのがどんなに快適でも、やはり故郷がよい」(異郷がどんなによくても、やはり故郷の方がよい)となるのでしょう。

“rantau”（出稼ぎ)、“merantau”（出稼ぎに行く）ということばが使われていることわざは、10個近くあります。たとえば、**“Merantau di sudut dapur.”**「台所の隅で出稼ぎする」と

"Merantau ke balik dapur."「台所の裏へ出稼ぎに行く」はどちらも「それほど遠くない所へ出稼ぎに行く」という意味です。

116) Takut di hantu, terpeluk ke bangkai.

お化けを恐れて死体に抱かれる

§キーワード：**hantu**（お化け）；**bangkai**（死体）

Purwo : Kenapa kakimu pincang dan kepalamu benjol?

Rokim : Jatuh dari sepeda motor.

Purwo : Di mana?

Rokim : Di perempatan desa. Tadi malam, karena listriknya mati, gelap sekali. Merinding rasanya lewat di sana. Lalu, aku nabrak tiang.

Purwo : Salahmu sendiri. Akibatnya, *takut di hantu, terpeluk ke bangkai.* Masak, takut pada kegelapan. Laki-laki harus berani, dong.

プルウォ：足を引きずり、頭にこぶをつくって、どうしたんだい。

ロキム：バイクで転んだんだよ。

プルウォ：どこで。

ロキム：村の交差点だよ。昨夜、電気が消えてて、真っ暗だった。そこを通るのは怖い気がしてたんだ。それで電柱にぶつかっちゃった。

プルウォ：自業自得だよ。結局、お化けを恐れて死体に抱かれることになったんだな。まさか、暗闇が怖かったんじゃないよね。男は勇敢じゃなきゃ。

〖語句〗 **bénjol**：①瘤（こぶ）。②腫（は）れた。**nabrak**：← menabrak（＝meN＋tabrak）ぶつかる、衝突する。

【説明】 このことわざは、**"Takut akan hantu terpeluk bangkai."**「お化けを恐れて死体に抱かれる」ということもありますが、いずれの意味も、「本当は恐れる必要のないものを恐れたために困難な目に遭う」です。同意のことわざに、**"Takutkan hantu lari ke pandam."**「お化けを恐れて墓へ逃げる」、**"Takut akan lecah lari ke duri."**「泥を恐れて刺（とげ）へ逃げる」などがあります。

"takut"（怖い）の使われていることわざは、10個位ありますが、こわいものの「対象」は、"hantu"（お化け）、"mayat"（死体）、"ular"（ヘビ）などです。たとえば、**"Takut pada ular, terkejut pada bengkarung."**「ヘビを恐れて、トカゲに驚く」（権力者を恐れて、その同類をも怖がる）があります。

日本では、「お化け」を使ったものとしては、２個ほどある俗信を除いて、ことわざは見当たりませんが、「怖い・恐い」を使ったものは、「恐いときの仏頼み」、「恐い物無し」など、約40個あります。

117) Umpan habis ikan tak kena.

えさはなくなれど、魚はかからず

§**キーワード**：**umpan**（えさ）；**ikan**（魚）

Petani 1：Bagaimana hasil percobaan kita menanam bibit

baru, ya ?

Petani 2 : Tampaknya nihil. Aku pikir rasanya *umpan habis ikan tak kena*. Jadi, kita rugi saja.

Petani 1 : Jangan putus harapan. Mungkin tanahnya kurang subur dan pupuknya tidak cocok. Mari kita coba lagi.

農民１：新しい苗を植える試みの結果はどうだったかい。

農民２：皆無みたいだな。えさはなくなれど、魚はかからずって感じだなあ。だから、損しただけさ。

農民１：まあ絶望しなさんな。土地があまり肥えておらず、肥料も合わなかったかもわからん。またやってみようよ。

〖語句〗 **percobaan** : 試み、実験。**nihil** : ゼロ、皆無。**putus harapan** : 絶望する。

【説明】 このことわざは、**“Umpan habis ikan tak dapat.”**「えさはなくなれど、魚は得られず」ということもありますが、いずれの意味も、「懸命に努力はしたが、成果なし」です。同意のことわざに、**“Arang habis besi tak kimpal.”**「炭は尽きれど、鉄は練(ね)れず」、**“Habis air habislah kayu, jagung tua tak hendak masak.”**「水はなくなり、薪(まき)も尽きれど、古トウモロコシは煮えもせず」などがあります。

同類のことわざとして、日本にも、「骨折り損(ぞん)のくたびれ儲(もう)け」や「餌の接待」（魚にえさをご馳走するばかりの下手な魚釣りをあざけって言う）などがあります。

“umpan”（えさ）を使ったことわざは、上の例以外に、**“Jadi umpan saja.”**「えさになっただけ」（人に騙されて犠牲になる）、**“Jadi umpan meriam.”**「大砲のえじきになる」（打たれて消えた）など、数個あります。

118) Ada sampan hendak berenang.

小舟があるのに泳ごうとする

§キーワード：**sampan**（小舟）；**berenang**（泳ぐ）

Sarjono : Pagi-pagi sudah mengeluarkan kerbaunya. Mau ke mana?

Pak Kromo : Ke sawah. Untuk bajak.

Sarjono : Lo, Pak Kromo, mengapa *ada sampan hendak berenang*. Lebih baik pakai traktor. Pekerjaannya jadi lebih ringan.

Pak Kromo : Ya, tapi aku belum punya.

Sarjono : Beli saja. Pak Kromo 'kan orang kaya.

サルジョノ：朝早くから水牛を引っ張り出して。どこへでかけるんですか。

クロモおじさん：田んぼじゃよ。耕しにの。

サルジョノ：えっ、クロモおじさん、どうして、小舟があるのに泳ごうとするんですか。トラクターを使う方がいいのに。仕事もずっと楽になりますよ。

クロモおじさん：うん、でもわしは持っておらんのじゃ。

サルジョノ：買えばいいですよ。クロモおじさんはお金持ちなんだから。

〖語句〗 **bajak**：①鋤（すき）。②(鋤で) 鋤（す）く、耕す。

【説明】 このことわざの意味は、「楽な仕事があるのにきついものを求める」です。同意のことわざに、**“Ada sirih hendak makan sepah.”**「シレーがあるのに、滓(かす)を食おうとする」(良いものがあるのに悪いものを求める)［sirih：シレー、キンマ(嚙みタバコ)。sepah：(サトウキビなどの嚙み砕いた)残り滓(かす)］などがあります。

日本には、まったく意味合いは異なりますが、「若い時の苦労は買(こ)うてもせよ」ということわざがあります。

“sampan”(小舟)を使ったことわざは、**“Sampan ada pengayuh tidak.”**「小舟はあるが櫓(ろ)がない」(何かをするのに、条件がそろっていない)、**“Air besar sampan tak hanyut.”**「大水なのに小舟は流れず」(期待に応えられない)など、4個ほどあります(No. 23を参照)。

119) Mumbang jatuh kelapa jatuh.

ヤシの蕾(つぼみ)も落ち、実も落ちる

§**キーワード**：**mumbang**(ヤシの蕾)；**kelapa**(ヤシ)

Pak Waskito：Tadi malam, si Heru, anak tetangga meninggal di rumah sakit karena demam berdarah.

Ibu Waskito：Kasihan sekali, ya. Dia ’kan masih duduk di kelas satu SD.

Pak Waskito：Ya, tapi, *mumbang jatuh kelapa jatuh,* Bu. Kematian tidak membeda-bedakan usia.

ワスキト氏：ゆうべ、隣のヘル坊がデング熱のため、病院で死んだよ。

ワスキト夫人：本当にかわいそうねえ。まだ小学1年生だった

のに。

ワスキト氏：うん、でもヤシの蕾(つぼみ)も落ち、実も落ちるさ。死というやつは、年齢を問わないからなあ。

〘語句〙 **demam berdarah**：デング熱（ウィルス性の急性伝染病）。**duduk di kelas satu**：１年生に在籍する。**SD**：← Sekolah Dasar 小学校。**membéda-bédakan**：区別する、差別する。

【説明】 このことわざの意味は、「年齢を問わず、生きとし生けるものは全て死ぬ」です。同意のことわざに、**"Bunga gugur putik pun gugur, tua gugur masak pun gugur."**「花は散り蕾も落ちる、古い実は落ち、熟れた実も落ちる」、**"Buah masak jatuh, putik pun jatuh jua."**「熟れた実が落ち、蕾も落ちる」などがあります。

これらと類似した日本のことわざに、「老少不定(ろうしょうふじょう)」（人間の寿命は年齢と関係なく、誰が先に死ぬかわからないこと）、「無常の風は時を選ばず」（死は人の世の都合などとかかわりなく訪れる）などがあります。

"mumbang"（ヤシの蕾）の使われていることわざは、**"Menanam mumbang."**「ヤシの蕾を植える」（①不可能なことを期待する。②無駄なことをする）、**"Coba-coba menanam mumbang, kalau tumbuh sunting（＝turus）negeri."**「ヤシの蕾を植えてみよ、成長すれば国の華（＝国の柱）」（努力を続ければきっと将来、成果があるだろう）など、数個あります。

"kelapa"（ヤシ）の使われていることわざはいくつかあります。たとえば、**"Tua-tua kelapa, makin tua makin berminyak."**「老いたってヤシの実、年を取れば取るほど油がたまる」（①年を取れば取るほど、学問や知識が増える。②年を取れば取るほど、青年のように気が若く、若い女性に興味を示す）があり（No. 89 を参照）、他には、**"Kelapa ditebuk tupai."**「ヤシの実がツパイに穴を開けられた」（乙女が処女を失う）があります。

120) Indah kabar dari rupa.

見目（みめ）より噂が美しい

§キーワード：kabar（噂）；**rupa**（容姿）

Suwarti : Kapan kembali ke Jakarta?

Sartini : Aku tidak kembali ke sana. Aku mau tinggal di desa saja.

Suwarti : Eh, mengapa? Aku dengar kehidupan di sana lebih enak.

Sartini : Aah, itu tidak benar. Biasa, 'kan, *indah kabar dari rupa*. Sudah dua bulan aku di sana, tapi tidak dapat pekerjaan.

スワルティ：いつジャカルタへ戻るの。

サルティニ：もう戻らないの。村に住みたいわ。

スワルティ：えっ、どうして。あちらの生活の方が快適だって聞いてるけど。

サルティニ：あら、それは正しくないわ。見目より噂が美しいっていうのが当り前でしょう。2ヵ月そこにいたけど、仕事もなかったわ。

〖語句〗 **rupa**：①外観、見目（みめ）、見た目。②顔つき。③姿、実態。

【説明】 このことわざは、**“Indah kabar dari berita.”**「報(しら)せより噂が美しい」ということもありますが、いずれの意味も、「噂は、実情より常に誇張される」です。

類似した日本のことわざに、「聞いて極楽、見て地獄」、「見ると聞くとは大違い」などがあります。

“rupa”に関することわざは約10個あります。たとえば、**“Rupa harimau hati tikus.”**「見た目は虎で心はネズミ」(外見はたくましいが、本当は臆病者)、**“Rupa seperti hantu.”**「顔つきはお化けのようだ」(非常に醜い) などがあります。

121) Kalah membeli menang memakai.

買い負け、使い勝つ

§キーワード: **kalah** (負ける); **menang** (勝つ)

Suami : Wah, lihat sweter ini. Warnanya bagus dan harganya murah sekali. Boleh beli, ya?

Isteri : Coba kulihat dulu. Mm, tidak usah. Lebih baik beli yang ini.

Suami : Eh, tapi itu ’kan mahal sekali. Harganya tiga kali lipat dari yang ini.

Isteri : Aku tahu. Tapi ingat, *kalah membeli menang memakai.* Sweter ini mutunya jauh lebih baik dari yang itu.

Suami : Baiklah, baiklah.

夫: なあ、このセーターを見てよ。色がよくて、値段もとっても安いよ。買ってもいいだろう?

妻：ちょっと見てみるわ。ううん、やめといたほうがいいわ。
　　こっちを買う方がいいわよ。
夫：でも、そりゃ、とても高いじゃないか。値段はこれの３倍
　　だよ。
妻：わかってるわ。でも、買い負け、使い勝つ、て言うわよ。
　　このセーターはそれよりはるかに質がいいのよ。
夫：わかった、わかった。

〖語句〗 **tiga kali lipat dari** 〜：〜より３倍。**yang itu**：そちらの（もの）、あちらの（もの）。**jauh lebih baik dari** 〜：〜よりはるかに良い。

【説明】 このことわざは、**“Alah membeli menang memakai.”** (alah＝kalah)とも言いますが、いずれの意味も、「高価でも、質がよいので長く使える」です。

これと反対の意味のことわざに、「安物買いの銭失い」、「安物は高いもの」、「安かろう悪かろう」（以上、日本）、「安いものはおから餅」（韓国）、「安いものには穴がある」（スリランカ）、「五百マルカの仕立屋は千マルカの損」（フィンランド）、「安かろう腐っていよう」（ロシア）などがあります。

“menang”（勝つ）を使ったことわざは、たとえば、**“Adat juara kalah menang.”**「チャンピオンは勝ったり負けたりが慣わし」（どんなことにも、勝敗や損得が付きまとう）、**“Siapa lama tahan, menang.”**「長く耐える人が勝つ」（一生懸命に真面目に働けば、最後には困難な仕事もうまく成し遂げられる）など、数個ほどあります。

“kalah”（負ける）を使ったことわざは、上の例以外に、**“Kalah jadi abu, menang jadi arang.”**「負ければ灰に、勝てば炭にな

る」(勝っても負けてもどちらも損をする) ぐらいしかないようですが、“alah” (負ける) を使ったことわざは、**“Alah sabung menang sorak.”**「賭けに負け、叫び勝つ」(賭け事などに負けても、大声でまだへらず口をたたく)、**“Aku alah engkau tak menang.”**「俺は負けたが、お前は勝ってはいない」(自分の負けを認めたがらない者の負け惜しみの言葉) など、10個近くあります。

日本では、「勝つ」と「勝ち」を使ったことわざは、合わせて約150個。「負ける」と「負け」は、合わせて約55個あります (一部、故事・俗信を含む)。たとえば、「勝てば負ける」、「負けるが勝ち」などです。

122) Habis kapak berganti beliung.

斧(おの)が尽きて、手斧(ちょうな)に代える

§**キーワード**：**kapak** (斧)；**beliung** (手斧(ちょうな))

Yati : Eh, di mana suamimu? Mengapa tidak menonton televisi bersama anak-anak? Hari ini kantor libur, 'kan?

Sri : Oh, sekarang dia sedang menyiangi ladang.

Yati : Oh, begitu. Wah, bagus sekali, ya. *Habis kapak berganti beliung.* Kau beruntung punya suami yang rajin bekerja.

Sri : Terima kasih.

ヤティ：ええと、ご主人はどこなの。どうしてお子さんたちと一緒にテレビを見ないの。今日は、会社はお休みでしょう。

スリ：ええ、今は畑の草取りをしているの。

ヤティ：ああ、そうなの。とっても素晴らしいわねえ。斧が尽きて、手斧(ちょうな)に代えるだわね。あなた、真面目に働くご主人で幸運だわ。

スリ：有難う。

〖語句〗 **menyiangi**：草取りをする。**beruntung**：幸運な。

【説明】 このことわざの意味は、「非常に真面目に働く」です。

"kapak"（斧）を使ったことわざには、**"Kapak menelan beliung."**「斧が手斧を飲み込む」（良いものが捨てられ、悪いものと取り替えられる）など、数個あります。

一方、"beliung"を使ったことわざも、**"Bagai beliung dengan asahan."**「手斧と砥石(といし)のようだ」（非常に仲がいい）など、数個あります。

日本では、「斧」を使ったことわざとして、「美女は命を絶つ斧」（美女は男を破滅させる）、「斧の柄(え)朽(く)つ」など、20数個あります。

123) Jatuh di atas tilam.

ふとんの上に落ちる

§**キーワード**：**jatuh**（落ちる）；**tilam**（ふとん）

Hartono：Wah, mobilnya baru, ya. Berapa harganya?

Waluyo：Harganya tidak tahu karena ini gratis.

Hartono：Eh, jangan bercanda. Mengapa gratis?

Waluyo : Ini mobil hadiah.

Hartono : Dari siapa ?

Waluyo : Dari bank. Saya menang undian bank dan mendapat hadiah utama.

Hartono : Wah, kalau begitu, bagaikan *jatuh di atas tilam*, ya. Tiba-tiba mendapat kesenangan hidup.

Waluyo : Ya, jadi saya sangat bersyukur.

ハルトノ：わあ、車が新品だな。いくらだったんだい。

ワルヨ：これは只だから、値段は知らないんだ。

ハルトノ：えっ、冗談はよせよ。どうして只なんだい。

ワルヨ：これは賞品の車なんだ。

ハルトノ：誰から。

ワルヨ：銀行からさ。銀行のくじに当たって、一等賞を貰ったんだよ。

ハルトノ：ええっ、それじゃ、ふとんの上に落ちるじゃないか。突然に人生の快楽を手に入れたね。

ワルヨ：うん、だからとっても感謝してるんだ。

〖語句〗 **menang undian** : くじに当たる。**hadiah utama** : 一等賞。**bagaikan** : 〜のようだ。

【説明】 このことわざは、**"Jatuh ke atas kasur."**「ふとんの上へ落ちる」、**"Tidur di kasur."**「ふとんに寝る」と言うこともありますが、いずれの意味も、「人生の快楽を手に入れる」です。この場合の「人生の快楽」には、「裕福で気立てのよい女性と結婚する」という意味も含まれているようです。

"kasur"(ふとん)を使ったことわざは、上の例の二つ位です。また、"tilam"（ふとん）を使ったことわざは、表題のもの以外に、**“Bertilam air mata.”**「涙のふとんに寝る」（恋しくて寝るときに泣く）などがあります。

日本のことわざで、「ふとん（布団）」を使ったものは、「石に布団は着せられず」、「布団の上の極楽責め」など、数個あります。

“jatuh”（落ちる）を使ったことわざは数個ありますが、上の例のように、「快楽」を手に入れる場合と、「災難が降りかかる」場合（No. 16）のように、禍福がほぼ半々ずつあります。

日本のことわざで、「落ちる」を使ったものは、「巨星落つ」、「人口に落つ」（世間の人々に噂される）など、約180個あります（一部、故事・俗信を含む）。

124) Bagai itik pulang petang.

アヒルが夕方帰るようだ

§**キーワード**：**itik**（アヒル）；**petang**（夕方）

Tini : Ayo, pulang bersama-sama.

Rini : Ya, ayo.

Tini : Mengapa jalanmu pelan-pelan sekali, Rin ? *Bagai itik pulang petang* saja.

Rini : Aku baru saja sembuh dari sakit. Badanku masih lemah sekali.

Tini : Oh, begitu. Maaf, ya, aku tidak tahu. Kalau begitu, ayo, aku tuntun.

Rini : Terima kasih, Tin.

ティニ：さあ、一緒に帰りましょう。

リニ：ええ、じゃあ。

ティニ：どうして、そんなにのろのろ歩くの、リンちゃん。アヒルが夕方帰るようだわよ。

リニ：病気が治ったばかりなのよ。身体がまだとっても弱いの。

ティニ：ああ、そうなの。ごめんね、知らなくて。それじゃ、さあ、私が手を引いたげる。

リニ：ありがとう、ティンちゃん。

〖語句〗 **sembuh**：（病気が）治った。

【説明】 このことわざの意味は、「歩みが非常にのろい」です。パムンチャックによれば、このことわざは、非常に太った人、特に歩みのゆったりした女性を指しているとのことです［Pamuntjak 1983：214］。

インドネシア人は、相対的に日本人より、ゆっくり歩きます（初めて日本にやってきたインドネシア人は、東京の人の歩く速さに驚くそうです）が、大都市より村落に住んでいる人の方が遅いようです。これはどこにでも当てはまるのでしょう。

最近は大分減ったようですが、以前はジャカルタのメインストリートで信号のないところを、かなりのスピードで行き交う車の間をぬって「悠然と」横断する人をよく見かけました。なれない、私のような日本人にはとても真似のできないことでした。

なお、"itik"（アヒル）を使ったことわざに関しては、No. 13を参照してください。

125) Bagai air di daun talas.

里芋の葉の水のようだ

§**キーワード**：**air**（水）；**daun talas**（里芋の葉）

Ibu：Umurmu sudah tiga puluh tahun. Kapan kau menikah？
Agus：Wah, belum tahu, Bu. Belum ada yang cocok.
Ibu：Ini gara-gara kamu sering berganti pacar. Pendirianmu tidak tetap. *Bagai air di daun talas.* Pokoknya, kau harus segera menentukan pilihanmu.
Agus：Ya, Bu. Ya, Bu.
母：おまえも、もう30歳だよ。いつ結婚するの。
アグス：うん、まだわかんないよ。適当な人がいないんだ。
母：そりゃ、おまえがしょっちゅう恋人をとっかえひっかえするせいだよ。考えが定まっていないからね。里芋の葉の水のようだからよ。要するに、すぐに誰かに決めなきゃ。
アグス：はい、はい、母さん。

〖**語句**〗 **yang cocok**：適当な人、ふさわしい者。**gara-gara**：〜のせいで。

【**説明**】 このことわざの意味は、「意見や考えがいつもころころ変わる」です。同意のことわざに、**"Seperti embun di atas daun."**「葉の上の露のようだ」、**"Bagai menyurat di atas air."**「水の上に手紙を書くようだ」(No. 87 を参照)などがあります。
同類のことわざとして、「女心と秋の空」、「男心と秋の空」(以上、日本)、「恐怖と不安に包まれる」(ジャワ)、「女心は里芋の葉の露」(タイ)などがあります。

“daun talas”(里芋の葉)を使ったことわざには、他に、**“Khalis bagai air di daun talas.”**「里芋の葉の水のように純粋だ」(立派な知識や教訓も、それを望まない人には何の役にも立たない)などがあります。

日本のことわざで、「里芋」を使ったものは、「昆布に油揚(あぶらげ)里芋のお平(ひら)」(取り合わせのよいこと)など、俗信を含めて、数個あります。

ひとやすみ

◇◆ Semangka Masuk Sumur(スイカを井戸に入れる)◇◆

Ketika pertama kali datang ke Jepang pada musim panas, saya melihat banyak semangka dijual di pasar swalayan dan toko buah. Mula-mula saya pikir pasti semangka Jepang tidak ada bijinya. Tetapi, setelah mengamati, ternyata ada banyak bijinya. Waktu itu saya merasa heran karena di Indonesia semangka tanpa biji kadang-kadang disebut 'semangka Jepang.' Tetapi, justru di Jepang semangka tanpa biji tidak ada.

Di Indonesia semangka tanpa biji harganya cukup mahal karena diimpor dari luar negeri. Meskipun begitu, banyak orang Indonesia yang membelinya. Mereka suka sekali akan semangka tanpa biji karena bisa langsung makan, tidak perlu bersusah-susah untuk membersihkan bijinya.

Di Jepang ketika musim panas tiba, setiap minggu isteri saya pasti membeli sebuah semangka besar. Sesudah itu, dimasukkannya ke dalam sebuah ember besar yang berisi air. Waktu pertama kali melihat itu, saya merasa heran dan bertanya, "Mengapa harus masuk ember ?"

Dia melihat kepada saya dengan heran sambil menjawab. "Tentu saja, supaya menjadi dingin dan rasanya lebih enak. Karena lemari es kita 'kan terlalu kecil. Bahkan waktu kecil, aku selalu mendinginkan semangka di dalam sumur, lo. Lebih dingin dan rasanya lebih enak."

Isteri saya bertanya, "Orang Indonesia tidak mendinginkan semangka dalam sumur ?"

Mendengar itu saya kaget sekali dan segera teringat sumur di Indonesia. "Eh, itu tidak mungkin. Sumur di Indonesia sangat dalam."

Di Indonesia tidak semua orang mempunyai lemari es dan biasanya orang Indonesia tidak mau repot-repot mendinginkan semangka lebih dahulu. Langsung makan saja.

私が夏に初めて日本に来た時、スーパーや果物屋でたくさんのスイカが売られているのを目にしました。当初、私は日本のスイカなら種無しがあたりまえと思っていました。ところが、よく注意して見ると、たくさんの種があることがわかりました。私は驚いてしまいました。インドネシアでは種無しスイカを「日本スイカ」ということがあるからです。それなのに、当の日本に種無しスイカはなかったのです。

インドネシアでは種無しスイカは、輸入されるから値段が結構高いのです。それでも多くのインドネシア人が買います。種をいちいち出す面倒な手間がかからず、そのまま食べられるから大好きなのです。

日本で夏が来ると妻は毎週必ず大きなスイカを一つ買いま

す。それを水を張った大きなバケツの中に入れます。初めてそれを見たとき、私はびっくりして尋ねました。「どうしてバケツの中に入れなきゃならないんだい」

妻の方も驚いた表情で私の方を見て答えます。「決まってるでしょ。冷やして美味しくするのよ。だってうちの冷蔵庫は小さすぎるんだもの。私が小さいときは、いつもスイカを井戸の中で冷やしたのよ。もっと冷たくて美味しかったわ」

妻は尋ねます。「インドネシア人はスイカを井戸で冷やさないの？」

私はこれを聞いてとてもびっくりして、すぐさまインドネシアの井戸のことを思い出しました。「えっ、そりゃ無理だよ。インドネシアの井戸はすごく深いんだよ」

インドネシアではみんなが冷蔵庫をもっているわけではないし、インドネシア人は普通はスイカをわざわざあらかじめ冷やすなんて面倒なことはしたがりません。そのまま食べるだけです。

[E]

126) Masuk ke telinga kanan, keluar ke telinga kiri.

右の耳に入り、左の耳へ出る

§キーワード：**telinga kanan**（右の耳）；**telinga kiri**（左の耳）

Ayah : Anto, kenapa nilai rapormu banyak yang merah?

Anto : Aku tidak tahu, Pak. Padahal waktu tes, aku mengerjakannya dengan hati-hati.

Ayah : Ah, pasti sebenarnya kau tidak bisa mengerjakannya. Jangan-jangan selama ini semua pelajaran dari Bapak dan Ibu guru hanya *masuk ke telinga kanan, keluar ke telinga kiri.*

Anto : Tidak, Pak. Aku selalu memperhatikan pelajaran mereka.

Ayah : Aku tidak bisa percaya. Pokoknya semester yang akan datang kalau nilai rapormu ada yang merah, kau tidak kuberi uang saku. Mengerti?

Anto : Ya, Pak. Aku berjanji akan belajar lebih sungguh-sungguh.

父：アント、どうしておまえの通知表は赤点が多いのかい。

アント：わかんないよ、お父さん。テストの時は注意してやっているんだけど。

父：うーん、きっと本当はそれができないんだな。これまで先生たちから教わった全ての勉強が右の耳に入り、左の耳へ出るだけってことでなきゃいいんだけどね。

アント：そんなことないさ。ぼくはいつも先生たちの教えることをよく聞いているよ。

父：信じられないな。要するに、来学期、通知表に赤点があったら、小遣いをあげないからね。わかったかい。

アント：うん、わかったよ。もっと一生懸命に勉強すると約束するよ。

〖語句〗 **nilai rapormu**：（おまえの）通知表の点数。**jangan-jangan**：ひょっとして。**Bapak dan Ibu guru**：男性と女性の先生。**kau tidak kuberi uang saku**：（← aku tidak memberi engkau uang saku の文章を、kau を文頭に置いて「受身」にしたもの）君に小遣いを与えない。

【説明】 このことわざの意味は、「与えられた教訓を受け入れられない」です。同意のことわざに、**"Didengar ada, dipakai tidak."**「聞くと有り、使うと無い」などがあります。同類のことわざに、**"Telinga bagai telinga rawah."**「大鍋の耳のような耳」（人の忠告を聞かない）などがあります。

日本のことわざにもまったく同じ発想の、「右の耳から左の耳」というのがあります。タイには、左右の耳は逆ですが、「左耳から入って右耳に抜ける」というのがあります。こういうヤカラはどこにでもいるものですね。

"telinga"（耳）を使ったことわざは20個近くあります。たとえば、**"Biar telinga rabit asal dapat bersubang."**「イヤリングができるなら、耳は裂けても構わない」（美しく見えるなら痛くても構わない）というのがあります。最近はあまり見かけなくなりましたが、以前は、大きく重いイヤリングを長年してきたため、耳に大きな穴のあいたおばあさんをよく見かけたものです。美しくなるには、このことわざのように、我慢が必要なのでしょうね。また、**"Tebal telinga."**「耳が厚い」（①恥知らず。②嘲笑を気にかけない）などもあります。

日本のことわざで「耳」を使ったものは、「耳を傾ける」、「耳を澄ます」、「耳を塞ぐ」など、200個以上あります(一部、故事・俗信を含む)。

ちなみに、インドネシアでは、小学校から高校まで、通知表の評価が、十段階評価で5点（または5.5点）以下の場合には、赤ペンで記入されるそうです。

127) Telunjuk lurus kelingking berkait.

人差し指は真っ直ぐ、小指は曲がっている

§キーワード：**telunjuk**（人差し指）；**kelingking**（小指）

Tini : Aku lihat tadi kau berbincang-bincang dengan tetangga baru. Hati-hati, ya.

Tuti : Eh, mengapa ? Kelihatannya dia orang baik-baik.

Tini : Memang. Tapi minggu yang lalu dia pinjam uangku dan sampai sekarang belum dikembalikannya.

Tuti : Oh, kalau begitu, orang itu *telunjuk lurus kelingking berkait*. Kelihatannya baik, tapi hatinya jahat. Terima kasih atas peringatanmu, Tini.

ティニ：さっき、新しいお隣さんとおしゃべりしているのを見かけたけど。気をつけてね。

トゥティ：えっ、どうして。彼女、とってもいい人に見えるけど。

ティニ：もちろんよ。でも、先週、私からお金を借りたのに、これまでまだ返してくれないのよ。

トゥティ：ふうん、それじゃ、あの人、人差し指は真っ直ぐ、小指は曲がっているだわ。見かけはいいのに心は悪いのね。ご忠告ありがとう、ティニ。

〘語句〙 **berbincang-bincang**：おしゃべりする。**kelihatannya**：見かけは。

【説明】 このことわざの意味は、「表面的には良く見えるが、心は邪悪である」です。同意のことわざとして、**“Putih di luar, kuning di dalam.”**「外は白いが、中は黄色」、**“Masak di luar mentah di dalam.”**「外は熟しているが中は青い」など、10個近くあります。

これらは、日本のことわざ、「外面似菩薩内心如夜叉」げめんじぼきつないしんにょやしゃ)（外面は菩薩のようにやさしく美しいが、内心は夜叉のように邪悪である）と同類です。

“jari”(指)を使ったことわざは5～6個あります。たとえば、**“Dapat dibilang dengan jari.”**「指で数えられる」（非常に少ない）[No. 142 を参照]、**“Menggigit jari .”**「指を噛む」（失望する）などがあります。

“telunjuk”（人差し指）を使ったことわざは10個近くあります。たとえば、**“Menggigit telunjuk”**「人差し指を噛む」（目的が達せられない）、**“Telunjuk mencocok mata.”**「人差し指が目を突く」（信用していた人が裏切る）などがあります。
「人差し指」以外の「指」を使ったことわざは、表題の「小指」を除いては見当たらないようです。

日本のことわざで「指」を使ったことわざは約50個あります。たとえば、「指をくわえる」、「指一本も差させない」などがあります。なお、「五指」を使ったことわざは、親指6個、小指5個、人差し指2個、中指1個で、薬指は見当たりません[尚学図書]。

128) Hidung dicium pipi digigit.

鼻にキスし、頬に噛み付く

§キーワード：**hidung**（鼻）；**pipi**（頬）

Wati : Hai, Rin, mengapa hari ini berbelanja sendiri? Di mana Yono, pacarmu? Biasanya dia menemanimu ke mana saja kau pergi.

Rini : Aku sudah putus dengannya.

Wati : Eh, kenapa? Aku kira dia sangat menyayangimu.

Rini : Aah, sebenarnya dia hanya berlagak mencintaiku. Belakangan ini dia jarang sekali ke rumahku. Setelah kuselidiki, eh, ternyata dia punya pacar baru.

Wati : Wah, ini namanya *hidung dicium pipi digigit*. Jadi, kasih sayangnya kepadamu pura-pura saja.

Rini : Ya, dasar laki-laki mata keranjang.

ワティ：はーい、リンちゃん、どうして今日はお一人で買物なの。彼氏のヨノはどこ。いつもは、どこへ行くにも一緒でしょう。

リニ：彼とは絶交よ。

ワティ：えっ、どうして。彼はあなたにぞっこんだと思ってたけど。

リニ：ああ、本当は私を愛してる振りをしていたのよ。近頃はめったにうちの家に来なかったの。調べてみたら、何と、新しい恋人がいることがわかったわ。

ワティ：まあ、これって、鼻にキスし、頬に噛み付くっていうことね。じゃあ、あなたへの彼の愛は見せかけだけだったのね。
リニ：そうよ、まったく男なんてスケベーなんだから。

〖語句〗 belakangan ini：最近、近頃。ternyata：明らかになった、やはり。dasar：①土台、基礎。②根っからの、そんなもの。③まったく。mata keranjang：好色な、スケベー。

【説明】 このことわざの意味は、「見せかけだけの愛情」ですが、「善行で悪事を隠す」という意味もあります。

同類のことわざとして、スンダに、「噛みながらキスをする」（悪意を持って、人には丁寧に接する）というのがあります。

“pipi”（頬）を使ったことわざは約10個あります。たとえば、**“Pipi seperti pauh dilayang.”**「半分に切った（果物の）マンゴーのような頬」、**“Pipi sebagai minyak lelap.”**「固まった油のような頬」、**“Pipi laksana gading dicanai.”**「研いだ象牙のような頬」があり、これらはいずれも、「きめ細かでつやつやしている（女性の）頬」を意味します。

日本のことわざで、「頬」を使ったものは、「頬がゆるむ」、「頬を染める」など、十数個あります。

なお、“hidung”（鼻）を使ったことわざについては、No. 112を参照してください。

129) Bibirnya bukan diretak panas.

唇は暑さで裂けるわけじゃない

§**キーワード**: **bibir**（唇）; **panas**（暑い、熱い）

Ibu Broto: Sudah lama saya tidak bertemu dengan Budiman, anak sulung Ibu Yuli. Sekarang dia bekerja di mana?

Ibu Yuli: Di Departemen Luar Negeri.

Ibu Broto: Wah, kalau begitu, dia diplomat, ya.

Ibu Yuli: Ya, sudah empat tahun dia ditugaskan di luar negeri. Kabarnya tahun ini dia naik pangkat.

Ibu Broto: Saya kenal Budiman sejak kecil. Dia anak baik dan suka bekerja keras.

Ibu Yuli: Almarhum ayahnya selalu menasihatinya supaya selalu tekun dalam menuntut ilmu.

Ibu Broto: Kalau suami Ibu Yuli masih hidup, pasti dia senang sekali karena benar-benar *bibirnya bukan diretak panas.* Nasihatnya kepada Budiman tidak sia-sia.

ブロト夫人: ご長男のブディマン君には、しばらくお会いしてないわね。今、どちらで働いているの。

ユリ夫人: 外務省よ。

ブロト夫人: ええっ、それじゃ外交官ね。

ユリ夫人: ええ、もう4年も外国に赴任しているの。今年には昇進するって話だけど。

ブロト夫人: 小さい頃から私もブディマン君をよく知っている

わ。良い子で、一生懸命にやっていたわね。
ユリ夫人：亡くなったあの子の父親が、学問の追究は常に真剣にするようにいつも忠告していたのよ。
ブロト夫人：ご主人がまだご存命なら、本当に、唇は暑さで裂けるわけじゃないって、とってもお喜びになったでしょうに。ブディマン君への忠告は無駄ではなかったわね。

〖語句〗 **ditugaskan di luar negeri**：外国へ赴任させられる。**naik pangkat**：昇進する、昇任する。**almarhum**：故人、故～。**menuntut ilmu**：学問を追及する。

【説明】 このことわざは、**“Bukannya diretak panas.”**「暑さで裂けるわけじゃない」だけでも用いられます。いずれの意味も、「言葉や忠告が無駄にはならなかった」です。その逆の意味のことわざに、**“Tidak bibir saya lekang oleh panas, lekang oleh berkata.”**「わが唇は暑さでひびがいったわけじゃなく、話すことでひび割れたのだ」（忠告したのに、聞いてもらえず、こういう結果になってしまった）などがあります。

“bibir”（唇）を使ったことわざは、20個を越えています。たとえば、**“Tipis bibirnya.”**「唇が薄い」は、「①話が上手い。②おしゃべり」の意味ですが、**“Tebal bibir.”**「唇が厚い」は、「話を好まない」の意味となります。他に、**“Bibir limau seulas.”**「レモンの袋のような唇」（美しい唇）、**“Apa payahnya menawakkan bibir atas bawah.”**「唇を上下に動かすことに何の苦労がいろうか」（多くの約束をしてもそれを果たさない）などがあります。

日本のことわざで、「唇」を使ったことわざは、20数個あります。たとえば、「唇を反（かえ）す」（悪口を言う）、「唇を尖らす」（不満げにものを言う）などです。

130) Seperti menghela rambut dalam tepung, rambut jangan putus tepung jangan terserak.

髪の毛を切らず、粉を撒き散らさずに、
粉の中の髪の毛を引っ張るようだ

§キーワード：**rambut**（髪の毛）；**tepung**（粉）

Guru SMU : Kemarin sore siswa-siswa laki-laki kelas dua D kepergok sedang merokok di halaman sekolah. Saya pikir mereka harus dihukum karena melanggar peraturan sekolah.

Kepala sekolah : Ya, memang. Tapi *seperti menghela rambut dalam tepung, rambut jangan putus tepung jangan terserak.* Menghukum harus seadil-adilnya. Saya kira tidak semua siswa bersalah. Tolong, sesudah pelajaran, kumpulkan mereka di aula.

Guru SMU : Baik, Pak.

Kepala sekolah : Terima kasih. Setelah berbicara dengan mereka, saya akan memberi sanksi kepada yang bersalah.

高校教師：昨日の午後、２年Ｄ組の男子生徒たちが校庭で喫煙しているのを見つけられました。校則に違反したわけですから、罰すべきだと思います。

校長：うん、当然だね。だが、髪の毛を切らず、粉を撒き散らさずに、粉の中の髪の毛を引っ張るようだからね。罰するのはできるだけ公平でなきゃ。全ての生徒が悪いわけではないと思うがね。授業の後で講堂に彼らを集めてくれたまえ。

高校教師：わかりました。

校長：有難う。彼らと話した後、過ちを犯した者には罰を与えよう。

〖語句〗 **kepergok**：← ke-＋pergok（悪事などが）発覚した、ばれた。**peraturan sekolah**：校則。**seadil-adilnya**：できるだけ公平に。**tidak semua**：（部分否定）全てが〜というわけではない。

【説明】 このことわざの意味は、「罰する際はできるだけ公平でありたいもの」です。

最近は、インドネシアでも校内暴力や集団リンチなどのニュースがマスコミをよく賑わせています。政府や軍の高官たちの「お坊ちゃま」「お嬢様」たちが親の権威をかさにきて街中をのし歩き、高級車を乗り回し、高級ブティックで買物をしています。マクドナルドなどで食事をする「中流家庭」の子供たちも確実に増えてきました。オートバイや電気製品、ファッションなど、若者たちの「物欲」を刺激するものがちまたに氾濫しています。

でもその一方では、生活のため、親を助けるために、学校には行かず（通えず）に路上で懸命に物を売ったり、きつい仕事をしている学童、生徒もたくさんいます。

"tepung"（粉）を使ったことわざは、いくつかあります。たとえば、**"Seperti tepung kena ragi."**「粉が麴(こうじ)に触るようだ」（若い男女のように、両者を近づけると危険なことが起こりやすい）、**"Seperti hendak menepung tiada berberas."**「米もないのに粉を作ろうとするようだ」(①条件が十分に揃っていない仕事はめったに上手くいかない。②言うことは大きいが、成果のないこと）などです。

日本のことわざで、「粉」を使ったことわざは、「粉になる」など、数個しかありませんが、「粉」を使ったことわざは、30個近くあります。たとえば、「身を粉にする」、「粉になる」（ひどく疲れる）などです。

“rambut” (髪の毛) を使ったことわざについては、No. 54 を参照してください。

ひとやすみ

◇◆ Paling Suka Rasa Coklat（チョコレート味狂い）◇◆

ガルーダ・インドネシア航空は、リクエストしていなくてもチャイルド・ミールを持ってきてくれることが多々あります。そこにしばしばついてくるのは、甘〜いチョコレート牛乳。

友人の家で友人が気をきかしてうちの娘にすすめてくれるのは、お湯に溶いたインスタントのチョコレート牛乳。なんでいつもチョコレート味なのかなあ、と思いながらも、ことわれず

にいただき、結局、娘が飲まないので私が飲む、ということをしていました。

そしてある日、ジャムー屋（インドネシアの伝統薬）さんで「子供のジャムーもありますよ」といわれて出てきたのは、食欲増進チョコレート味ジャムー。ジャムーまでチョコレート味にするのか、と正直驚きました。

しかし、チョコレート味にするものは子供用の飲み物に限りません。あるワルン（屋台）で、アボカドやパイナップルのフレッシュ・ジュースを注文したら、削ったチョコレートをふりかけてきました。インドネシア人はよほどチョコレート味が好きらしいのです。

そこで、お土産はチョコレートにしようと、たくさん買い込んでインドネシアに向かいました。到着してみると、チョコレートが全部ふにゃふにゃに溶けていて、とても人にあげられる状態ではなくなっていました。そういえば、日本は冬だったの

です。だからきっと冬用のチョコレートだったのでしょう。夏用のチョコレートなら溶けなかったのに……。

たくさんのチョコレートを前に、私は途方にくれてしまいました。 [T]

131) Biar dahi berluluk asal tanduk mengena.

角(つの)が当たりさえすれば額(ひたい)は泥だらけになっても構わない

§キーワード：**dahi**（額(ひたい)）；**tanduk**（角(つの)）

Ibu Tarno : Saya dengar Pak Waluyo akan menjual sawahnya.

Pak Tarno : Betul. Karena dia butuh uang.

Ibu Tarno : Untuk apa? Dia baru saja menjual mobilnya, bukan?

Pak Tarno : Untuk membiayai pendidikan anak-anaknya yang sedang belajar di kota. Dia ingin semua anaknya tamat dari perguruan tinggi. Dia tidak peduli berapa pun biayanya.

Ibu Tarno : Oh, begitu. Jadi semboyan Pak Waluyo *biar dahi berluluk asal tanduk mengena.*

Pak Tarno : Betul. Biar bagaimana pun asal maksud tercapai. Makanya, dia tidak ragu-ragu menjual sawahnya.

タルノさん：ワルヨさんが田んぼを売ったんですってね。

タルノ氏：うん。お金が必要だったからだよ。

タルノさん：何に必要なの。車を売ったばかりでしょう。
タルノ氏：都会で勉強中の子供たちの教育費をまかなうためだよ。彼は子供がみんな大学を卒業することを望んでいるんだ。費用がいくらかかっても構いはしないのさ。
タルノさん：ああ、そうなの。じゃあ、ワルヨさんのモットーは、角が当たりさえすれば額は泥だらけになっても構わないだわね。
タルノ氏：そうなんだ。目的が達成されさえすれば、どうだっていいんだよ。だから、彼は田んぼを売ることにもためらいはしないのさ。

〖語句〗 **membiayai pendidikan**：教育費をまかなう。**perguruan tinggi**：（広い意味の）大学。**biar bagaimana pun**：どうあっても構わない。

【説明】 このことわざは、「目的が達成されるなら、どうだろうと構わない」です。同意のことわざに、**"Biar menyeluduk ke bawah rumah, asal mendapat telur ayam."**「鶏卵が得られるなら、家の下へもぐり込んでも構わない」などがあります。

これと同類の日本のことわざに、「終わり良ければすべて良し」があります。

"dahi"(額)を使ったことわざは、上の例を含めて、たとえば、**"Siapa jadi raja, tangan aku ke dahi juga."**「誰が王になろうと、わが手はやはり額へ」(誰が指導者になっても、変わらず敬意を表する）など、3個ほどあります。

日本のことわざで、「額（ひたい）」を使ったことわざは、約40個あります。たとえば、「額に汗する」、「額を集める」（集まって相談する）などです。

"tanduk" (角(つの)) を使ったことわざは、十数個あります (No. 81 を参照)。

132) Bak gadis jolong bersubang.

初めてイヤリングをした乙女のようだ

§キーワード : **gadis**（乙女、少女）;
bersubang（イヤリングをする）

Pak Maryono : Pagar tetangga Pak Sutopo tinggi sekali, sehingga rumahnya tidak kelihatan dari jalan.

Pak Sutopo : Ya, dia memang orang terkaya di kampung ini. Tetapi orang itu *bak gadis jolong bersubang.*

Pak Maryono : Maaf, saya kurang mengerti perkataan Pak Sutopo.

Pak Sutopo : Dia orang yang angkuh. Mentang-mentang kaya, tidak mau bergaul dengan masyarakat di sekitar sini.

Pak Maryono : Oh, begitu.

Pak Sutopo : Ya, dan akibatnya waktu keluarganya meninggal, orang-orang tidak mau pergi melayat ke rumahnya.

Pak Maryono : Kasihan, ya.

マルヨノ氏 : お宅の隣の垣根は非常に高くて、家が道路からは見えないね。

ストポ氏 : うん、彼はもちろん、この村一番の金持ちだから。だけど、あの人は、初めてイヤリングをした乙女のようだね。

マルヨノ氏：ごめん、あんたの言うことがよくわからないけど。
ストポ氏：彼は高慢なんだよ。金持ちだというだけで、この周辺の人たちとは付き合いたがらないんだ。
マルヨノ氏：ああ、そうかい。
ストポ氏：うん、だから、家族が亡くなったとき、だれも家へ弔問に行きたがらないってことになったんだ。
マルヨノ氏：かわいそうにな。

〖語句〗 **jolong**：（ミナンカバウ語で）初めて。**mentang-mentang**：たんに〜というだけで。**melayat**：弔問する。

【説明】 このことわざの意味は、「富を手に入れたがために傲慢になった人」です。同意のことわざに、**"Bak bujang jolong berkeris."**「初めてクリス（短剣）を身に着けた青年のようだ」などがあります。

人より少しだけ金がある、地位がある、学歴があるなどなど、ささいなことを「自慢」したがる「傲慢な人」というのはどこにでもいますよね。結局は自分に自信がないからなんですよ。

"gadis"（乙女、少女）を使ったことわざは、数個あります。たとえば、**"Bagai gadis jolong menumbuk."**「乙女が初めて米を搗く（つ）ようだ」（初めての仕事をするので勤勉だ）、**"Seperti gadis sudah berlaki."**「男のできた娘のようだ」（立ち居振舞いがよくない）などです。

日本のことわざで、「娘」を使ったことわざは、60数個あります。たとえば、「娘と茄子（なすび）は若いがよい」、「娘を見るより母を見よ」などです。

133) Cium tapak tangan berbaukah atau tidak.

臭うか、臭わないか、手の平の匂いをかぎなさい

§キーワード：**cium**（匂いをかぐ）；**tapak tangan**（手の平）

Tigor : Makoto, mengapa kamarmu berantakan begini. Sekali-sekali dirapikan, dong. Tadi aku hampir jatuh gara-gara tersandung tasmu yang ada di lantai.

Makoto : Maaf, Bang Tigor. Minggu ini aku sibuk sekali, sehingga tidak sempat merapikan kamar.

Harno : Ah, Bang Tigor memang suka mengecam. Padahal ketika aku datang ke rumahnya, kamarnya juga kacau-balau, lo. *Cium tapak tangan berbaukah atau tidak.* Sebelum mencela orang lain, lihat diri sendiri, dong.

Tigor : Ya, dulu kamarku juga berantakan, tapi sudah kubereskan. Sekarang rapi sekali.

Makoto : Sungguh?

Tigor : Percayalah!

ティゴル：誠、どうして君の部屋はこんなにちらかっているんだい。時には片付けてよな。さっき、僕は、床にあったバッグにつまずいて、あやうく転びそうだったんだよ。

誠：ごめん、ティゴル兄さん。今週はとても忙しくて、部屋を片付けている暇がなかったんだ。

ハルノ：ああ、ティゴル兄貴はまったく批判が好きなんだよ。僕が家へ行ったとき、彼の部屋もめちゃくちゃだったのにね。臭うか、臭わないか、手の平の匂いをかぎなさい。他

人を批判する前に、自分自身を見てよ。
ティゴル：うん、以前は、僕の部屋も散乱していたけど、もう片付けたんだ。今はとてもきれいなもんだよ。
誠：本当？
ティゴル：信じなよ。

〖語句〗 **berantakan**：散乱する、めちゃくちゃな。**gara-gara**：～のせいで。**tersandung**：つまずいた、突き当たった。**kubéréskan**：← aku＋bereskan 片付ける、整頓する。

【説明】 このことわざの意味は、「他人を批判する前に自己を見なさい」です。このことわざは、No. 103 のことわざ「まぶたの象は見えぬが、大洋の向こう岸の細菌は見える」と関連しています。日本のことわざにも、「自分の頭の蠅を追え」というのがあります。人のことをとやかく言う前に自分のことをよく見てから、他人の欠点を指摘するべきだ、という戒めなんですね。

"tapak"（手の平、足の裏）を使ったことわざは、数個あります。たとえば、**"Kecil tapak tangan nyiru saya tadahkan."**「手の平が小さいから篩（ふるい）で受け取る」（人の忠告や援助に心から感謝の意を表する）、**"Setapak jangan lalu, setapak jangan surut."**「一歩も前進も、後退もしてはならない」（どんな事態に直面してもぐらつかず、意見が不変だ）です。

日本のことわざで「手の平、掌（てのひら）」を使ったことわざは、「掌を返す」など、約10個あり、「掌（たなごころ）」を使ったことわざも約10個あります。たとえば、「掌にする」（思うままに支配する）、「掌の玉」（大切なもの、また愛する妻や子にたとえていう語）です。

一方、「足の裏」を使ったことわざは、「足の裏の目薬」（見当違いで役に立たないこと）など、十数個あります。

134) Tepuk perut tanya selera.

腹をたたいて食欲を聞け

§キーワード : **perut**（腹）; **selera**（食欲、好み）

Wati : Bulan depan ada kenduri di rumahku. Sebenarnya, aku mau menyajikan tumpeng nasi kuning. Tapi tidak tahu cara membuatnya. Kalau kau bisa, tolong ajari.

Sri : Maaf, aku juga tidak bisa. Coba tanya kepada Ibu Lurah. *Tepuk perut tanya selera.* Ibu Lurah sudah berpengalaman membuat berbagai macam tumpeng. Kukira beliau dengan senang hati mengajarimu.

Wati : Oh, begitu. Terima kasih atas informasinya, ya. Aku akan segera ke rumah Ibu Lurah.

ワティ：来月、うちでお祝い事があるの。本当は、黄飯のトゥンプンを用意したいの。だけど、作り方を知らないのよ。あなた、できたら教えて。

スリ：ごめんね、私もできないわ。村長の奥様に聞いてみてよ。腹をたたいて食欲を聞けよ。村長の奥様はいろいろなトゥンプンを作った経験をお持ちだわ。喜んで教えてくれると思うわ。

ワティ：まあ、そうなの。情報、ありがとうね。すぐに村長の奥様のお宅へ行くわ。

〖語句〗 **menyajikan** : 食事を用意する、食卓に供する。**tumpeng nasi kuning** : （お祝いに供される、円錐形の）黄色いご飯のトゥンプン（イラストを参照)。**dengan senang hati**：喜んで。

【説明】 このことわざの意味は、「何か新たなことをしようとする場合には、まず経験者に聞くのがよい」です。

“perut”（腹）を使ったことわざは、30個近くあります。たとえば、**“Perut besar, entah anak entah tahi.”**「腹が大きいが、子供か、はたまた糞か」（ある人の富が、その人のものか他人のものかわからない）、**“Perut kenyang lapar tak hilang, minum sejuk haus tak lepas.”**「満腹なのに空腹感が消えず、冷たいものを飲んでも渇きがいやされない」(非常に困っていて慰められない）などです（No. 52 を参照)。

日本のことわざで、「腹」を使ったものは、200個以上あります（一部、故事・俗信を含む)。たとえば、「口に蜜あり、腹に剣あり」、「腹を据える」などです。

“selera”（食欲）を使ったことわざは、いくつかあります。たとえば、**“Selera bagai cetus api.”**「食欲が火打石のようだ」（大食漢)、**“Selera tajam.”**「鋭い食欲」（食欲旺盛）です（No. 138 を参照)。

日本のことわざで、「食欲」を使ったことわざは、英語に由来

する、「食欲は食事を楽しくする」など、2個ほどしか見当たりません。

“tepuk”(たたく)を使ったことわざに関しては、No. 60、No. 135を参照してください。

135) Tepuk dada tanya selera.

胸をたたいて好みを聞け

§キーワード: **dada**（胸）; **selera**（食欲、好み）

Pak Ali: Amir, belakangan ini kamu kelihatannya murung. Ada apa?

Amir: Saya ada masalah, Pak.

Pak Ali: Apa masalahnya?

Amir: Belakangan ini kehidupan rumah tangga saya kurang harmonis. Saya dan isteri selalu bertengkar karena masalah-masalah sepele.

Pak Ali: Lalu?

Amir: Kalau terus-menerus begini, saya tidak tahan. Saya akan bercerai, Pak.

Pak Ali: Jangan terburu nafsu. *Tepuk dada tanya selera.* Berpikirlah baik-baik sebelum membuat keputusan. Sebaiknya kalian berdua minta nasihat kepada Ustad Hamzah.

Amir: Siapa dia, Pak?

Pak Ali: Beliau ulama bijaksana dan sering membantu orang-orang yang mempunyai problem rumah tangga.

Amir : Oh, begitu. Tapi saya belum tahu rumahnya.

Pak Ali : Jangan khawatir. Nanti malam kalian saya antarkan ke sana.

Amir : Terima kasih sebelumnya, Pak.

アリ氏：アミル、近頃、元気がないようだな。何があったんだい。

アミル：問題があるんですよ。

アリ氏：どんな問題だい。

アミル：最近、うちの家庭生活がうまくいってないんです。家内とささいな問題でいつも口論しているんです。

アリ氏：それで？

アミル：もしずうっとこんなんだと、耐えられませんよ。離婚します。

アリ氏：そうあせっちゃいかん。胸をたたいて好みを聞けだよ。結論を下す前によくよく考えなさい。二人でハムザ師に忠告を乞うといいだろう。

アミル：誰ですか、その人。

アリ氏：英知を備えた神学者で、家庭問題を抱えた人たちをしばしば助けているんだ。

アミル：ああ、そうですか。でも、僕はお宅を知りませんよ。

アリ氏：心配しなさんな。今夜、そこへ案内してあげるよ。

アミル：前もってお礼申し上げます。

〖語句〗 **murung**：悲しい、憂鬱な、元気がない。**masalah sepélé**：ささいな問題。**terburu nafsu**：性急な、せっかちな。**kalian berdua**：君たち二人。**ustad**：導師。**ulama**：イスラム教の神学者。

【説明】 このことわざの意味は、「決定を下す前にまず考えよ」です。

“dada”（胸）を使ったことわざは、約20個あります。たとえば、**“Belah dada lihatlah hati.”**「胸を割って心を見よ」（真実を言う）、**“Seluas dada tuma.”**「しらみの胸ほどの広さ」（狭すぎる）です。

日本のことわざで、「胸」を使ったことわざは、約120個あります（一部、故事・俗信を含む）。たとえば、「胸を打たれる」、「胸を痛める」などです。

“tepuk”（たたく）を使ったことわざに関しては、No. 60、No. 134 を参照してください。

136) Memikul di bahu, menjunjung di kepala.

肩に担ぎ、頭に載せる

§キーワード：**bahu**（肩）；**kepala**（頭）

Petani 1 : Kulihat tanaman palawija di ladangmu tumbuh subur. Sebaliknya banyak tanaman palawija di ladangku yang layu. Kenapa, ya ?

Petani 2 : Apakah kau memberi pupuk sesuai dengan petunjuk petugas dari Dinas Pertanian ?

Petani 1 : Tidak. Aku tidak tahu. Aku pakai caraku sendiri.

Petani 2 : Wah, jangan begitu. *Memikul di bahu, menjunjung di kepala.* Mengerjakan sesuatu harus menurut aturan, dong.

Petani 1 : Kalau begitu, tolong beri tahu bagaimana cara

pemupukan yang benar.

Petani 2 : Baiklah. Mari kita bicara sambil makan pisang rebus.

農民１：あんたんとこの畑の裏作の作物はよく育っているねえ。それに引き換え、うちの畑の作物はたくさんしおれているんだ。どうしてかねえ。

農民２：農業局の担当官の指示に従って肥料をやっているかい。

農民１：いいや。わしは知らないんだ。自己流のやり方をしているよ。

農民２：えっ、そんなことをしちゃ駄目だね。肩に担ぎ、頭に載せるだよ。何をするにも決まり通りすべきだね。

農民１：それじゃあ、正しい施肥の方法を教えてくれよ。

農民２：いいよ。ゆでバナナを食べながら話をしよう。

〖語句〗 **tanaman palawija** :（稲の後に植える）裏作の作物。**sebaliknya** : その逆に。**Dinas Pertanian** : 農業局。

【説明】 このことわざの意味は、「何をするにも規定に従うべきだ」です。何事も、「基本」が大事です。また何にでも「規定・ルール」があります。それに基づかねば、伸びません。そして何かにつまずいたら、原点・基本に戻ることですね。

"bahu"（肩）を使ったことわざは、20個近くあります。たとえば、**"Tangan mencencang bahu memikul."**「手で刻み、肩で担ぐ」（過ちをおかした者は罰を受けるべきだ）、**"Angkat bahu."**「肩を上げる」（知らない、やりたくないなどの仕草）です。

日本のことわざで、「肩」を使ったことわざは、60個ほどあります。たとえば、「肩を竦める」は、**“Angkat bahu.”**「肩を上げる」と同類です。また「肩で風を切る」などもあります。

“kepala”（頭）を使ったことわざは、40個近くあります。たとえば、**“Kepala sama hitam pendapat berlain-lain.”**「頭はともに黒いのに、意見はそれぞれ異なる」（日本のことわざ「十人十色」に相当。No. 54 を参照)、**“Diberi bahu, hendak kepala.”**「肩を貰って、頭を望む」（少し貰うと、もっとたくさん要求する）［No. 139 を参照]、**“Kepala udang.”**「エビの頭」（非常に愚か)、**“Berkepala batu.”**「石頭を持つ」(頑固だ)です(No. 79、No. 138 を参照)。

日本のことわざで、「頭」を使ったことわざは、約200個あります(一部、故事・俗信を含む)。たとえば、「頭が下がる」、「頭が動けば尾も動く」(リーダーが率先して動けば、下の者も動く）などです。

137) Datang tampak muka, pergi tampak punggung.

来るときは顔を見せ、去るときは背中を見せる

§キーワード：**muka**（顔）；**punggung**（背中）

Agus : Ibu, ayo, cepat pulang. Aku mau main-main dengan teman.

Ibu : Tunggu sebentar. Ayahmu masih berbicara dengan Paman.

Ayah : Agus ! Ayo, ke sini. Sebelum pulang, minta diri dulu kepada Paman dan Bibi.

Ibu : Nah, kau dengar kata ayahmu. *Datang tampak muka,*

pergi tampak punggung. Waktu berkunjung ke rumah orang, datang dan pergi harus secara sopan santun. Ayo, berpamitan dulu.

Agus : Ya, Bu. Ya, Bu.

アグス：お母さん、さあ、早く帰ろうよ。僕、友達と遊びたいんだ。

母：ちょっと待ってちょうだい。お父さんがまだおじさんとお話しているでしょう。

父：アグス。さあ、こっちへおいで。帰る前におじさんとおばさんにご挨拶しなきゃ。

母：ねえ、お父さんの言葉を聞いたでしょう。来るときは顔を見せ、去るときは背中を見せるのよ。人のおうちへ伺ったら、来るときと帰るときに礼儀正しくしなくちゃね。さあ、ご挨拶しておいで。

アグス：はい、はい、母さん。

〖語句〗 **minta diri** : 暇乞(いとまご)いする。**berkunjung ke** ～ : ～を訪れる。**secara sopan santun** : 礼儀正しく。**berpamitan** : 暇乞(いとまご)いする。

【説明】 このことわざは、**"Datang tampak muka, pulang tampak punggung."**「来るときは顔を見せ、帰るときは背中を見せる」ということもありますが、いずれの意味も、「来るときと帰るときに礼儀正しくしなくてはならない」です。

人との出会いは、挨拶に始まり、挨拶に終わります。それぞれの土地にはそれぞれの挨拶の仕方があります。もちろん、最近は西洋流の「握手」による挨拶の方法がどこでもかなり一般化しています。インドネシア人は「握手」の後、右手をそのまま自分の左胸のところへもっていきます。これは相手の心を自分の心に伝える意味があります。インドネシアの女性は「握手」の際に、軽く左手を添え、両手で軽く包み込むようにする人が多いようです。その後は、やはり右手をそのまま自分の左胸のところへもっていきます。

"punggung"(背中)を使ったことわざは、10個ほどあります。たとえば、**"Katak tepi air punggungnya kotor."**「水端の蛙は背中が汚い」(学問や知識は豊富なのに、自らはそれらから恩恵を受けていない人)、**"Memperlihatkan punggung buruk tak berbaju."**「衣服を身に着けず汚い背中を見せる」(他人に自分の秘密を見せる)です。

日本のことわざで、「背」を使ったことわざは、約60個あります。たとえば、「人の背中は見ゆれど我が背中は見えぬ」、「背に腹はかえられぬ」などです。

138) Sakit kepala panjang rambut, patah selera banyak makan.

頭痛がするのに髪を伸ばし、食欲がないのにたくさん食べる

§**キーワード**: **sakit kepala**（頭痛）; **selera**（食欲）

Pak Hidayat : Bu, bagaimana pendapatmu tentang Taufik, anak kolegaku?

Ibu Hidayat : Dia tampan, sopan dan cerdas. Terus terang, aku suka punya menantu seperti dia, Pak.

Pak Hidayat : Nah, sekarang bagaimana pendapatmu tentang Taufik, Dewi? Kau juga suka dia, bukan?

Dewi : Aah, bagiku dia pemuda biasa saja, Pak. Tidak ada

yang istimewa.

Ibu Hidayat : Dewi, jangan bicara begitu. *Sakit kepala panjang rambut, patah selera banyak makan.* Jangan berpura-pura.

Pak Hidayat : Lahirnya tidak suka, tapi dalam hatinya suka sekali, bukan?

Dewi : Ayah, Ibu selalu menggodaku saja. Sudah, sudah. Mari bicara yang lain.

ヒダヤット氏：母さん、僕の同僚の息子のタウフィックについてはどう思う。

ヒダヤット夫人：彼はハンサムで礼儀正しくて利口よ。率直に言うと、私は、彼のような人がお婿さんになるなら好きですよ。

ヒダヤット氏：じゃあ、デウィ、今度は、タウフィックに関するお前の意見はどうだい。お前も彼が好きなんだろう。

デウィ：ああ、私にとって、彼はごく普通の青年よ。特別なことなんかないわ。

ヒダヤット夫人：デウィ、そんなこというもんじゃないわよ。頭痛がするのに髪を伸ばし、食欲がないのにたくさん食べるよ。ごまかさないで。

ヒダヤット氏：表面的には好きじゃなくたって、心中はとても好きなんだろう。

デウィ：お父さんも、お母さんも、いつも私をからかってばかりなんだから。もう、たくさんよ。他の話をしてよ。

〖語句〗 **patah seléra**：食欲がない、食欲が落ちる。**menantu**：①婿。②嫁。**berpura-pura**：振りをする。**lahirnya**：①肉体的には。②表面は、外面は。**menggodaku**：①(私を) 誘惑する。②いじめる、からかう。

【説明】 頭痛持ちは髪の毛が短く、食欲のない人は少ししか食べないのが普通だと考えられていますから、このことわざは、「外見は好きではなくても、心の中では非常に好きである」という意味になるのです。

"sakit" (①病気。②痛い) を使ったことわざは、10個近くあります。たとえば、**"Tiada sakit makan obat."**「病気でもないのに薬を飲む」(「すでに十分なのに、さらに加えようとして、返って自分を苦しめる」という意味で、日本のことわざ、「病無くして自ら灸(きゅう)す」と同類)、**"Biar sakit dahulu senang kemudian."**「後が楽しいなら先に苦しくても構わない」(先に苦労して、あとで楽する) などです (No. 95 を参照)。

日本のことわざで、「病(やまい)」を使ったことわざは、約120個あり、「病気」を使ったことわざは約50個あります (一部、故事・俗信を含む)。たとえば、「病は口より入り禍(わざわい)は口より出(い)ず」、「病は気から」などです。

"kepala" (頭) を使ったことわざに関しては、No. 79、No. 136 を、また "rambut" (髪の毛) を使ったことわざに関しては、No. 54 を、さらに"makan" (食べる) を使ったことわざに関しては、No. 108 を参照してください。

139) Diberi bahu, hendak kepala.

肩を貰って、頭を望む

§キーワード: **bahu** (肩) ; **kepala** (頭)

Yono : Pak, sepatuku sudah butut. Minta uang untuk beli

yang baru.

Ayah : Baik. Kira-kira berapa harganya ?

Yono : Mm, yang bagus mungkin lima puluh ribu rupiah.

Ayah : Kalau begitu, kuberi enam puluh ribu. Cukup, 'kan ?

Yono : Pak, minta seratus ribu, dong. Nanti aku mau jajan-jajan.

Ibu : Eh, Yono ! Kamu *diberi bahu, hendak kepala,* ya ? Harga sepatunya hanya lima puluh ribu, bukan ? Sudah diberi enam puluh ribu, minta seratus ribu. Sudah, sudah, jangan macam-macam. Yang penting beli sepatu.

Yono : Ah, Ibu pelit sekali.

ヨノ：お父さん、僕の靴はもうぼろぼろになったんだ。新しいのを買うお金をちょうだい。

父：わかった。値段はいくらぐらいかい。

ヨノ：ええと、かっこいいやつは、多分、5万ルピア。

父：それじゃあ、6万ルピアあげよう。足りるね？

ヨノ：お父さん、10万ルピアちょうだいよ。いろんなおやつが欲しいからさあ。

母：これっ、ヨノ。あんたね、肩を貰って、頭を望むじゃないの。靴は5万ルピアでしょう。すでに6万ルピア貰って、10万ルピアねだっているんだから。もうあれこれは駄目よ。大事なのは靴を買うことでしょう。

ヨノ：もう、お母さんはとってもけちなんだから。

〘語句〙 **butut**：古くてぼろぼろになった。**jajan-jajan**：いろいろなおやつ。

【説明】 このことわざの意味は、「少し貰うと、たくさん要求する」です。同意のことわざに、**“Bagai Belanda minta tanah.”**「オランダが土地を求めるようだ」、**“Diberi betis, hendak paha.”**「すねを貰って、腿を望む」などがあります（No. 136 を参照）。

同類のことわざとして、「庇（ひさし）を貸して母屋（おもや）を取られる」、「手が入れば足も入る」（以上、日本）、「下僕部屋を貸すと、寝室にまで上がる」（韓国）、「寸を与えれば尺まで取られる」（イギリス、ドイツなど）、「下司に足を与えれば手まで取られる」（スペイン）、「指を与えれば手まで取られる」（オランダ）などがあります。

上のことわざ、「オランダが土地を求めるようだ」について、パムンチャックは、オランダ人が土地を要求したことにまつわる、二つの伝説を書いています。そのうちの一つは、インドネシアがまだオランダの植民地下にあった頃、あるオランダ人が、それぞれ離れた位置 3 ヵ所に砦を築くために、土地を要求し、砦が完成すると、砦の間にある土地はすべて自分に与えられたものだと主張した、というものです（もう一つも似たような話です）［Pamuntjak 1983 : 71］。

140) Kaki naik kepala turun.

足が上がり、頭が下がる

§**キーワード**：**kaki**（足）；**kepala**（頭）

Pak Margono : Mau ke mana, Pak Hardi ? Kan baru saja pulang dari sekolah ?

Pak Suhardi : Sekarang saya mau mengajar lagi.

Pak Margono : Eh, di mana ?

Pak Suhardi : Di lembaga bimbingan belajar.

Pak Margono : Oh, begitu. Wah, Pak Hardi benar-benar *kaki naik kepala turun.* Selalu sibuk bekerja untuk mencari rezeki.

Pak Suhardi : Ya, sekadar menambah penghasilan saya yang pas-pasan.

マルゴノ氏：ハルディ先生、どちらへ。学校から帰ったばかりでしょうに。

スハルディ氏：今から、また教えにいくんですよ。

マルゴノ氏：えっ、どこへ。

スハルディ氏：塾なんです。

マルゴノ氏：ああ、そうですか。ハルディ先生はまさに足が上がり、頭が下がるですね。生活の糧を求めて、いつも忙しく働いておられますね。

スハルディ氏：ええ、かつかつの収入を増やそうとしているだけなんです。

〖語句〗 **baru saja**：〜したばかり。**lembaga bimbingan belajar**：塾。**mencari rezeki**：生活の糧を求める。**pas-pasan**：かつかつの、ぎりぎりの。

【説明】 このことわざは、**"Kepala ke bawah, kaki ke atas."**「頭が下へ、足が上へ」と言うこともありますが、いずれの意味も、「生活の糧を求めて、常に忙しく働く」です。

同類のことわざとして、スンダには、「足が頭に、頭が足になる」があり、日本には、「手足を擂粉木（すりこぎ）にする」、「貧乏暇なし」などがあります。

"naik"（上がる、登る）を使ったことわざは、10個近くあります。たとえば、**"Bulan naik, matahari naik."**「月が上り、日が昇る」（幸運と幸福を手にする）、**"Naik kuda hijau."**「緑色の馬に乗る」（酔っ払う）などです。

"turun"（下がる、降りる）を使ったことわざも、10個近くあります。たとえば、**"Turun ranjang."**「寝台から降りる」（亡くなった妻の姉妹と結婚する）、**"Turun tangan."**「手を下す」（①干渉する。②何かを解決するために行動する。③貧乏人などを助ける）などです。

"naik"と"turun"を一緒に使ったことわざも、数個あります。たとえば、**"Naik dari janjang turun dari tangga."**「階段から上り、はしごから降りる」（手順通りに仕事をする）、**"Naik meloncat turun terjun."**「上りは跳んで、下りは急転直下」（栄光を望むのは時間がかかるが、落ちるのは極めて簡単）などです。

日本のことわざで、「上がる」、「上がり」を使ったものは、たとえば、「上がりたる世」（遠い昔）、「上がりを請く」（安値のとき買い込み、高値のとき売ってもうける）など、約130個あります。一方、「下がる」、「下がり」を使ったものは、「下がりを請く」（相場が下落して買い置いた物の損失を受ける）など、約50個あります（いずれも、一部、故事・俗信を含む）。

141) Berjalan peliharakan kaki, berkata peliharakan lidah.

歩くときには足に気をつけ、しゃべるときには舌に気をつけよ

§キーワード：**kaki**（足）；**lidah**（舌）

Kakek : Aku dengar kau akan bekerja di Mesir.

Purnomo : Betul, Kek.

Kakek : Bekerja sebagai apa ?

Purnomo : Juru masak, Kek.

Kakek : Oh, begitu. Ya, aku tahu kau memang jago masak. Tanggal berapa kau berangkat ?

Purnomo : Tanggal tujuh belas bulan ini, Kek.

Kakek : Selama kau bekerja di sana, ingat nasihatku, ya. *Berjalan peliharakan kaki, berkata peliharakan lidah.* Kau harus selalu berhati-hati dalam berbuat sesuatu. Karena hukum dan peraturan di sana sangat keras.

Purnomo : Jangan khawatir, Kek. Saya akan berusaha selalu untuk membawa diri.

祖父 : お前は、エジプトで働くんだってな。

プルノモ : そうだよ、じいちゃん。

祖父 : 何をするのかのう。

プルノモ : コックだよ。

祖父 : そうかい。わしは、お前が料理の名人だってことは知っておる。何日に出発するんじゃ。

プルノモ : 今月の17日だよ。

祖父 : あちらで働いておる間は、わしの忠告を肝に銘じておくんじゃぞ。歩くときには足に気をつけ、しゃべるときには舌に気をつけよ。何をするにも、常に気をつけるんじゃ。あそこの法律や規則はとても厳しいからな。

プルノモ : じいちゃん、心配しなくてもいいよ。僕はいつだってうまくやっていくよ。

〖語句〗 **berbuat sesuatu**：何かをする。**membawa diri**：自分を合わせる、ふさわしい行為をする。

【説明】 このことわざの意味は、「何かをする際には常に気をつけよ」です。同意のことわざに、**"Berjalan selangkah menghadap surut, berkata sepatah dipikirkan."**「一歩踏み出しては後ろを振り返り、一言語っては思考する」などがあります。

同類のことわざとして、日本には、「今日考えて明日語れ」(日本)、「しゃべる前に七回舌を回せ」(フランス)、「話す前に三度考えよ」(イタリア) などがあります。

"berjalan"(歩く)を使ったことわざは、たとえば、**"Berjalan jauh banyak dilihat."**「遠くへ歩けば多くが見える」(あちこち出かければ多くの体験が得られる)、**"Berjalan dari pintu belakang."**「裏戸から歩く」(定められた決まりに従わない)など、5〜6個あります。

日本のことわざで、「歩く」を使ったものは、「犬も歩けば棒に当たる」など、20個ほどあります。

"kata" (ことば) を使ったことわざは、20個近くあり、そのうち、"berkata" (言う、語る) を使ったことわざは、数個あります。たとえば、**"Sudah berkata satu."**「すでに一度言った」(一度口にしたことは変更しない)があり、これは日本のことわざ、「武士に二言はない」、「君子に二言なし」に通じるものがあります。

"lidah" (舌) を使ったことわざについては、No. 34、No. 146を参照してください。

142) Dapat dibilang dengan jari.

指で数えられる

§キーワード：**dibilang**（数えられる）；**jari**（指）

Wati : Kapan Kuliah Kerja Nyatamu selesai?

Hadi : Baru tiga hari yang lalu.

Wati : Bagaimana keadaan desa tempat kau mengadakan KKN?

Hadi : Sangat ketinggalan zaman. Belum ada listrik.

Wati : Kalau begitu, tidak ada orang punya televisi, ya.

Hadi : Ada. Tapi, yang punya *dapat dibilang dengan jari*. Sangat sedikit.

Wati : Kalau belum ada listrik, bagaimana mereka bisa menonton televisi?

Hadi : Tentu saja menggunakan generator.

ワティ：実践講習はいつ終わったの。

ハディ：つい3日前だよ。

ワティ：講習をした村の状態はどうだった。

ハディ：とても時代遅れだよ。まだ電気もないんだ。

ワティ：それじゃあ、テレビを持っている人もいないのね。

ハディ：いるよ。でも、持っている人は、指で数えられるほどさ。非常に少ないんだ。

ワティ：電気がまだなくて、どうやってテレビが見られるの。

ハディ：もちろん、発電機を使うんだ。

〖語句〗 **Kuliah Kerja Nyata** : 実践講習、社会教育実習。**KKN** : ← Kuliah Kerja Nyata。**ketinggalan zaman** : 時代遅れ。**générator** : 発電機。

【説明】 このことわざの意味は、「非常に少ない」です。同意のことわざとして、日本にも、「指を折る程」があります。

これらと意味合いはかなり異なりますが、「指を折る」、「指を屈する」（いずれも「①指を折り曲げながら数える。②多くのものの中で指を折って数えられるほどに優れている」という意味）というのがあります。

インドネシアの村落にも、急速に「電化の波」が押し寄せ、電気製品などの刺激的なものが身近にあふれるようになりました。ラジオやテレビで「都会の生活」を見聞きした若者たちは、「村」での生活に満足できなくなり、「夢」を求めて「町」に出て行きます。しかし、「町」には厳しい現実が待っているのです。ジャカルタなどの都会で、職もなく、ぶらぶらしている若者をよく見かけます。まあ、若いうちに、そうした現実を知るのも大事なことですがね。そして、結局は、No. 115 のことわざのように、帰郷するのです。

"jari"（指）を使ったことわざに関しては、No. 127 を参照してください。

143) Berat kaki berat tangan.

足が重く、手が重い

§**キーワード** : **kaki**（足）; **tangan**（手）

Ibu Tarno : Pak Karmo dan Bu Karmo, tetangga sebelah kita, tadi malam marah-marah kepada Jarot, anak sulung mereka. Kau mendengarnya ?

Pak Tarno : Tidak. Aku capek sekali, sehingga tertidur waktu menonton televisi. Kenapa mereka marah-marah ?

Ibu Tarno : Aku kurang tahu, Pak. Tapi, mungkin karena Jarot belum mendapat pekerjaan.

Pak Tarno : Wah, anak itu memang *berat kaki berat tangan*, Bu. Dia benar-benar malas bekerja. Meskipun sudah tamat dari universitas, dia tidak mau berusaha mencari pekerjaan. Tiap hari kerjanya bergadang melulu.

Ibu Tarno : Kasihan Pak Karmo dan Bu Karmo, ya.

タルノ夫人：お隣のカルモさんご夫婦は、昨夜、長男のジャロット君を叱り飛ばしていたわ。お聞きになった。

タルノ氏：いいや。とっても疲れていて、テレビを見ていたら寝てしまったんだ。どうして激怒したんだい。

タルノ夫人：わかんないわ。でも、多分ジャロット君にまだ職がないからだわ。

タルノ氏：うん、あの子は、本当に足が重く、手が重いって。まったく怠け者だからなあ。大学を卒業したってのに、職探しをしたがらないんだから。毎日、することといったら、夜遊びばっかりだ。

タルノ夫人：カルモさんご夫婦がかわいそうね。

〖語句〗 **tetangga sebelah**：隣人。**marah-marah**：①何度も怒る。②叱り飛ばす、激怒する。**tertidur**：ふと寝てしまった。**bergadang**：①徹夜する。②夜遊びする。

【説明】 このことわざの意味は、「仕事を怠ける人」です。同意のことわざに、**“Singkat tangan.”**「手が短い」、**“Digenggamnya tangannya.”**「（自分の）手を握る」などがあります。

これらと逆の意味のことわざには、**“Cepat kaki, ringan tangan.”**「足が速く、手が軽い」（気軽に人助けをする）、**“Tangan terbuka.”**「手を広げて」などがあります（No. 31 を参照）。

日本には、「腰が重い」があり、その逆の意味では、「腰が軽い」があります。いずれも「腰」を使っているところが、インドネシア語と発想の異なる点でしょう。

“kaki”（足）と“tangan”（手）を使ったことわざはたくさんあります。これらに関しては、No. 31、No. 70、No. 133 を参照してください。

144) Berkotakan betis.

脛(すね)であちこちへ行く

§キーワード：**berkotakan**（あちこちへ行く）；**betis**（脛(すね)）

Pak Halim : Bahtiar, keponakan Pak Alwi, sekarang tinggal di mana?

Pak Alwi : Wah, anak itu sudah lama tidak pulang. Orang tuanya saja tidak tahu di mana dia sekarang, apalagi saya.

Pak Halim : Lo, mengapa begitu?

Pak Alwi : Sesudah tamat SMU, anak itu ikut rombongan sirkus keliling.

Pak Halim : Oh, begitu ?

Pak Alwi : Ya, karena sejak SD Bahtiar memang mahir berakrobat. Jadi, dengan mudah dia bisa bergabung dengan rombongan sirkus itu. Rombongannya mengadakan pertunjukan mengelilingi kota-kota besar di seluruh Indonesia. Anak itu benar-benar *berkotakan betis*. Tempat tinggalnya tak tetap dan selalu mengembara ke mana-mana.

Pak Halim : Wah, kalau begitu, Bahtiar beruntung, ya. Karena bisa menjelajahi negeri kita yang luas.

ハリム氏：お宅の甥のバフティアル君は、今どこに住んでいますか。

アルウィ氏：うーん、あの子はもう長いこと帰っていません。親でさえ、今あの子がどこにいるのか知らないんです、ましてや私は知りません。

ハリム氏：どうしてそうなんですかねえ。

アルウィ氏：高校を卒業後、あの子は巡回サーカス団に加わったんです。

ハリム氏：ああ、そうですか。

アルウィ氏：ええ、小学校の頃からバフティアルは、もちろんアクロバットが上手だったからなんです。ですから、簡単にそのサーカス団に加われたんです。その一行は、インドネシア全国の大都市を巡回興行しています。あの子はまったく脛であちこちへ行くです。住所も定まらず、常にあちこちへ放浪しています。

ハリム氏：へえ、それじゃあ、バフティアル君は幸運ですね。この広い国を旅できるんですからね。

〖語句〗 **keponakan**: ①甥(おい)。②姪(めい)。**apalagi**: なおさらだ。**pertunjukan**: ショー、興行。**menjelajahi**: 旅行する、渡り歩く。

【説明】 このことわざの意味は、「あちこちへ放浪する」です。ジャワのことわざにも、「枯葉が風に吹き飛ばされる」（住所不定の放浪者）というのがあります。

"betis"（脛）を使ったことわざは、たとえば、**"Betis seperti perut padi."**「脛は稲の茎のふくらみのようだ」（すねが美しい）、**"Diberi betis, hendak paha."**「脛を貰って腿(もも)を望む」（少し貰って、多くを望む）［No. 139 を参照］など、10個近くあります。

日本では、「脛(すね)」を使ったことわざとして、「脛から火を取る」、「脛に傷（を）持つ」など、約30個あります。

145) Diraih siku ngilu, direngkuh lutut sakit.

肘(ひじ)を引っ張ればうずき、膝を引き寄せれば痛い

§キーワード：**siku**（肘(ひじ)）；**lutut**（膝）

Pak Anwar : Bagaimana keadaan Paman di rumah sakit?

Ibu Anwar : Kata dokter ginjalnya tidak berfungsi dengan normal. Jadi, dia harus segera dioperasi. Tapi saya khawatir apakah kondisi badannya cukup kuat, ya. Usianya sudah lanjut.

Pak Anwar : Ini memang dilema, Bu. *Diraih siku ngilu, direngkuh lutut sakit.* Kalau operasi dilaksanakan, keadaannya bisa berbahaya. Tapi, kalau tidak dioperasi, penyakitnya tentu menjadi semakin parah.

Ibu Anwar : Kau benar, Pak. Lalu, sebaiknya bagaimana, ya?

Pak Anwar : Kalau harus dioperasi, apa boleh buat. Tapi, sebaiknya beliau kita pindahkan ke rumah sakit yang peralatannya lebih lengkap. Dan operasinya harus ditangani oleh dokter yang benar-benar ahli.

アヌワル氏 : 病院のおじさんの具合はどうだい。

アヌワル夫人 : お医者様がおっしゃるには、腎臓が正常には機能していないんですって。ですから、すぐに手術をしなきゃならないの。でも体力が十分あるのかどうか心配なのよねえ。お年もいっているし。

アヌワル氏 : こりゃあ、まったくジレンマだなあ、母さん。肘を引っ張ればうずき、膝を引き寄せれば痛いだよ。手術をすれば、容態が危なくなりうる。でも、しなければ、きっと次第に重態になる。

アヌワル夫人 : その通りよ、お父さん。それで、どうすればいいんですかねえ。

アヌワル氏 : 手術をしなくちゃならないのなら、仕方がないよ。だけど、設備のもっとととのった病院へ移した方がいいよ。そして、手術も専門医に執刀してもらわなくちゃなあ。

〚語句〛 **apa boléh buat** : 仕方がない。**beliau kita pindahkan** : ← kita (meN) pindahkan beliau の受動文。**ditangani** : 手を出される、着手される。

【説明】 このことわざの意味は、「何かをすることは危険だが、しないこともやはり危険だ」です。同意のことわざに、

"Dipukul lutut sakit, direngkuh siku ngilu."「膝を叩けば痛い、肘を引き寄せればずきずき痛む」などがあり、さらに、同類のことわざとして、**"Sangat sayang akan sesuatu, tetapi kuatir akan menaruh dia."**「何かが非常に好きだが、それに賭けるのは怖い」など、数個あります。

これらと同類のことわざとして、タイには、「呑み込みも吐き出しもできぬ」があり、日本には、意味合いは少し異なりますが、「河豚(ふぐ)は食いたし命は惜しし」があります。

"siku" (肘(ひじ)) を使ったことわざは、上の例以外に、たとえば、**"Siku bersimpai."**「肘にたがをはめる」(仕事を怠ける人) などがあります。

"lutut"(膝(ひざ))を使ったことわざは、たとえば、**"Berkata-kata dengan lutut."**「膝と話す」(馬鹿な人と話す) など、数個あります。

日本のことわざで、「肘」を使ったものは、「肘を極(き)める」(相手にしない) など、十数個、「膝」を使ったものは、「膝を進める」(①相手に近づく。②乗り気になる)など、約40個あります。

146) Tinggal gigi dengan lidah saja.

残るは歯と舌だけ

§**キーワード**: **gigi** (歯) ; **lidah** (舌)

Herman : Toko kelontong Pak Gunadi belakangan ini terus tutup. Papan namanya juga sudah dilepas. Ada apa, ya ?

Rusman : Kabarnya dia bangkrut. Bahkan rumahnya juga

sudah dijual.

Herman : Eh, kenapa dia bangkrut ?

Rusman : Gara-gara dia ikut-ikutan memburu harta karun di laut.

Herman : Maksudmu, dia mencari barang-barang berharga di dalam kapal yang tenggelam di dasar laut ?

Rusman : Betul. Kata orang, untuk menemukan harta karun itu, dia sudah mengeluarkan biaya berjuta-juta. Tapi, hasilnya nihil. Jadi, sekarang dia *tinggal gigi dengan lidah saja*. Semua modal dan hartanya habis.

Herman : Oh, begitu. Pencarian harta karun memang seperti perjudian, ya. Kalau berhasil, menjadi kaya raya. Kalau gagal, pasti gigit jari dan semua kekayaan ludes.

ヘルマン：グナディさんの雑貨屋は、最近、閉まりっぱなしだね。看板もはずされているし。どうしたんだろう。

ルスマン：倒産したそうだよ。しかも家まで売ったんだ。

ヘルマン：えっ、どうして倒産したんだい。

ルスマン：海の財宝探しに加わったせいなんだ。

ヘルマン：つまり、海底に沈んだ船中の貴重品を探したっていうのかい。

ルスマン：そうだよ。人の話では、その財宝を見つけるために、彼は何百万もの費用を出したそうだよ。だけど、成果は皆無。だから、今や、残るは歯と舌だけってわけさ。すべての資本と財産を失なったんだ。

ヘルマン：ああ、そう。財宝探しはもちろん博打みたいなもんだからね。成功すれば、大金持ち。失敗すれば、失望したあげく、すべての富が消えてしまうからね。

〖語句〗 **kelontong**：雑貨。**papan nama**：①看板。②表札。**gara-gara**：～のせいで。**harta karun**：①所有者不明の財宝。②不正に入手した財産。**ikut-ikutan**：（自覚なしに）他人についていくだけ、盲従する。**nihil**：皆無、何もなし。**gigit jari**：失望する。

【説明】 このことわざの意味は、「すべての財産が尽きる」です。同意のことわざに、**"Kain sehelai pemingggang habis."**「腰布一枚もなくなった」、**"Lincin bagai basuh perahu."**「舟を洗ったようになめらかだ」（lincin：＝licin なめらかな）などがあります。

同類のことわざとして、日本には、「身上（しんしょう）をはたく」（全財産を使い尽くす）というのがあります。

"gigi"（歯）を使ったことわざは、たとえば、**"Gigi dengan lidah adakala bergigit juga."**「歯は舌に嚙み付く時もある」（夫婦や兄弟が仲たがいするのは普通だ）、**"Belum bergigi sudah hendak menggigit."**「まだ歯も生えていないのにもう嚙もうとする」（力もないのに、権力を欲しがる）など、10個近くあります。

日本のことわざで、「歯」を使ったものは、「歯が立つ」（自分の力が及ぶ）、「歯に衣（きぬ）着せぬ」など、約90個あります（一部、故事・俗信を含む）。

"lidah"（舌）を使ったことわざに関しては、No. 34 を参照してください。

147) Darah baru setampuk pinang.

血はやっと１個のびんろうじ

§キーワード : **darah**（血）; **pinang**（びんろうじ）

Ibu : Selama beberapa hari ini kulihat kau selalu sibuk berkemas. Mau ke mana ?

Lastri : Nanti aku mau ke Jakarta, Bu.

Ibu : Eh, dengan siapa kau ke sana ?

Lastri : Bibi teman sesekolahku.

Ibu : Untuk apa ?

Lastri : Untuk bekerja, Bu. Katanya ada lowongan di salon kecantikan temannya.

Ibu : He, apa-apaan ini ! Kau baru saja tamat dari SMP. *Darah baru setampuk pinang.* Pengalamanmu belum banyak. Kehidupan di Jakarta tidak mengenal belas kasihan. Tidak cocok untuk gadis desa yang lugu seperti kamu. Mengerti ?

Lastri : Tapi, Bu . . .

Ibu : Batalkan saja rencanamu yang gila ini. Kau tidak boleh bekerja. Kau harus melanjutkan pendidikanmu. Aku masih sanggup membiayainya.

Lastri : Tapi, Bu . . .

Ibu : Tidak usah membantah. Pokoknya, aku tidak setuju ! Kau harus menurut pada nasihatku. Titik !

Lastri : Bbb . . ., baik, Bu.

母：ここ数日、いつもあんたは荷造りに忙しそうだけど。どこへ出かけるつもりなの。
ラストゥリ：ジャカルタへ行きたいの。
母：えっ、誰と行くの。
ラストゥリ：学校のお友達のおばさん。
母：何しに。
ラストゥリ：働くためよ、母さん。その人の友人の美容院に働き口があるそうなの。
母：まあ、何てことを。あんた、中学を卒業したばかりじゃないの。血はやっと1個のびんろうじでしょう。経験もありゃしないのに。ジャカルタの生活なんてそんな甘っちょろいもんじゃないのよ。あんたのような、ぽっと出の田舎娘に合うわけないんだよ。わかったかい。
ラストゥリ：でも、母さん……。
母：そんな馬鹿げた計画なんか取り消しなさい。働くことはできないよ。あんたは進学しなくちゃ。学費はまだ出してあげられるからね。
ラストゥリ：でも、母さん……。
母：口答えしないで。要するに、あたしゃ、賛成しないよ。あんたは、母さんの言う通りにしなさい。それだけよ。
ラストゥリ：わ、わ、わかったわ、母さん。

〖語句〗 **setampuk**：（柿などの果実に付いている）へた、がく。**pinang**：（マレーシア原産。種子が嗜好品（しこうひん）や薬品となる常緑樹の種）びんろうじ。**sesekolahku**：← se-＋sekolah＋aku（私と）同じ学校。**salon kecantikan**：美容院。**apa-apaan ini**：これは（いったい）何てこと。**tidak mengenal belas kasihan**：同情しない。**lugu**：素朴な、純朴な。**titik**：①点。②以上、終わり。

【説明】 このことわざの意味は、「若すぎて経験がまだ足りない」です。同意のことわざとして、**“Darah setampuk pinang, umur setahun jagung.”**「血は1個のびんろうじ、歳は1年のとうもろこし」があります。

インドネシア語では、「非常に若い、何も知らない」という意味に“ingusan”（洟垂れ）という言葉を使うことがあります。日本語にも、「洟垂れ」、「洟垂らし」という表現がありますね。

“darah”（血）を使ったことわざは、たとえば、**“Menjadi darah daging.”**「血肉となる」（ごく当たり前になる）、**“Mengisap darah.”**「血を吸う」（他人から法外な利子を取る）など、10個以上あります。

日本のことわざで、「血」を使ったものは、「血が騒ぐ」など、約80個あります。

“pinang”（びんろうじ）を使ったことわざは、たとえば、**“Seperti pinang dibelah dua.”**「びんろうじを二つに割ったようだ」（瓜二つ）など、10個ほどあります。

148) Rezeki elang tak akan dapat dimakan oleh musang.

トビのエサはジャコウ猫には食われないだろう

§キーワード：**rezeki elang**（トビのエサ）；
musang（ジャコウ猫）

Ibu Setia : Pak, coba pikirkan bagaimana caranya memajukan toko kita supaya seperti toko Babah Tan.

Pak Setia : Aku kurang mengerti maksudmu, Bu. Memajukan bagaimana ?

Ibu Setia : Toko Babah Tan sekarang 'kan empat tingkat. Jadi, dia bisa jual macam-macam barang dagangan. Pembelinya juga semakin banyak karena tokonya jadi luas. Seandainya toko kita juga begitu.

Pak Setia : Oh, begitu maksudmu. Tapi Babah Tan 'kan punya modal besar, Bu. Lokasi tokonya lebih strategis daripada toko kita. *Rezeki elang tak akan dapat dimakan oleh musang*, bukan ? Setiap orang ada keuntungannya masing-masing. Jangan iri hati. Kau mengerti maksudku ?

Ibu Setia : Ya, Pak.

Pak Setia : Supaya lebih banyak pembeli juga datang ke toko kita, mari kita berikan pelayanan sebaik-baiknya kepada semua pembeli. Dengan demikian, mereka pasti senang berbelanja di sini. Bagaimana ?

Ibu Setia : Baik, Pak.

スティアさん：お父さん、うちのお店をタンさんのお店のように発展させるにはどうしたらいいか考えて下さいな。

スティア氏：どういう意味かわからないな、母さん。どう発展させるんだい。

スティアさん：タンさんのお店は今や4階でしょう。ですから、いろんな商品を売ることができるんですよ。お店が広くなって、お客さんも次第に増えているわ。うちのお店もあんなだったらねえ。

スティア氏：ああ、そういうことかい。でも、タンさんは大資本を持ってるじゃないか、母さん。店の位置もうちの店より有利だよ。トビのエサはジャコウ猫には食われないだろう、っていうじゃないか。人にはそれぞれの幸運があるんだよ。ねたむことはない。わしの言うことがわかるかい。
スティアさん：ええ。
スティア氏：うちの店にお客がもっとたくさん来るように、すべてのお客さんに最良のサービスをしようよ。そうすりゃ、うちで喜んで買ってくれるさ。どうだい。
スティアさん：わかったわ、お父さん。

〖語句〗 **elang**：カタグロトビ。**musang**：ヤシジャコウネコ。**babah**：①（インドネシア生まれの）中国系インドネシア人（混血児を含む）。②中国系インドネシア人への呼びかけ語。**seandainya**：もし〜ならば。**lokasi**：場所、立地、位置。**stratégis**：戦略的な、有利な。**sebaik-baiknya**：最良の。

【説明】 このことわざは、**"Rezeki elang tak akan dapat oleh musang."**「トビのエサはジャコウ猫には取れないだろう」、**"Rezeki elang tak akan dimakan oleh burung pipit."**「トビのエサは雀には食われないだろう」と言われることもありますが、いずれも「人にはそれぞれ幸運がある」という意味です。

"elang"（カタグロトビ）を使ったことわざは、たとえば、**"Kalau tak ada elang, belalang menjadi elang."**「トビがいなければ、イナゴがトビとなる」（利口な人がいないと、愚かな者が自分は利口だと思ってしまう）など、10個近くあります。

"rezeki"（生計、収入、生活の糧）を使ったことわざは、たとえば、**"Rezeki harimau."**「虎の糧」（豊富で様々な食べ物）、**"Rezeki mata."**「目の糧」（目に快いもの）など、10個近くあります。

149) Emas berpeti, kerbau berkandang.

金(きん)は箱に、水牛は牛小屋に

§キーワード : **emas** (金(きん)) ; **kerbau** (水牛)

Sri : Mas Yono, tadi aku taruh cincin berlianku di atas meja. Sekarang di mana, ya? Kau lihat cincin itu?

Yono : Nggak. Aku 'kan baru saja pulang dari kuliah. Masih sangat capek. Ngapain ngurusi cincinmu? Jangan-jangan digondol tikus.

Sri : Ah, nggak mungkin!

Yono : Kalau begitu, salahmu sendiri taruh perhiasan di sembarang tempat. Pasti dicolong orang. Sekarang 'kan lagi krismon. Banyak maling berkeliaran, lo. Wah, aku jadi takut.

Sri : Sudah, sudah. Kalau memang nggak lihat, nggak usah cerewet, ah.

Nenek : He, ada apa ini? Kenapa ribut-ribut? Mengganggu orang tidur saja.

Sri : Cincin berlianku hilang, Nek. Bagaimana ini, Nek? Itu mahal sekali. Emasnya murni. Berliannya asli, Nek.

Nenek : Oh, tadi yang ada di atas meja. Jangan kuatir, Sri. Cincinmu tidak hilang. Aku yang menyimpannya. Tapi, ingat *emas berpeti, kerbau berkandang*. Harta benda harus disimpan baik-baik di tempatnya masing-masing. Masa perhiasan mahal kau taruh di atas meja di beranda.

Sri : Maaf, Nek. Maaf, Nek.

Nenek : Ini cincinmu. Lain kali hati-hati, ya.

Sri : Terima kasih, Nek.

Yono : Lain kali taruh saja cincinmu di pagar, Sri.

Sri : Diam ! Jangan meledek terus !

Nenek : Sudahlah. Mengapa mulai ribut lagi ?

スリ：ヨノ兄ちゃん、さっき、指輪をテーブルの上に置いてたんだけど。どこにあるのかしら。その指輪見た？

ヨノ：いいや、僕は大学から帰ったばかりだぜ。まだとても疲れてんだよ。おまえの指輪をどうするてんだよ。ネズミに引かれてなきゃいいけどな。

スリ：まあ、そんなことありえないわ。

ヨノ：それじゃ、その辺にアクセサリーを置いといたおまえが悪いんだよ。きっと人に盗まれたんだ。今は金融危機の最中だからな。たくさんの泥棒がうろついてるぜ。ああ、こわい、こわい。

スリ：もういいわよ。本当に見てないんなら、そうごちゃごちゃ言わないで。

祖母：まあ、どういうことなの。なんで騒いでるの。寝ている人の邪魔をして。

スリ：私のダイヤの指輪がなくなったのよ、おばあちゃん。どうしよう。とっても高かったのよ。(台の)金は純金。ダイヤだって本物なのよ。

祖母：ああ、さっきテーブルの上にあったものね。心配ないよ、スリ。指輪はなくなっちゃいないよ。あたしがしまったんだよ。だけど、<u>金は箱に、水牛は牛小屋に</u>てことを覚えときなさい。財産はそれぞれの場所にきちんとしまっておかなくちゃ。まさか、高価なアクセサリーをベランダのテーブルに置いとくなんてね。

スリ：ごめんなさい、おばあちゃん。

祖母：はい、おまえの指輪だよ。これからは気をつけるんだね。

スリ：ありがとう、おばあちゃん。

ヨノ：今度は、指輪を垣根の上に置きなよ、スリ。

スリ：黙ってて。ふざけてばかりいないでよ。

祖母：もうすんだよ。どうして、また騒ぎはじめるのさ。

〖語句〗 **nggak**：(否定詞)いや、〜ない。**ngapain**：どうする、どうしたの。**ngurusi**：←(me)ngurusi 処理する、きちんと片付ける。**jangan-jangan**：ひょっとして、〜かも。**digondol**：①口でくわえて持っていかれる。②盗まれる。**sembarang tempat**：任意の場所。**krismon**：← krisis monetér 金融危機、財政危機。**melédék**：嘲笑する、非難する。

【説明】 このことわざの意味は、「財宝はそれぞれの場所にきちんとしまっておくべきだ」です。

“emas”(金)を使ったことわざは、たとえば、**“Menyeberangi jembatan emas.”**「金の橋を渡る」（独立後に民族が幸福になるために戦う）、**“Seperti emas yang sudah tersepuh.”**「メッキをした金のようだ」（女性の見目うるわしさ）など、十数個あります。

日本のことわざで、「金」を使ったものは約40個、「黄金（こがね）」が約30個、「黄金（おうごん）」は10個近くあります。たとえば、「黄金（こがね）の雨」（①ひでりが続いたときに降る雨。②たくさんの黄金をまきちらすこと）などです。

“kerbau”（水牛）を使ったことわざに関しては、No. 63 を参照してください。

150) Hati gajah sama dilapah, hati tungau sama dicecah.

象の肝は同じ大きさにぶつ切りにし、
しらみの肝は同じ細かさに刻む

§キーワード：**hati gajah**（象の肝）；
hati tungau（しらみの肝）

Wijoyo : Setelah selesai belajar di luar negeri, apa rencanamu ?

Bambang : Belum ada. Yang penting pulang dulu ke tanah air. Bagaimana dengan rencanamu ?

Wijoyo : Setelah selesai belajar di Negeri Sakura ini, aku juga mau pulang. Ngomong-ngomong, sebenarnya aku mau membuat kongsi. Kamu mau bekerja sama ?

Bambang : Usahanya apa ?

Wijoyo : Tambak udang. Kakekku punya lahan tidur di daerah pantai utara Jawa. Aku bisa menyewanya dengan murah. Hasilnya kita ekspor ke Jepang dengan harga tinggi. Di Jepang aku punya banyak kenalan yang mau membantu rencanaku ini.

Bambang : Lalu, modalnya dari mana ?

Wijoyo : Dari kita berdua, maka kalau kamu mau, kita patungan mendirikan kongsi.

Bambang : Keuntungannya bagaimana ?

Wijoyo : Tentu saja, *hati gajah sama dilapah, hati tungau sama dicecah.* Kalau kita beruntung banyak sama-sama mendapat banyak, beruntung sedikit sama-sama mendapat sedikit. Bagaimana? Adil, bukan?

Bambang: Setuju.

Wijoyo: Kalau begitu, nanti kita buat surat perjanjian kerja sama di depan notaris.

Bambang: Baik.

Wijoyo: Sekarang mari kita bersulang dulu.

Bambang: Bagus!

ウィジョヨ：留学後の予定はどうなっている。

バンバン：まだ決めてない。重要なのはまず祖国へ帰ることなんだ。君の予定はどうなの。

ウィジョヨ：このサクラの国での勉学を終えたら、僕も帰国したいな。ところで、本当は会社を作りたいんだ。君も協力するかい。

バンバン：何の事業だい。

ウィジョヨ：エビの養殖。祖父がジャワの北海岸に未開発の用地を持っているんだ。それを安く借りられるよ。生産物は高値で日本へ輸出する。日本には、僕のこの計画を支援してくれる知人がたくさんいるんだ。

バンバン：それで、資本はどうするの。

ウィジョヨ：われわれ二人で出すんだ。もし君が望めば、共同出資で会社を設立するんだよ。

バンバン：利益はどうするんだい。

ウィジョヨ：もちろん、象の肝は同じ大きさにぶつ切りにし、しらみの肝は同じ細かさに刻むだよ。もしたくさん儲かれば、共にたくさん得られるし、少しの儲けなら共に少しもらう。どうだい。公平だろう？

バンバン：賛成。

ウィジョヨ：それじゃあ、あとで、公証人の前で、協力契約書を作ろうよ。

バンバン：オーケー。

ウィジョヨ：これからまず、乾杯しよう。

バンバン：そりゃいいや。

〖語句〗 **Negeri Sakura**：サクラの国、日本。**ngomong-ngomong**：ところで。**kongsi**：①合資会社。②組合。**tambak**：養魚場、養殖場。**lahan tidur**：眠った用地、未開発の土地。**patungan**：合弁、共同出資。**notaris**：公証人。**bersulang**：飲み物をすすめあう、乾杯する。

【説明】 このことわざは、**"Hati gajah sama dilapah, hati kuman sama dicecah."**（象の肝は同じ大きさにぶつ切りにし、細菌の肝は同じ細かさに刻む）ということもありますが、いずれの意味も、「利益が多ければ共に多く分け、少なければ共に少なく貰う」です。同意のことわざに、**"Daging gajah sama dilapah, daging tuma sama dicecah."**（象の肉は同じ大きさにぶつ切りにし、しらみの肉は同じ細かさに刻む）などがあります。

"tungau"（しらみ）を使ったことわざには、**"Mati ayam, mati tungau."**「鶏が死ねば、しらみも死ぬ」（主人が災難に遭えば、使用人も災難を身にしみて痛感させられる）などがあります。

日本のことわざで、「しらみ（虱）」を使ったものは、「しらみの皮を鉈(なた)で剝(は)ぐ」（小さなことの処理にも、大げさなやり方をするたとえ）など、約40個あります。

"gajah"（象）を使ったことわざに関しては、No. 2、No. 75 を参照してください。

<参考文献>

Chaniago, Drs. Nur Arifin; Bagas Pratama S.Pd. 1998. *5.700 Peribahasa Indonesia—dilengkapi dengan kosa kata lengkap untuk SLTP, SMU, Universitas dan Umum—*. Bandung : Pustaka Setia.

Darmasoetjipta, F.S. 1998(ke-9). *Kamus Peribahasa Jawa—Dengan Penjelasan Kata-Kata dan Pengartiannya—*. Yogyakarta : Penerbit Kanisius.

Heroe Kasida Brataatmadja. 1998(Cetakan ke-11). *Kamus 5000 Peribahasa Indonesia.* Yogyakarta : Kanisius.

石垣幸雄. 1986.『世界のことわざ・1000句集』自由国民社.

石井米雄（監修）：土屋健治；加藤剛；深見純生（編）. 1991.『インドネシアの事典』同朋社出版.

石川真帆. 1999.『インドネシアと日本における諺の対照研究——身体語彙に関する一研究——』(京都産業大学外国語学部卒業論文).

岩城雄次郎；斉藤スワニー（共著）. 1998.『タイ語ことわざ用法辞典』大学書林.

金容権. 1999.『韓国朝鮮ことわざ辞典』徳間書店.

北村孝一. 1993（第三版）.『世界ことわざ辞典』東京堂出版.

Maman Sumantri, dkk. 1988. *Kamus Peribahasa Sunda-Indonesia.* Jakarta : Balai Pustaka.

マルー，モーリス(編)；田辺貞乃助(監)；島津智(編訳). 1999.『世界ことわざ名言辞典』講談社.

中川重徳（編）. 1996.『インドネシアのことわざ1320と日本のことわざ』横浜：（私費出版）.

Pamuntjak, K. St.; Iskandar, N. St.; Madjoindo, A. Dt. 1983 (Cetakan IX). *Peribahasa.* Jakarta: Balai Pustaka.

Sarwono Pusposaputro. 1987. *Kamus Peribahasa.* Jakarta: Gramedia.

佐々木重次（編）. 2001.『インドネシア語の中庭――Sanggar Bahasa Indonesia 1994〜1999――』Grup sanggar（私費出版）.

――――.「インドネシア語の中庭」(CoCode Mail Magazine <rcpt@mail.cocode.ne.jp>).

左藤正範. 1991.『インドネシア語を話そう』大学書林.

柴田武；谷川俊太郎；矢川澄子（編）. 1996（第三版）.『世界ことわざ大事典』大修館書店.

新星出版社編集部（編）. 1991.『故事・ことわざ辞典』新星出版社.

尚学図書（編）. 1990.『故事・俗信ことわざ大辞典』小学館.

Sitorus, Ronald H. 1999. *Kamus 2500 Peribahasa Indonesia.* Bandung: Pionir Jaya Bandung.

曽根田憲三；ケネス・アンダーソン. 1996（第6版）.『英語ことわざ用法辞典』大学書林.

Sugeng Panut. 1996. *Kamus Peribahasa Indonesia.* Jakarta: Kesain Blanc.

丹野　顯. 1999.『キーワードからすぐ引けることわざ便利辞典』日本実業出版社.

Tim Penyusun Kamus, Pusat Pembinaan dan Pengembangan Bahasa. 1997(Edisi II, Cetakan kesembilan). *Kamus Besar Bahasa Indonesia.* Jakarta: Departemen Pendidikan dan Kebudayaan; Balai Pustaka.

インドネシア語のことわざ索引

A

B

E

G

H

I

J

K

N

O

P

R

S

T

U

著者紹介

左藤　正範［さとう・まさのり］

1950年　大分県九重町生まれ。
1973年　京都産業大学外国語学部卒（インドネシア語専攻）。
1973～75年　在インドネシア日本国大使館勤務。
1977年　東京外国語大学大学院修士課程修了。
現在　京都産業大学外国語学部教授。
著　書　『インドネシア語を読もう』（共著）、『インドネシア語を書こう』、『インドネシア語を話そう』、『仕事に役立つインドネシア語』、『超入門　インドネシア語』［以上、大学書林発行］。
訳　書　『インドネシア独立への道』（T・B・シマトゥパン著）、『嵐の前のインドネシア（上・下巻）』（ロシハン・アヌワル著）［以上、勁草書房発売］。
現住所　〒525-0045　滋賀県草津市若草4-2-3

Edy Priyono［エディ・プリヨノ］

1956年　インドネシア中部ジャワ州スラゲン市生まれ。
1990年　スブラス・マルット国立大学教育学部（英語学専攻）を首席で卒業。
1991～92年　クラテン教育大学言語学講師。
1992年　来日。大阪 YMCA インドネシア語講師。
1997年　京都産業大学外国語学部非常勤講師。
現在　京都産業大学外国語学部契約講師。
主要論文　「インドネシアと日本のラジオコマーシャルの分析——社会文化的観点から——」（1998年）、「インドネシアの印刷メディアにおける日本製品の広告文の分析」（1999年）、「インドネシア語の略語・頭字語の分析」（2000年）、「新聞広告、特にミニ広告における略語の分析」（2001年）［以上、日本インドネシア学会『インドネシア——言語と文化——』第4～7号所収］。
現住所　〒520-0827　滋賀県大津市池の里5-14

目録進呈　落丁本・乱丁本はお取替えいたします。

平成13年11月30日　　©第1版発行

インドネシア語ことわざ用法辞典

著　者　左　藤　正　範
Edy Priyono

発行者　佐　藤　政　人

発　行　所
株式会社　大　学　書　林

東京都文京区小石川4丁目7番4号
振替口座　00120-8-43740
電　話　(03) 3812-6281～3番
郵便番号112-0002

ISBN4-475-01855-2　　写研・横山印刷・牧製本